最高人民法院
典型案例汇编
（2018）

人民出版社

人民法院充分发挥审判职能作用保护产权和企业家合法权益典型案例

案例 ①

北鹏公司申请刑事违法扣押赔偿案

💬 **| 基本案情 |**

2008 年,辽宁省公安厅根据举报线索,组成专案组对沈阳市于洪区兰胜台村村干部黄波等人涉黑犯罪立案侦查。侦查期间,除发现黄波等人犯罪行为外,还发现与该村联合进行村屯改造的北鹏房地产开发有限公司(以下简称北鹏公司)涉嫌毁损财务文件、非法占用农用地等犯罪行为,辽宁省公安厅遂扣押、调取了北鹏公司 100 余册财务文件,并扣押其人民币 2000 万元。此案经辽宁省本溪市中级人民法院审理,黄波等人分别被以贪污罪、非法转让土地使用权罪、故意毁坏财物罪定罪处罚,北鹏公司 2 名财务人员被以隐匿会计凭证罪定罪处罚,北鹏公司及其实际控制人、原法定代表人被以非法占用农用地罪定罪免刑。对前述扣押财物,刑事判决未作出认定和处理。

刑事判决生效后,北鹏公司申请辽宁省公安厅解除扣押、返还财物并赔偿损失。辽宁省公安厅逾期未作出处理决定,北鹏公司向公安部申请复议。公安部复议认为,北鹏公司的请求符合法定赔偿情形,遂责令辽宁省公安厅限期作出赔偿决定。辽宁省公安厅没有履行该决定。北鹏公司遂向我院赔偿委员会提出申请,请求:由辽宁省公安厅解除扣押,返还财务文件和 2000 万元,赔偿利息损失 869 万余元。

📑 | 裁判结果 |

本案赔偿请求人北鹏公司涉案土地属于镉污染地且后期已补办相关手续,本溪市中级人民法院刑事判决认定北鹏公司及其责任人员构成非法占用农用地罪,但免于刑事处罚,此后,辽宁省公安厅继续扣押北鹏公司有关款项及财务账册,就丧失了法律依据。

经合议庭主持协商,赔偿请求人北鹏公司与赔偿义务机关辽宁省公安厅先就返还案涉财务文件达成协议,并于 2015 年 12 月 1 日实际履行完毕;此后又达成协议由辽宁省公安厅于 30 日内返还侦查期间扣押的 2000 万元,并支付相应的利息损失 83 万元。最高人民法院赔偿委员会审查认为,上述协议不违反法律规定,遂依照《最高人民法院关于人民法院赔偿委员会审理国家赔偿案件程序的规定》第十一条的规定,决定:一、辽宁省公安厅向沈阳北鹏房地产开发有限公司返还侦查期间扣押、调取的该公司财务文件;二、辽宁省公安厅于本决定生效后 30 日内向沈阳北鹏房地产开发有限公司返还侦查期间扣押的 2000 万元人民币,并支付相应的利息损失 83 万元。

📖 | 典型意义 |

平等保护民营企业产权　大法官巡回办案公开质证

毫不动摇鼓励、支持、引导非公有制经济发展,保证各种所有制经济依法同等受到法律保护,支持民营企业发展,激发各类市场主体活力,是党的十八大和十九大报告提出的关于加快完善社会主义市场经济体制的重要内容。依法保护产权,应当历史、辩证地看待企业特别是民营企业发展中的不规范行为,严格规范涉案财产处置的法律程序,妥善处理历史形成的产权案件。北鹏案的圆满审结,生动展示了人民法院依法保护产权、平等对待各类市场主体的坚定决心和鲜明态度,突出展示了国家赔偿在监督和倒逼司法机关依法行使职权、恢复和提升司法机关公信方面的积极作用。今后,我们将进一步加大国家赔偿审判工作力度,努力让人民群众在每一个国家赔偿案件中感受到公平正义。

另外，本案的程序意义也很突出。本案案情重大复杂，赔偿请求人和赔偿义务机关均在沈阳，主要证据也在沈阳，为方便当事人活动，最高人民法院副院长、二级大法官陶凯元决定亲自担任审判长并与合议庭全体成员远赴设在沈阳的最高人民法院第二巡回法庭公开质证、组织协商。公安部对本案高度重视，在刑事赔偿复议阶段即明确认定辽宁省公安厅的刑事扣押行为违法，为最高人民法院后续审理提供了有力支持，充分体现了公安部与最高人民法院在落实产权保护政策上的共识。此外，本案当事人当庭达成赔偿协议，最高人民法院赔偿委员会运用远程视频手段组织讨论、作出决定并由合议庭当庭宣布决定，保证了上百本账册及 2000 余万元扣押款本息得以及时返还，解决了北鹏公司的燃眉之急，公司经营逐步回到正常轨道，该公司实际控制人向最高人民法院赠送了"青天有鉴"等感谢字幅，代理律师亦专门撰文赞扬最高人民法院对本案的公正审理。北鹏案圆满审结，应该说是人民法院、公安机关、赔偿请求人通力合作的结果，突出体现了最高人民法院巡回办案的公正性、高效性和权威性，有助于构建开放、动态、透明、便民的阳光司法机制，增进公众对司法的了解、信赖和监督。

案例 ②

许某某诉金华市婺城区人民政府
行政强制及行政赔偿案

📋 | 基本案情 |

2001 年 7 月,因浙江省金华市婺城区后溪街西区地块改造及"两街"整合区块改造项目建设需要,原金华市房地产管理局向金华市城建开发有限公司颁发了房屋拆迁许可证,许某某立于金华市婺城区五一路迎宾巷 8 号、9 号的房屋被纳入上述拆迁许可证的拆迁红线范围。但拆迁人在拆迁许可证规定的期限内一直未实施拆迁。2014 年 8 月 31 日,婺城区政府发布《婺城区人民政府关于二七区块旧城改造房屋征收范围的公告》,明确对二七区块范围实施改造,公布了房屋征收范围图,许某某房屋所在的迎宾巷区块位于征收范围内。2014 年 10 月 26 日,婺城区政府发布了房屋征收决定,案涉房屋被纳入征收决定范围。但该房屋于婺城区政府作出征收决定前的 2014 年 9 月 26 日即被拆除。许某某提起行政诉讼,请求确认婺城区政府强制拆除其房屋的行政行为违法,同时提出包括房屋损失、停产停业损失、物品损失在内的三项行政赔偿请求。

📑 | 裁判结果 |

浙江省金华市中级人民法院一审认为:许某某未与房屋征收部门达成补偿协议,也未明确同意将案涉房屋腾空并交付拆除。在此情形下,婺城区政府依法应对许某某作出补偿决定后，通过申请人民法院强制执行的方式强制搬迁，而不能直接将案涉房屋拆除。婺城区政府主张案涉房屋系案外人"误拆"证据不足且与事实不符。鉴于案涉房屋已纳入征收范围内，房屋已无恢复原状的可能性和必要性，宜由婺城区政府参照征收补偿安置方案作出赔偿。遂判决确认婺城区政府强制拆除房屋行政行为违法，责令婺城区政府于判决生效之日起60日内参照《婺城区二七区块旧城改造房屋征收补偿方案》对许某某作出赔偿。

浙江省高级人民法院二审认为：案涉房屋虽被婺城区政府违法拆除，但该房屋被纳入征收范围后，仍可通过征收补偿程序获得补偿，许某某通过国家赔偿程序解决案涉房屋被违法拆除损失，缺乏法律依据。许某某提出要求赔偿每月2万元停产停业损失的请求，属于房屋征收补偿范围，可以通过征收补偿程序解决。至于许某某提出的赔偿财产损失6万元，因其没有提供相关财产损失的证据，不予支持。遂判决维持一审有关确认违法判项，撤销一审有关责令赔偿判项，驳回许某某的其他诉讼请求。

最高人民法院再审认为：本案虽然有婺城建筑公司主动承认"误拆"，但许某某提供的现场照片等证据均能证实强制拆除系政府主导下进行，婺城区政府主张强拆系民事侵权的理由不能成立，其应承担相应的赔偿责任。人民法院应当综合协调适用《中华人民共和国国家赔偿法》《国有土地上房屋征收与补偿条例》的相关规定，依法、科学决定赔偿项目和赔偿数额，让被征收人得到的赔偿不低于其依照征收补偿方案应当获得、也可以获得的征收补偿，但国家赔偿与行政补偿相同的项目不得重复计付。具体而言，对于房屋损失的赔偿方式与赔偿标准问题，婺城区政府既可以用在改建地段或者就近地段提供类似房屋的方式予以赔偿，也可以根据作出赔偿决定时点有效的房地产市场评估价格计付赔偿款。鉴于案涉房屋已被拆除，房地产评估机构应当根据婺城区政府与许某某提供的原始资料，本着疑点利益归于产权人的原则，依法独立、客观、公正地出具评估报告。对于停产停业损失赔偿标准问题，如果许某某提供的营业执照、纳税证明等证据，能够证明其符合法律法规和当地规范性文件所确定的经营用房条件，则婺城区政府应当依法合理确定停产停业损失的金额并予以赔偿。对于屋内物品损失赔偿金额确定方式问题,婺城区政府可以根据市场行情,结合许某某经营的实际情况以及其所提供的现场照片、物品损失清单等,按照有利于许某某的原则酌情确定赔偿数额。遂判决维持原审关于确认婺城区政府强制拆除许某某房屋行政行为违法的判项;撤销一审责令婺城区政府参照《补偿方案》对许某某作出赔偿的判项;撤销二审驳回赔偿请求的判项;改判责令婺城区政府在本判决生效之日起九十日内按照本判决对许某某依法予以行政赔偿。

📖 | 典型意义 |

保护被征收人产权　促进政府依法行政

《国有土地上房屋征收与补偿条例》的颁布实施,为解决征收拆迁中的行政纠纷,实现国有土地上房屋征收补偿领域的"善治",提供了良好的法律基础。被征收人与市、县级政府通过平等协商达成补偿协议后自愿搬迁已经成为常态,需要强制搬迁的越来越少。在婺城区政府分期分批对二七区块房屋进行征收补偿中,绝大多数被征收人在得到公平合理补偿及搬迁奖励后自愿搬迁,居住条件得到显著改善。在因建设快速公交等公共利益需要征收案涉区块包括许某某等 22 户 1184 平方米房屋,少数住户对补偿不满未自愿搬迁的情况下,婺城区政府本应依法分别作出征收决定、补偿决定,遵循先补偿、后搬迁原则,依法申请人民法院强制执行以实现强制搬迁。但在征收决定和补偿决定均未依法作出的情况下,婺城区二七区块改造工程指挥部即委托婺城建筑公司在拆除已签订补偿协议的邻居房屋时一并拆除了许某某房屋,侵犯了许某某的房屋产权。这样的事例具有一定普遍性,暴露了一些基层政府的法治意识不强,不善于用法治思维、法治方式和法律手段解决问题;同时也说明一些基层政府在征收补偿中未能做到效率与法治的统一,更多考虑行政效能,而忽视程序正义。婺城区政府在案涉房屋被拆除一个月之后才作出征收决定,至今未作出补偿决定,未给予许某某任何补偿,严重违反法定程序。由于婺城区二七区块改造工程指挥部是婺城区政府组建并赋予行政管理职能但不具有独立承担法律责任能力的临时机构,其违法侵权的责任应由婺城区政府承担。由于许某某在人民法院审理中始终主张应以在改建地段提供房屋的方式赔偿损失,故最高人民法院判决责令婺城区政府用在改建地段或者就近地段提供类似房屋的方式予以赔偿,或者以作出赔偿决定时的房地产市场评估价格为基准计付赔偿款;同时对许某某在合法的征收补偿程序中应当获得、也可以获得的可得利益损失一并予以赔偿。

本案再审判决,充分贯彻《中共中央国务院关于完善产权保护制度依法保护产权的意见》所规定的及时补偿、合理补偿和公平补偿的原则精神,体现有权必有责、违法须担责、侵权要赔偿、赔偿应全面的法治理念,明确宣示产权人因行政机关侵权所得到的赔偿不能低于依合法征收程序应得到的补偿。与此同时,本案再审判决充分发挥司法的评价、引导功能,加大对侵犯产权行为的监督力度,防范市、县级政府在违法强拆后利用补偿程序回避国家赔偿责任,从而促进行政机关自觉依法行政,从源头上减少行政争议,既顺利推进公共利益建设,也确保房屋产权人得到公平合理补偿。

附:相关法律条文

1.《国有土地上房屋征收与补偿条例》

第四条　市、县级人民政府负责本行政区域的房屋征收与补偿工作。

市、县级人民政府确定的房屋征收部门(以下简称房屋征收部门)组织实施本行政区域的房屋征收与补偿工作。

市、县级人民政府有关部门应当依照本条例的规定和本级人民政府规定的职责分工,互相配合,保障房屋征收与补偿工作的顺利进行。

第五条　房屋征收部门可以委托房屋征收实施单位,承担房屋征收与补偿的具体工作。房屋征收实施单位不得以营利为目的。

房屋征收部门对房屋征收实施单位在委托范围内实施的房屋征收与补偿行为负责监督,并对其行为后果承担法律责任。

第十七条　作出房屋征收决定的市、县级人民政府对被征收人给予的补偿包括:

(一)被征收房屋价值的补偿;

(二)因征收房屋造成的搬迁、临时安置的补偿;

(三)因征收房屋造成的停产停业损失的补偿。

市、县级人民政府应当制定补助和奖励办法,对被征收人给予补助和奖励。

第二十一条　被征收人可以选择货币补偿,也可以选择房屋产权调换。

被征收人选择房屋产权调换的,市、县级人民政府应当提供用于产权调换的房屋,并与被征收人计算、结清被征收房屋价值与用于产权调换房屋价值的差价。

因旧城区改建征收个人住宅,被征收人选择在改建地段进行房屋产权调换的,作出房屋征收决定的市、县级人民政府应当提供改建地段或者就近地段的房屋。

第二十二条　因征收房屋造成搬迁的,房屋征收部门应当向被征收人支付搬迁费;选择房屋产权调换的,产权调换房屋交付前,房屋征收部门应当向被征收人支付临时安置费或者提供周转用房。

第二十三条　对因征收房屋造成停产停业损失的补偿,根据房屋被征收前的效益、停产停业期限等因素确定。具体办法由省、自治区、直辖市制定。

2.《中华人民共和国国家赔偿法》

第四条　行政机关及其工作人员在行使行政职权时有下列侵犯财产权情形之一的,受害人有取得赔偿的权利:

(一)违法实施罚款、吊销许可证和执照、责令停产停业、没收财物等行政处罚的;

(二)违法对财产采取查封、扣押、冻结等行政强制措施的;

(三)违法征收、征用财产的;

(四)造成财产损害的其他违法行为。

第三十二条　国家赔偿以支付赔偿金为主要方式。能够返还财产或者恢复原状的,予以返还财产或者恢复原状。

第三十六条　侵犯公民、法人和其他组织的财产权造成损害的,按照下列

规定处理:

（三）应当返还的财产损坏的,能够恢复原状的恢复原状,不能恢复原状的,按照损害程度给付相应的赔偿金;

（四）应当返还的财产灭失的,给付相应的赔偿金;

3.《浙江省国有土地上房屋征收与补偿条例》

第二十九条　征收非住宅房屋造成停产停业损失的,应当根据房屋被征收前的效益、停产停业期限等因素给予补偿。补偿的标准不低于被征收房屋价值的百分之五,具体标准由设区的市、县(市)人民政府规定。

生产经营者认为其停产停业损失超过依照前款规定计算的补偿费的,应当向房屋征收部门提供房屋被征收前三年的效益、纳税凭证、停产停业期限等相关证明材料。房屋征收部门应当与生产经营者共同委托依法设立的评估机构对停产停业损失进行评估,并按照评估结果支付补偿费。

生产经营者或者房屋征收部门对评估结果有异议的,应当自收到评估结果之日起十日内,向房地产价格评估专家委员会申请鉴定。鉴定费用由申请人承担;鉴定撤销原评估结果的,鉴定费用由原评估机构承担。

4.《国有土地上房屋价值评估办法》

第二十八条　在房屋征收评估过程中,房屋征收部门或者被征收人不配合、不提供相关资料的,房地产价格评估机构应当在评估报告中说明有关情况。

案例 ③

重庆某某投资（集团）有限公司与
泸州市某某区人民政府等合同纠纷案

基本案情

2008 年,泸州市某某区人民政府(以下简称区政府)通过公开招商,与民营企业重庆某某投资(集团)有限公司(以下简称某某投资公司)订立一系列土地整理项目投资协议,约定由该投资公司投资 3.2 亿元对该区两块土地实施土地整理。协议订立后,该投资公司陆续投入 1 亿余元资金用于该项目。2014 年,区政府向某某投资公司发函称,以上协议违反国务院办公厅《关于规范国有土地使用权出让收支管理的通知》和四川省国土资源厅、省财政厅、省监察厅、省审计厅联合下发的《关于进一步加强国有土地使用权出让收支管理的通知》文件精神,要求终止履行以上协议。某某投资公司诉至法院,请求确认区政府终止履行协议的函无效,并要求区政府继续履行协议。

裁判结果

人民法院经审理后认为:区政府解除行为是否产生效力应当依据合同法第九十四条的规定进行审查。本案中,区政府所提及两份文件并非法律、行政法规,且未对本案所涉协议明令禁止,区政府以政策变化为由要求解除相关协议的理由不能成立,其发出的终止履行协议的函不产生解除合同的效力,遂作出(2014)渝高法民初字第00070号民事判决:某某区政府继续履行与某某投资公司签订的相关协议。一审判决后,双方当事人均未上诉。

📖 | **典型意义** |

有约必守　依法保护企业合同权益

诚信守约是民事合同的基本要求,行政机关作为一方民事主体的更应带头守约践诺。明确在民事合同的履行中作为合同主体的基本规则,对于营造良好的营商环境,维护投资主体合法权益具有重要意义。本案中,人民法院依法平等对待涉案企业与区政府,准确适用合同法关于合同解除的相关规定,支持了企业要求继续履行协议的请求,有效地维护了企业的合法权益。本案裁判行政机关不得擅自解除合同,对于规范政府行为、推动政府践诺守信,具有积极指引作用。

附:相关法律条文

《中华人民共和国合同法》

第五十二条　有下列情形之一的,合同无效:

(一)一方以欺诈、胁迫的手段订立合同,损害国家利益;

(二)恶意串通,损害国家、集体或者第三人利益;

(三)以合法形式掩盖非法目的;

(四)损害社会公共利益;

(五)违反法律、行政法规的强制性规定。

第九十四条　有下列情形之一的,当事人可以解除合同:

(一)因不可抗力致使不能实现合同目的;

(二)在履行期限届满之前,当事人一方明确表示或者以自己的行为表明不履行主要债务;

(三)当事人一方迟延履行主要债务,经催告后在合理期限内仍未履行;

(四)当事人一方迟延履行债务或者有其他违约行为致使不能实现合同目的;

(五)法律规定的其他情形。

案例 ④

济南某置业有限公司财产保全案

基本案情

原告赵某与被告济南某置业有限公司建设工程施工合同纠纷一案,人民法院依原告申请对被告进行财产保全,裁定查封了案外人济南万全啤酒原料有限公司名下的长清国有(2014)第 0700038 号土地(11524.7 平方米)一宗,冻结了济南某置业有限公司名下的六个银行账号。济南某置业有限公司不服,认为上述财产保全行为影响了公司正常开展经营业务,损害了购房者的利益,提出书面异议,请求变更为查封该公司名下的两处商铺,解除对公司多个账户的冻结。

裁判结果

人民法院依法作出(2016)鲁 0124 民初 3078 号之二变更保全裁定,查封了济南某置业有限公司名下的育业房产,解除了对济南某置业有限公司部分银行账户的冻结。

典型意义

依法慎用保全措施　维护企业正常经营

财产保全是诉讼中依法对债务人财产进行保全,确保债权实现的重要制度。在经济新常态下,为促进经济发展,维护企业的正常经营需要,对经营暂时困难的企业债务人人民法院要慎用冻结、划拨流动资金等保全手段,在条件允许情况下尽量为企业预留必要的流动资金和往来账户,最大限度降低对企业正常生产经营活动的不利影响。本案中人民法院根据当事人申请,依法变更保全措施,解冻了债务企业的部分银行账号,保障了债务企业的正常生产经营,兼顾了双方当事人的权益。

附:相关法律条文

1.《最高人民法院关于适用〈中华人民共和国民事诉讼法〉的解释》

第一百六十七条 财产保全的被保全人提供其他等值担保财产且有利于执行的,人民法院可以裁定变更保全标的物为被保全人提供的担保财产。

2.《最高人民法院关于人民法院办理财产保全案件若干问题的规定》

第二十三条 人民法院采取财产保全措施后,有下列情形之一的,申请保全人应当及时申请解除保全:

(一)采取诉前财产保全措施后三十日内不依法提起诉讼或者申请仲裁的;

(二)仲裁机构不予受理仲裁申请、准许撤回仲裁申请或者按撤回仲裁申请处理的;

(三)仲裁申请或者请求被仲裁裁决驳回的;

(四)其他人民法院对起诉不予受理、准许撤诉或者按撤诉处理的;

(五)起诉或者诉讼请求被其他人民法院生效裁判驳回的;

(六)申请保全人应当申请解除保全的其他情形。

人民法院收到解除保全申请后,应当在五日内裁定解除保全;对情况紧急的,必须在四十八小时内裁定解除保全。

申请保全人未及时申请人民法院解除保全,应当赔偿被保全人因财产保全所遭受的损失。

被保全人申请解除保全,人民法院经审查认为符合法律规定的,应当在本条第二款规定的期间内裁定解除保全。

案例 ⑤

某某卫厨（中国）股份有限公司诉苏州某某科技发展有限公司、屠某某等侵犯商标权及不正当竞争纠纷案

基本案情

某某卫厨（中国）股份有限公司成立于 1994 年，营业范围包括热水器、燃气灶、吸油烟机等的生产、销售。屠某某曾出资设立苏州某某电器有限公司并担任法定代表人。因涉商标侵权和不正当竞争，经人民法院判决，苏州某某电器有限公司被判令变更企业字号、赔偿损失等。2009 年，屠某某与案外人又共同投资设立苏州某某科技发展有限公司、苏州某某中山分公司，法定代表人为屠某某；2011 年 6 月，屠某其与案外人共同投资设立中山某某卫厨公司。上述公司，屠某某均占股 90%。2011 年 12 月，余某某与案外人共同投资设立中山某某集成厨卫公司，其中余某某占股 90%。屠某某、余某某成立的上述公司均从事厨房电器、燃气用具等与某某卫厨（中国）公司相近的业务，不规范使用其注册商标，使用与某其卫厨（中国）公司相近似的广告宣传语，导致相关公众的混淆误认。

裁判结果

人民法院认为，苏州某某科技发展有限公司等的行为构成商标侵权及不正当竞争。在法院已经判决苏州某某电器有限公司构成侵权的情况下，足以

认定屠某某与余某某在明知某某卫厨(中国)公司"某某"系列注册商标及商誉的情况下,通过控制新设立的公司实施侵权行为,其个人对全案侵权行为起到了重要作用,故与侵权公司构成共同侵权,应对侵权公司所实施的涉案侵权行为所产生的损害结果承担连带责任。人民法院做出(2015)苏知民终字第00179号民事判决,判令苏州某某科技发展有限公司及其中山分公司、中山某某集成厨卫有限公司、中山某某卫厨公司立即停止将"某某"作为其企业字号;停止侵害某某卫厨(中国)公司注册商标专用权的行为;刊登声明,消除影响;屠某某、余某某与上述侵权公司连带赔偿某某卫厨(中国)公司经济损失(包括合理费用)200万元。

典型意义

保护知识产权　营造良好营商环境

当前,知识产权侵权易发多发,直接影响企业的正常合法经营发展。本案中,在法院已经判决苏州某某科技发展有限公司等构成商标侵权、不正当竞争及停止使用有关字号等的情况下,侵权公司的法定代表人屠某某、余某某仍然通过设立若干新公司继续对该商标实施侵权行为,法院认定屠某某、余某某恶意设立新公司实施侵权行为构成共同侵权,根据《中华人民共和国侵权责任法》第八条规定,判令屠某某、余某某与其设立的公司承担连带责任。本案判决,充分体现了司法审判对重复侵权、恶意侵权人加大惩治力度,对于严格知识产权保护,营造良好营商环境具有重要意义。

附:相关法律条文

1.《中华人民共和国商标法》

第五十六条　侵犯商标专用权的赔偿数额,为侵权人在侵权期间因侵权所获得的利益,或者被侵权人在被侵权期间因被侵权所受到的损失,包括被侵权人为制止侵权行为所支付的合理开支。

前款所称侵权人因侵权所得利益,或者被侵权人因被侵权所受损失难以确定的,由人民法院根据侵权行为的情节判决给予五十万元以下的赔偿。

销售不知道是侵犯注册商标专用权的商品,能证明该商品是自己合法取得的并说明提供者的,不承担赔偿责任。

2.《最高人民法院关于审理商标民事纠纷案件适用法律若干问题的解释》

第十六条 侵权人因侵权所获得的利益或者被侵权人因被侵权所受到的损失均难以确定的,人民法院可以根据当事人的请求或者依职权适用商标法第五十六条第二款的规定确定赔偿数额。

人民法院在确定赔偿数额时,应当考虑侵权行为的性质、期间、后果,商标的声誉,商标使用许可费的数额,商标使用许可的种类、时间、范围及制止侵权行为的合理开支等因素综合确定。

当事人按照本条第一款的规定就赔偿数额达成协议的,应当准许。

案例 ⑥

彭某侵犯商业秘密罪案

📰 | 基本案情 |

贵阳某科技公司在研发、生产、销售反渗透膜过程中形成了相应的商业秘密，并制定保密制度，与员工签订保密协议，明确对商品供销渠道、客户名单、价格等经营秘密及配方、工艺流程、图纸等技术秘密进行保护。公司高管叶某掌握供销渠道、客户名单、价格等经营秘密；赵某作为工艺研发工程师，是技术秘密 PS 溶液及 LP/ULPPVA 配制配方、工艺参数及配制作业流程的编制人；宋某任电气工程师，掌握刮膜、复膜图纸等技术秘密。三人均与公司签有保密协议。被告人彭某为公司的供应商，在得知公司的生产技术在国内处于领先水平，三人与公司签有保密协议情况下，与三人串通共同成立公司，依靠三人掌握的公司技术、配制配方、工艺参数、配制作业流程及客户渠道等商业秘密生产相关产品，造成贵阳某科技公司 375.468 万元的经济损失。

📑 | 裁判结果 |

一审法院认定，被告人彭某伙同叶某等三人共同实施了侵犯他人商业秘密的行为，造成商业秘密的权利人重大经济损失，后果特别严重，其行为均已构成侵犯商业秘密罪。依照《中华人民共和国刑法》第二百一十九条、《最高人民法院、最高人民检察院关于办理侵犯知识产权刑事案件具体应用法律若干问题的解释》第七条第二款等规定，判决被告人彭某有期徒刑四年，并处罚金人民币 2 万元。彭某不服上诉,二审法院作出(2016)黔刑终 593 号裁定,驳回上诉,维持原判。

📖 | **典型意义** |

保护商业秘密　维护诚信经营公平竞争

商业秘密是企业的重要财产权利,关乎企业的竞争力,对企业的发展至关重要,甚至直接影响企业的生存发展。依法制裁侵犯商业秘密行为,是保护企业产权的重要方面,也是维护公平竞争,保障企业投资、创新、创业的重要措施。本案被告人恶意串通,违反保密义务,获取、使用企业的技术信息和经营信息等商业秘密,造成了权利人的重大损失,不仅构成民事侵权应当承担民事责任,而且因造成了严重后果,已经构成刑法规定的侵害商业秘密罪。人民法院依法判处被告人彭某有期徒刑四年,并处罚金,对侵害商业秘密的行为进行严厉惩处,通过刑事手段对商业秘密进行有力保护,有利于促进诚信经营,公平竞争,为企业经营发展营造良好的法治环境。

附:相关法律条文

1.《中华人民共和国刑法》

第二百一十九条　有下列侵犯商业秘密行为之一,给商业秘密的权利人造成重大损失的,处三年以下有期徒刑或者拘役,并处或者单处罚金;造成特别严重后果的,处三年以上七年以下有期徒刑,并处罚金:

(一)以盗窃、利诱、胁迫或者其他不正当手段获取权利人的商业秘密的;

(二)披露、使用或者允许他人使用以前项手段获取的权利人的商业秘密的;

(三)违反约定或者违反权利人有关保守商业秘密的要求,披露、使用或者允许他人使用其所掌握的商业秘密的。

明知或者应知前款所列行为,获取、使用或者披露他人的商业秘密的,以侵犯商业秘密论。

本条所称商业秘密，是指不为公众所知悉，能为权利人带来经济利益，具有实用性并经权利人采取保密措施的技术信息和经营信息。

本条所称权利人，是指商业秘密的所有人和经商业秘密所有人许可的商业秘密使用人。

2.《最高人民法院　最高人民检察院关于办理侵犯知识产权刑事案件具体应用法律若干问题的解释》

第七条　实施刑法第二百一十九条规定的行为之一，给商业秘密的权利人造成损失数额在五十万元以上的，属于"给商业秘密的权利人造成重大损失"，应当以侵犯商业秘密罪判处三年以下有期徒刑或者拘役，并处或者单处罚金。

给商业秘密的权利人造成损失数额在二百五十万元以上的，属于刑法第二百一十九条规定的"造成特别严重后果"，应当以侵犯商业秘密罪判处三年以上七年以下有期徒刑，并处罚金。

案例 7

某集团有限公司与某市国土资源、
房屋管理局土地登记纠纷案

基本案情

原告某集团有限公司与被告某市国土资源、房屋管理局于 2012 年 11 月 16 日签订了《国有建设用地使用权出让合同》。原告依据合同的约定缴纳了全部的土地出让金 7085054.35 元,并向被告申请办理土地权属登记。被告以原告未办理建设用地规划许可正为由拒绝为原告颁发土地权属证书。为此,原告以被告的行为违反了法律的规定、侵害了其合法权益为由提起诉讼,诉请判令被告履行法定职责。

裁判结果

人民法院认定:土地出让合同的受让方办理土地权属证明时,需要提交建设用地规划许可证,但法律法规未规定办理土地登记必须要提交建设用地规划许可证,被告要求原告办理建设用地规划许可证方能办理土地权属登记,无法律依据。遂作出(2015)崂行初字第 145 号判决,判令被告于判决生效之日起 60 日内依原告的申请事项依法履行法定职责。

📖 | 典型意义 |

依法规范政府行为　保护企业财产权利

《城乡规划法》只是将规划条件作为出让土地的前置条件，并没有要求土地登记需要提交建设用地规划许可证。根据《城乡规划法》第三十八条第一款和第三款规定，出让土地之前应当确定规划条件，否则不得出让；城市、县人民政府城乡规划主管部门不得在建设用地规划许可证中，擅自改变作为国有土地使用权出让合同组成部分的规划条件。本案中，原告在与被告签订《国有建设用地使用权出让合同》前已经取得了《建设工程规划审查函意见书》，同时原、被告也在《国有建设用地使用权出让合同》第十三条中对规划条件进行了约定。在原告已经付清全部国有土地出让价款后，持国有建设用地使用权出让合同和土地出让价款缴纳凭证等相关证明材料申请土地使用权登记，符合法律规定条件，遂判决被告依法履行法定职责。本案对于督促行政机关依法履行职责，保障企业合法财产权益具有示范作用。

附：相关法律条文

1.《中华人民共和国城乡规划法》

第三十八条　在城市、镇规划区内以出让方式提供国有土地使用权的，在国有土地使用权出让前，城市、县人民政府城乡规划主管部门应当依据控制性详细规划，提出出让地块的位置、使用性质、开发强度等规划条件，作为国有土地使用权出让合同的组成部分。未确定规划条件的地块，不得出让国有土地使用权。

……

城市、县人民政府城乡规划主管部门不得在建设用地规划许可证中，擅自改变作为国有土地使用权出让合同组成部分的规划条件。

2.《城市国有土地使用权出让转让规划管理办法》

第九条　已取得土地出让合同的，受让方应当持出让合同，依法向城市规划行政主管部门申请建设用地规划许可证，在取得建设用地规划许可证后方可办理土地使用权属证明。

3.《土地登记办法》

第六条　土地登记应当依照申请进行,但法律、法规和本办法另有规定的除外。

全国法院审理破产典型案例

案例 ①

浙江南方石化工业有限公司等
三家公司破产清算案

基本案情

浙江南方石化工业有限公司(以下简称南方石化)、浙江南方控股集团有限公司、浙江中波实业股份有限公司系绍兴地区最早一批集化纤、纺织、经贸为一体的民营企业,三家公司受同一实际控制人控制。其中南方石化年产值20亿余元,纳税近2亿元,曾入选中国民营企业500强。由于受行业周期性低谷及互保等影响,2016年上述三家公司出现债务危机。2016年11月1日,浙江省绍兴市柯桥区人民法院(以下简称柯桥法院)裁定分别受理上述三家公司的破产清算申请,并通过竞争方式指定联合管理人。

审理情况

由于南方石化等三公司单体规模大、债务规模大,难以通过重整方式招募投资人,但具有完整的生产产能、较高的技术能力,具备产业转型和招商引资的基础。据此,本案采取"破产不停产、招商引资"的方案,在破产清算的制度框架内,有效清理企业的债务负担,阻却担保链蔓延;后由政府根据地方产业转型升级需要,以招商引资的方式,引入战略性买家,实现"产能重整"。

三家企业共接受债权申报54.96亿元,裁定确认30.55亿元,临时确认24.41亿元。其中南方石化接受债权申报18.58亿元,裁定确认9.24亿元,临时确认 9.34 亿元。鉴于三家企业存在关联关系、主要债权人高度重合、资产独立、分散以及南方石化"破产不停产"等实际情况,柯桥法院指导管理人在充分尊重债权人权利的基础上,积极扩展债权人会议职能,并确定三家企业"合并开会、分别表决"的方案。2017 年 1 月 14 日,柯桥法院召开南方石化等三家企业第一次债权人会议,高票通过了各项方案。2017 年 2 月 23 日,柯桥法院宣告南方石化等三家企业破产。

2017 年 3 月 10 日,破产财产进行网络司法拍卖,三家企业 550 亩土地、26 万平方米厂房及相关石化设备等破产财产以 6.88 亿余元一次拍卖成交。根据通过的《破产财产分配方案》,职工债权获全额清偿,普通债权的清偿率达 14.74%。破产财产买受人以不低于原工作待遇的方式接受员工,1310 余名员工中 1100 余人留任,一线员工全部安置。本案从宣告破产到拍卖成交,仅用时 54 天;从立案受理到完成财产分配仅用时 10 个半月。

📖 | 典型意义 |

本案是在清算程序中保留有效生产力,维持职工就业,实现区域产业整合和转型升级的典型案例。审理中,通过运用政府的产业和招商政策,利用闲置土地 70 余亩,增加数亿投入上马年产 50 万吨 FDY 差别化纤维项目,并通过托管和委托加工方式,确保"破产不停产",维持职工就业;资产处置中,通过债权人会议授权管理人将三家企业资产可单独或合并打包,实现资产快速市场化处置和实质性的重整效果。此外,本案也是通过程序集约,以非实质合并方式审理的关联企业系列破产清算案件。对于尚未达到法人格高度混同的关联企业破产案件,采取联合管理人履职模式,探索对重大程序性事项尤其是债权人会议进行合并,提高审理效率。

案例 ②

松晖实业(深圳)有限公司
执行转破产清算案

基本案情

松晖实业(深圳)有限公司(以下简称松晖公司)成立于 2002 年 12 月 10 日,主要经营工程塑料、塑胶模具等生产、批发业务。2015 年 5 月,松晖公司因经营不善、资金链断裂等问题被迫停业,继而引发 1384 宗案件经诉讼或仲裁后相继进入强制执行程序。在执行过程中,深圳市宝安区人民法院(以下简称宝安法院)查明,松晖公司名下的财产除银行存款 3483.13 元和机器设备拍卖款 1620000 元外,无可其他供执行的财产,459 名员工债权因查封顺序在后,拍卖款受偿无望,执行程序陷入僵局。2017 年 2 月 23 日宝安法院征得申请执行人深圳市宝安区人力资源局同意后,将其所涉松晖公司执行案移送破产审查。2017 年 4 月 5 日,广东省深圳市中级人民法院(以下简称深圳中院)裁定受理松晖公司破产清算案,松晖公司其他执行案件相应中止,所涉债权债务关系统一纳入破产清算程序中处理。

审理情况

深圳中院受理松晖公司破产清算申请后,立即在报纸上刊登受理公告并依法指定管理人开展工作。经管理人对松晖公司的资产、负债及经营情况进行全面调查、审核后发现,松晖公司因欠薪倒闭停业多年,除银行存款

3483.13元和机器设备拍卖款1520000元外,已无可变现资产,而负债规模高达1205.93万元,严重资不抵债。2017年6月28日,深圳中院依法宣告松晖公司破产。按照通过的破产财产分配方案,可供分配的破产财产1623645.48元,优先支付破产费用685012.59元后,剩余938632.89元全部用于清偿职工债权11347789.79元。2017年12月29日,深圳中院依法裁定终结松晖公司破产清算程序。

📖 | 典型意义 |

本案是通过执行不能案件移送破产审查,从而有效化解执行积案、公平保护相关利益方的合法权益、精准解决"执行难"问题的典型案例。由于松晖公司财产不足以清偿全部债权,债权人之间的利益冲突激烈,尤其是涉及的459名员工权益,在执行程序中很难平衡。通过充分发挥执行转破产工作机制,一是及时移送、快速审查、依法审结,直接消化执行积案1384宗,及时让459名员工的劳动力资源重新回归市场,让闲置的一批机器设备重新投入使用,有效地利用破产程序打通解决了执行难问题的"最后一公里",实现对所有债权的公平清偿,其中职工债权依法得到优先受偿;二是通过积极疏导和化解劳资矛盾,避免了职工集体闹访、上访情况的发生,切实有效地保障了职工的权益,维护了社会秩序,充分彰显了破产制度价值和破产审判的社会责任;三是通过执行与破产的有序衔接,对生病企业进行分类甄别、精准救治、及时清理,梳理出了盘根错节的社会资源,尽快释放经济活力,使执行和破产两种制度的价值得到最充分、最有效地发挥。

案例 ③

重庆钢铁股份有限公司破产重整案

📑 | 基本案情 |

重庆钢铁股份有限公司（以下简称重庆钢铁）于 1997 年 8 月 11 日登记注册，主要从事钢铁生产、加工和销售，其股票分别在香港联合交易所（以下简称联交所）和上海证券交易所（以下简称上交所）挂牌交易。截至 2016 年 12 月 31 日，重庆钢铁合并报表资产总额为 364.38 亿元，负债总额为 365.45 亿元，净资产为 -1.07 亿元。因连续两年亏损，重庆钢铁股票于 2017 年 4 月 5 日被上交所实施退市风险警示。经债权人申请，重庆市第一中级人民法院（以下简称重庆一中法院）于 2017 年 7 月 3 日依法裁定受理重庆钢铁重整一案。

📩 | 审理情况 |

在法院的监督指导下，管理人以市场化为手段，立足于依托主营业务，优化企业内涵，化解债务危机，提升营利能力的思路制定了重整计划草案。该重整计划通过控股股东全部让渡所持股份用于引入我国第一支钢铁产业结构调整基金作为重组方；针对企业"病因"制定从根本上重塑其产业竞争力的经营方案；处置无效低效资产所得收益用于债务清偿、资本公积金转增股份抵偿债务等措施，维护重庆钢铁 1 万余名职工、2700 余户债权人（其中申报债权人 1400 余户）、17 万余户中小股东，以及企业自身等多方利益。重整计划草案最终获得各表决组的高票通过。

2017年11月20日,重庆一中法院裁定批准重整计划并终止重整程序;12月29日,裁定确认重整计划执行完毕。据重庆钢铁发布的2017年年度报告显示,通过成功实施重整计划,其2017年度获得归属于上市公司股东的净利润为3.2亿元,已实现扭亏为盈。

📖 | 典型意义 |

重庆钢铁重整案是以市场化、法治化方式化解企业债务危机,从根本上实现企业提质增效的典型案例。该案因系目前全国涉及资产及债务规模最大的国有控股上市公司重整、首例股票同时在上交所和联交所挂牌交易的"A+H"股上市公司重整、首家钢铁行业上市公司重整,而被认为属于"特别重大且无先例"。该案中,人民法院发挥重整程序的拯救作用,找准企业"病因"并"对症下药",以市场化方式成功剥离企业低效无效资产,引入产业结构调整基金,利用资本市场配合企业重组,实现了企业治理结构、资产结构、产品结构、工艺流程、管理制度等的全面优化。另外,人民法院在准确把握破产法精神实质的基础上积极作为,协同创新,促成了重整程序中上交所首次调整资本公积金转增股份权参考价格计算公式、联交所首次对召开类别股东大会进行豁免、第三方担保问题成功并案解决,既维护了社会和谐稳定,又实现了各方利益共赢,为上市公司重整提供了可复制的范例。

案例 ④

江苏省纺织工业（集团）进出口有限公司等六家公司破产重整案

📩 | 基本案情 |

江苏省纺织工业（集团）进出口有限公司（以下简称省纺织进出口公司）及其下属的五家控股子公司江苏省纺织工业（集团）轻纺进出口有限公司、江苏省纺织工业（集团）服装进出口有限公司、江苏省纺织工业（集团）机电进出口有限公司、江苏省纺织工业（集团）针织进出口有限公司、无锡新苏纺国际贸易有限公司，是江苏省纺织及外贸行业内有较高影响力的企业，经营范围主要为自营和代理各种进出口业务及国内贸易。在国际油价大幅下跌的背景下，因代理进口化工业务的委托方涉嫌违法及自身经营管理等原因，省纺织进出口公司及其五家子公司出现总额高达 20 余亿元的巨额负债，其中 80% 以上为金融债务，而六公司经审计总资产仅为 6000 余万元，资产已不足以清偿全部债务。

📑 | 审理情况 |

根据债权人的申请，江苏省南京市中级人民法院（以下简称南京中院）分别于 2017 年 1 月 24 日、2017 年 6 月 14 日裁定受理省纺织进出口公司及五家子公司（其中无锡新苏纺国际贸易有限公司经请示江苏省高级人民法院指定南京中院管辖）重整案，并指定同一管理人接管六家公司。管理人对六家公司清理后认为,六家公司存在人员、财务、业务、资产等人格高度混同的情形,据此申请对六家公司进行合并重整。南京中院在全面听证、审查后于2017年9月29日裁定省纺织进出口公司与五家子公司合并重整。基于六家公司在纺织及外贸行业的影响力及经营前景,管理人通过谈判,分别引入江苏省纺织集团有限公司及其母公司等作为战略投资人,投入股权等优质资产增资近12亿元,对债务人进行重整并进行资产重组,同时整合省纺织进出口公司与子公司的业务资源,采用"现金清偿-以股抵债"的方式清偿债权。2017年11月22日,合并重整债权人会议及出资人组会议经过分组表决,各组均高票或全票通过管理人提交的合并重整计划草案。经管理人申请,南京中院审查后于2017年12月8日裁定批准省纺织进出口公司及五家子公司的合并重整计划;终止省纺织进出口公司及五家子公司的合并重整程序。

📖 | 典型意义 |

该案是探索关联企业实质合并重整、实现企业集团整体脱困重生的典型案例。对分别进入重整程序的母子公司,首先在程序上进行合并审理,在确认关联企业人格高度混同、资产和负债无法区分或区分成本过高以致严重损害债权人利益,并全面听取各方意见后,将关联企业进行实质合并重整。合并重整中,通过合并清理债权债务、整合关联企业优质资源,同时综合运用"现金清偿+以股抵债"重整的同时进行资产重组等方式对危困企业进行"综合诊治",不仅使案件审理效率大为提升,债权人的整体清偿利益得到有效维护,还化解了20余亿元的债务危机,有效防范了金融风险,实现了六家企业整体脱困重生,凸显了破产审判的制度功能与社会价值,为国有企业深化改革提供有益经验。

案例 ⑤

云南煤化工集团有限公司等
五家公司破产重整案

📄 | 基本案情 |

云南煤化工集团有限公司（以下简称煤化工集团）系云南省国资委于 2005 年 8 月组建成立的省属大型集团企业,下辖近百家企事业单位,并系上市公司云南云维股份有限公司（以下简称云维股份）的控股股东。2012 至 2015 年煤化工集团经营性亏损合计超过 100 亿元,涉及经营性债权人 1000 余家,整个集团公司债务约 650 亿元,云维股份则面临终止上市的紧迫情形。如债权人维权行为集中爆发,煤化工集团进入破产清算,集团旗下 4.3 万名职工中大多数将被迫离开工作岗位,72 亿元债券面临违约,数百亿金融债权将损失惨重。

📇 | 审理情况 |

2016 年,债权人先后分别申请煤化工集团及下属四家企业（分别为云维集团、云维股份、云南大为、曲靖大为）重整。基于五公司的内部关联关系和不符合实质性合并条件等客观情况,云南省高级人民法院决定分别受理上述系列案件,并指定云南省昆明市中级人民法院（以下简称昆明中院）集中管辖。2016 年 8 月 23 日,昆明中院裁定受理了上述五家企业破产案件,确保了该系列案的统一协调、系统处理和整体推进;提升了破产案件的处理效率,减少了破产费用。

由于煤化工集团五家公司之间存在四级股权关系,债权结构复杂,偿债资源分布不均匀,呈现出"自下而上,债务总额越来越大,偿债资源越来越少"的趋势。为了最大化实现债权人在煤化工集团多家重整主体的整体利益,该系列重整案确定了"自下而上"的重整顺序,由子公司先完成重整,保证了下层公司通过偿还上层公司内部借款,向上输送偿债资源,解决了债务和偿债资源不匹配的问题,奠定了成功实现重整整体目标的基础。云维股份及其子公司率先完成重整,确保云维股份保壳成功,同时通过资本公积金转增股票向云维集团和煤化工集团提供股票,并通过债务关系、担保关系实现偿债资源的有序输送,使得两家公司能够制定最为合理的重整计划,绝大部分金融债权能够获得100%兜底清偿。该系列重整案前后历时十个月,五公司重整方案均获得债权人会议表决通过,重整计划付诸实际执行,系列重整案件基本圆满终结。

📖 | 典型意义 |

本案是在供给侧结构性改革及"去产能、调结构"背景下,人民法院切实发挥破产审判功能,积极化解产能过剩,保障地方就业稳定,并最终实现困境企业涅槃重生的典型案例。通过重整程序,集团旗下关闭煤矿18家,清理过剩煤炭产能357万吨/年,分流安置职工14552人,化解债务危机的同时为企业后续持续健康发展奠定基础,得到了债权人、债务人、股东、职工的高度肯定和支持。

案例 6

北京理工中兴科技股份有限公司
破产重整案

💬 | 基本案情 |

北京理工中兴科技股份有限公司(以下简称京中兴公司)系在全国中小企业股转系统代办股份转让的非上市公众公司,成立于 1992 年 12 月 1 日,注册资本 2.5 亿余元。1993 年 4 月,经海南省证券管理办公室批准,公司定向募集 1.2 亿股在中国证券交易系统(NET 系统)上市交易,流通股 17090 万股,股东达 1.4 万余名。截至 2017 年,公司资产总额 979.66 万元,负债总额近亿元,已严重资不抵债。债权人以不能清偿到期债务为由,向北京市第一中级人民法院(以下简称北京一中院)申请京中兴公司破产重整,该院于 2017 年 9 月 15 日裁定受理。

📥 | 审理情况 |

为提高重整成功率,北京一中院采用预重整模式,以听证形式多次组织相关主体开展谈判协商,并在对公司是否具有重整价值和挽救可能进行有效识别的基础上,引导主要债权人与债务人、投资方签署"预重整工作备忘录"等文件,就债权调整、经营方案以及重整路径等主要问题达成初步意向。同时,还通过预先摇号方式选定管理人提前开展工作。

通过有效对接预重整工作成果,加快审理节奏,本案在受理 80 余天便召开债权人会议表决重整计划草案,债权人组100%表决通过(申报债权均为普通债权),出资人组经现场和网络投票,通过率亦超87%。2017年12月21日,北京一中院裁定批准破产重整计划,终止重整程序。根据重整计划,投资人承诺在受让京中兴公司1万股后,注入不低于8亿元的优质旅游资产并转增股份用于偿还公司债务,预计责权清偿率达69.25%(不含复牌后可能溢价的部分)。

截至2018年2月底,投资人已实际受让1万股,并完成对注入资产的审计评估工作,重大资产重组的相关工作亦进展顺利。

典型意义

本案系全国首例在全国证券交易自动报价系统(STAQ系统)和NET系统(以下简称"两网"系统)流通转让股票的股份公司破产重整案。1999年9月,上述"两网"系统停止运行后,"两网"公司普遍存在经营困难、股份流动性差等问题,但由于存在着可能申请公开发行的政策优势,因而仍具有一定的重整价值。本案中,京中兴公司通过重整引入优质旅游资产,实现社会资源的重新整合配置,培育了发展新动能,并为公司在符合法律规定条件时申请公开发行奠定了基础,也为其他"两网"公司通过重整重返资本市场提供了借鉴。同时,对拓宽企业投融资渠道,落实北京金融工作会议关于"促进首都多层次金融市场体系建设,把企业上市作为一个重要增长点来抓"的要求,对于营造稳定公平透明、可预期的首都营商环境亦具有积极意义。

此外,本案中北京一中院采用预重整方式,通过对识别机制、重整听证程序、沟通协调机制的综合运用,大大提高重整的效率和成功率,充分发挥了预重整的成本优势和效率优势,实现了多方利益的共赢。

案例 ⑦

庄吉集团有限公司等
四家公司破产重整案

基本案情

庄吉服装是温州地区知名服装品牌,庄吉集团有限公司(以下简称庄吉集团)、温州庄吉集团工业园区有限公司(以下简称园区公司)、温州庄吉服装销售有限公司(以下简称销售公司)、温州庄吉服装有限公司(以下简称服装公司)四企业长期经营服装业务,且服装业务一直经营良好。但因盲目扩张,投资了并不熟悉的造船行业,2014 年受整体经济下行影响,不但导致投入造船业的巨额资金血本无归,更引发了债务人的银行信用危机。2014 年 10 月 9 日,除服装公司外,其余三家公司向浙江省温州市中级人民法院(以下简称温州中院)申请破产重整。

审理情况

2015 年 2 月 27 日,温州中院裁定受理庄吉集团、园区公司、销售公司三企业的重整申请,并根据企业关联程度较高的情况,指定同一管理人。本案中债权人共有 41 人,申报债权约 20 亿元,确认约 18 亿元。2015 年 8 月 20 日,管理人请求温州中院将重整计划草案提交期限延长三个月。2016 年 1 月 27 日,服装公司亦进入重整程序。由于四企业存在人格高度混同的情形,符合合并重整的基础条件,且合并重整有利于公平清偿债务,符合《破产法》的立法宗旨。温州中院在经债权人会议决议通过四企业合并重整的基础上,经过该院审委会讨论决定,对管理人提出的实质合并重整申请予以准许。随后管理人制定整体性的重整计划草案,并在债权人会议表决的过程中获得了绝大部分债权人的认可,仅出资人组部分股东不同意。经与持反对意见的股东沟通,其之所以反对主要是对大股东经营决策失误有怨言,对重整计划本身并无多大意见。2016 年 3 月 17 日,温州中院强制裁定批准该重整计划草案。在重整计划草案通过后,温州中院及时根据《中共温州市委专题会议纪要》[(2016)9 号文件]对重整企业进行信用修复,使得重整企业隔断历史不良征信记录、恢复正常使用包括基本户在内的银行账户、正常开展税务活动、解除法院执行部门的相关执行措施,为重整企业营造了良好的经营环境。

📖 | 典型意义 |

本案是法院依法审慎适用重整计划草案强制批准权、积极协调保障企业重整后正常经营的典型案例。实践中,一些企业在重整计划通过后,因相关配套制度的缺失又重新陷入困境。因此,重整是否成功,并不仅仅体现在重整计划的通过上,虽然重整司法程序在法院裁定批准后终止,但重整后的企业能否迅速恢复生机,还需要在信用修复、适当的税收优惠等方面予以支持,使其顺利恢复生产经营活动,才是完整发挥重整制度价值的关键。本案中,在庄吉服装系列公司重整计划通过后,温州中院积极协调,为重整后的庄吉服装系列公司赢得良好经营环境。此外,法院依法审慎适用强制批准权,维护了各方主体利益平衡以及整体利益最大化,庄吉服装系列公司在重整成功后的第一个年度即成为当地第一纳税大户。

案例 **8**

福建安溪铁观音集团股份有限公司
及其关联企业破产重整案

基本案情

福建省安溪茶厂有限公司(以下简称安溪茶厂)成立于1952年,是我国历史最为悠久的三大国营茶厂之一,系福建安溪铁观音集团股份有限公司(以下简称铁观音集团)全资子公司。铁观音集团成立后,投入大量资金用启动上市计划并于2012年6月进行IPO预披露,由于国家政策及市场变动等因素,2013年铁观音集团终止上市计划。之后随着国家宏观经济下行、消费环境变化和市场调整等不利因素的影响,尤其是担保链断裂等因素,铁观音集团和安溪茶厂陷入资金和经营困境。2016年1月份,债权人分别申请铁观音集团和安溪茶厂重整,泉州市中级人民法院(以下简称泉州中院)、安溪县人民法院(以下简称安溪法院)分别受理两个案件。安溪法院受理后以案件疑难复杂为由将案件移送泉州中院审理。

审理情况

泉州中院受理后,共裁定确认铁观音集团债权41家合计约4.78亿元、安溪茶厂债权137家合计约3.32亿元(其中茶农债权人83名,债权金额合计约776万元)。管理人采用公开遴选的方式,引入投资人向铁观音集团增资2.2亿元,持有铁观音集团股权76.2%,原股东的股权稀释为23.8%;铁观音集团普通债权清偿率7.54%(其中10万元以下部分清偿率30%),比清算条件下的清偿率提高三倍;安溪茶厂普通债权清偿率16%(其中10万元以下部分清偿率40%),两案重整计划草案均获得高票通过。2016年11月3日,泉州中院裁定批准重整计划,终止重整程序。2017年8月31日重组方投资全部到位,2017年10月31日,泉州中院裁定确认两案的重整计划执行完毕。

典型意义

本案是通过破产重整制度促进传统农业企业转型升级的典型案例。安溪茶厂、铁观音集团等企业共同形成了茶叶种植、生产、研发、销售的产、供、销一体化涉农企业。重整成功使"安溪铁观音集团"这一著名商号得以保留,带动茶农、茶配套生产商、茶叶营销加盟商相关产业发展;且投资方"互联网+"思维模式、合伙制商业模式、"制茶大师工作室"等创新模式的引入,对传统农业企业从营销模式、产品定位、科研创新等方面进行升级转型,同时化解了金融债权约5.8亿元,有效防控金融风险。此外,本案中,经审计机构和管理人调查,两家企业在主要财产、交易渠道、账册等方面不存在高度混同情形,故未采用实质性合并重整的方式,而是采取分中有合、合中有分的审理模式对于安溪茶厂和铁观音集团两个关联企业进行重整。基于两家企业母子公司的关系,招募同一个投资人作为重整案件的重组方,最大限度整合两家企业的资源,提高重整的价值,实现债务人和债权人利益最大化。

案例 **9**

中顺汽车控股有限公司破产重整案

基本案情

中顺汽车控股有限公司（以下简称中顺汽车）成立于 2002 年，主要业务为轻型客车的制造、销售。受 2008 年全球金融危机和市场竞争加剧等因素影响，企业陷入困境。2009 年开始停产，诉讼集中爆发，职工大规模上访。至 2017 年 1 月，累计负债 27 亿元，其中拖欠职工工资、社保 1440 人，普通债权人 130 余家，相关执行案件 130 余件，严重资不抵债。2017 年 1 月 13 日，辽宁省沈阳市中级人民法院（以下简称沈阳中院）根据债权人申请，裁定受理中顺汽车破产重整案件。

审理情况

法院裁定受理后，基于该企业停产时间长、社会稳定压力突出、协调审批事项复杂等现实情况，法院通过"沈阳工业企业依法破产（重整）工作小组"会商后决定指定清算组担任管理人。在重整工作中，法院牵头抓总，主导重整程序推进；清算组除管理人基本职责外，侧重解决职工安置、维护稳定，协调、审批，产业政策把握等事务。

针对企业的困境成因，在重整计划草案制定中，一方面立足于化解债务问题，保证公平清偿；另一方面着眼于促进企业提质增效，增强营利能力。在重整投资人引入过程中，采用市场化招募方式，将引入新能源产业作为目标，指导管理人利用全国企业破产重整案件信息网发布招募公告,将符合国家政策支持导向并具有技术创新能力作为核心要件,通过严格的招募遴选程序,从报名的主体中择优选定威马汽车制造温州有限公司及其子公司沈阳思博智能汽车技术有限公司作为重整投资人。威马汽车作为致力于新能源汽车研发、生产的企业,给中顺汽车注入活力,构建绿色出行,智慧出行,实现了中顺汽车由传统汽车制造企业向新能源汽车产业基地的转型升级。2017 年 6 月 30 日,债权人会议各组均表决通过重整计划草案。2017 年 7 月 6 日,沈阳中院裁定批准重整计划。2018 年 1 月,中顺汽车管理人提交重整计划执行完毕报告。

典型意义

中顺汽车重整案是充分发挥政府与法院协调机制的优势,以常态化工作平台有针对性指导个案,同步化解困境企业债务和经营问题,促进实体经济转型升级、实现振兴的典型案例。中顺汽车案件审理中,充分利用"沈阳工业企业依法破产(重整)工作小组"平台优势,判断企业的救治价值和可能性,把握重整产业发展方向,搭建引资平台,促进项目落地,并在重整计划执行阶段,督促、协调有关部门快速完成变更、审批事项,在法院依法完成程序推进工作的基础上,共同实现成功重整,助力老工业基地产业结构调整。

案例 ⑩

桂林广维文华旅游文化产业有限公司
破产重整案

💬 | 基本案情 |

桂林广维文华旅游文化产业有限公司（以下简称广维公司）拥有全球第一部山水实景演出、广西旅游活名片、阳朔旅游晴雨表的《印象·刘三姐》剧目。该公司为股东及其关联控制人代偿或担保债务涉及总额超过 15 亿元，导致不能清偿到期债务且资不抵债，据此提出破产重整申请。

📑 | 审理情况 |

2017 年 8 月 15 日，广西壮族自治区高级人民法院（以下简称广西高院）裁定受理本案并指定管理人。管理人采取邀请招标方式并经公开招标，从交纳投标保证金、具体重整方案的细化可行性情况确定北京天创文投演艺有限公司（以下简称文投公司）以 7.5 亿元出资额成为重整投资方。2017 年 11 月 8 日，第一次债权人会议召开，重整计划草案确定相关债权数额并将出资人权益调整为零，明确文投公司义务。享有担保权的债权组，代表债权金额 275892800.36 元，表决通过该草案；普通债权组过半数同意，代表债权金额 761128974.33 元，占该组债权总额的 77.30%，超过三分之二以上；出资人组表决未通过该草案。2017 年 12 月 4 日，广西高院裁定批准重整计划草案，终止重整程序。2018 年 1 月份，文投公司出资资金到位；1 月 26 日，广西高院裁定确认柳州银行股份有限公司等 15 位债权人债权共计 1469526673.18 元,其受偿金额分配共计 589207646.35 元;2 月中旬,文投公司完成股权过户。

📖 | 典型意义 |

　　本案系全国首个直接由高级法院受理的破产重整案件。由于考虑到公司经营项目为国际知名大型实景《印象·刘三姐》剧目,对广西旅游业、地方经济影响较大,且公司所有资产被国内、区内数十家法院查封、涉及职工人数众多且成分复杂等情况,广西高院依据我国《企业破产法》第四条、《民事诉讼法》第三十八条第一款之规定,将本案作为全区有重大影响案件裁定立案受理。为确保《印象·刘三姐》剧目演出不受破产重整影响,本案实行演出相关业务自行经营、管理人监督、法院总协调的模式,确保重整期间公司正常经营,各项收入不减反增。该案历经 3 个月 21 天顺利终结并进入重整计划执行阶段,广维公司摆脱债务困境重焕活力,确保 800 多名演职人员就业机会,也解决关联公司 548 名职工安置问题,相关产业通过《印象·刘三姐》项目实现升级改造,推动了地方经济发展。

2017 年全国法院十大执行案件入选案件

案例 ①

两地四级法院：
京粮大仓万吨粮食异地执行案

【摘　要】

北京三级法院共同发力，在中央政法委和地方党委的领导下，在最高法院统一指导、协调，河南省三级法院的积极配合下，周密部署，攻坚克难，顺利完成全国首例万吨粮食异地执行工作，得到当事人及社会各界的充分肯定。

| 内容介绍 |

2013 年 12 月 30 日，北京市丰台区人民法院受理原告北京京粮大仓粮油贸易有限责任公司（以下简称京粮大仓公司）与被告怀远县盛禾粮油贸易有限公司（以下简称盛禾公司）、被告北京华源之星商贸有限责任公司（以下简称华源之星公司）、被告北京以食为天国际粮食贸易有限公司（以下简称以食为天公司）买卖合同纠纷一案。2014 年 1 月 5 日，依京粮大仓公司申请，该院保全查封了存储于新密 0103 国家粮食储备库的小麦。2014 年 12 月 10 日，该院判决盛禾公司退还京粮大仓公司货款并支付违约金共计 3600 余万元，以食为天公司、华源之星公司承担连带保证责任。判决发生法律效力后，因盛禾等三公司拒不履行判决义务，京粮大仓公司向该院申请执行涉案小麦。在中央政法委、最高法院、北京市委政法委的大力指导和支持下，在河南省委政法委、河南高院、郑州中院、新密市委政法委、新密法院的密切协助和配合下，北京三级法院共同发力，历时 34 天，圆满执结全国首例万吨粮食异地执行案，共计交付小麦 10629.55 吨。

粮食安全事关国计民生，因涉案小麦数量巨大、易腐烂变质，且出粮作业技术难度大，运输和仓储条件要求严格，需跨省异地执行，工作时间长、难度大、风险高，案件执行受到各方高度关注。最高法院高度关注执行进展情况，对本案提出了具体要求；北京高院杨万明院长多次听取情况汇报，研究部署工作方案；最高法院孟祥局长、北京高院吉罗洪副院长带队前往执行现场，指导工作，看望干警。

为稳妥高效完成执行工作，北京高院执行局指导丰台法院与属地政法委、法院反复协商执行事宜，实地勘察涉案粮库及周边情况，形成粮食交付的具体方案，认真做好设备调试、地磅校验、道路疏通等前期准备；统一调配中级、基层法院出动警力，组成 50 余人的执行队伍，成立现场指挥部，设实施、控制、接待、保障四个小组，做到分工明确、责任到人；指导成立京豫执行临时党支部，以党的十九大精神为指引，带领全体人员攻坚克难。

执行过程中，北京法院与属地政法委、法院、行政机关建立了良好的工作关系，先后召开 13 次协调会，妥善解决了当地单双号限行、吸粮机严重故障无法作业等问题。北京法院干警尽心履职，及时研究解决执行现场出现的各种困难，努力提高工作效率。针对粮库内道路狭窄、两车作业无法紧密衔接的情况，重新规划粮食运输路线，形成运粮车进出并行不悖的循环路线，保证了执行工作顺利进行。践行司法为民理念，通过采取严格控制作业面，根据居民作息情况调整作业时间，在吸粮机的扩散端口添置降尘罩大幅度吸附粉尘等措施，努力将执行工作给群众生活造成的影响降至最低，树立了文明执法的良好形象。

北京法院 50 余名干警 34 天坚守河南新密，平均每天工作 12 小时，克服严寒、噪音和粉尘污染等困难，始终保持昂扬向上的精神风貌，圆满完成了粮食交付任务，工作得到案件当事人充分认可，获得最高法院、属地政法委和兄弟法院好评，赢得了当地群众肯定。

该案是在中央政法委、地方党委的领导下，在最高法院统一指导下，京豫两地法院密切配合圆满完成的一起异地联动执行案件，是充分发挥"三统一"执行管理体制优势，有效克服执行难工作的成功范例。

案例 ②

福建莆田中院：
"正鼎地产"系列执行案

【摘　要】

执行法院巧借力,解决资金周转问题,盘活困难企业,有效化解涉及 125 件案件、涉案标的 8.38 亿的"正鼎"系列案。

▐📖▌ |内容介绍|

莆田市正鼎房地产开发有限公司(以下简称正鼎公司)有员工一千余人,曾连续五年荣获莆田市纳税超千万元大户称号。因投资过快,资金链骤然断裂,债务缠身,债权人纷纷诉至法院,并相继进入执行程序。

莆田两级法院受理的正鼎公司、张某、林某作为被执行人的未结执行案件有 125 件,申请执行标的本金高达 8.38 亿元;正在审理或判决尚未生效、尚未申请执行的涉及正鼎公司的民间借贷案件共 8 件,诉讼标的约 2.04 亿元。该系列案件抵押融资较多,涉及不同类型的债权,案情复杂。该公司开发的"正鼎·北戴河"项目因拖欠工程款造成工人多次到市政府举横幅信访,其他楼盘也因逾期办证引起购房户多次信访。因此如果盲目实施查封、拍卖等强制执行手段,不仅会造成系列案件无法全部受偿,购房户利益得不到保障,公司也会濒临破产,给当地经济形势带来不稳定因素。

莆田中院在深入走访调查后,发现该公司开发的"正鼎·北戴河"楼盘项目有 34.78 万平方米,预计销售额可以达到 40 多亿元。但被执行人因资金困难,将上述地块的土地使用权抵押给上海绿地房地产开发有限公司,抵押金额 5.75 亿元本金及利息,且该案已经在上海市高级人民法院进入执行程序。考虑到正鼎企业属暂时资金周转困难,但资大于债,莆田中院主动作为,向市委、市人大汇报,与市政府沟通协调,引起市领导高度重视。市人大常委会主任阮军亲自部署,直接协调,召集了市法院、国土、规划、住建、消防、金融办、商业银行等相关部门领导参加的会议 13 次,最终决定由国有企业莆田市建工集团投入 5 亿元合作开发"正鼎·北戴河"项目,并先行支付 5000 万工程款保证楼盘复工。同时,莆田中院还积极推动莆田建工集团与原抵押权人上海绿地房地产公司签订协议,由建工集团以逐步注资偿还的方式取得"正鼎·北戴河"项目土地使用权新的抵押权,避免被查封的土地被直接拍卖。

在此基础上,莆田中院协调相关执行法院,通过置换查封物,将查封土地使用权变更为查封房产,并统一集中查封"正鼎·北戴河"项目下的 2 栋高层,以确保其他 6 栋高层和 95 幢别墅能正常销售,同时,还为申请执行人提供以房抵债或以售房款实现债权两种方式供选择,促成当事人签订执行和解协议。

目前,正鼎公司已经完成了融资,"正鼎·北戴河"项目开盘销售良好,莆田中院趁热打铁,推动正鼎公司积极履行和解协议,申请执行人已陆续得到清偿。不仅 125 件系列案件得到妥善处理,正鼎公司也获得转机,预计可以为政府纳税 8—9 亿元。

案例 ③

河北黄骅法院：
顺达公司员工追索劳动报酬执行案

【摘　要】

　　拖欠近 200 名工人工资，黄骅法院多管齐下合围攻坚，智慧执结 168 件拖欠农民工工资案件。

📖 | 内容介绍 |

　　黄骅市顺达不锈钢制品有限公司主营餐具、厨具、五金制品，产品出口，曾经在业内具有较好声誉，在经营上一度辉煌。但近年来因经营不善、汇率变化、环保等因素停产，该公司拖欠了大量农民工工资，来自湖南、安徽、辽宁、山东、河北等地的近 200 名工人医迟迟讨薪未果，多次围堵市委市政府，公司法定代表人也因涉嫌拒不支付劳动报酬罪被公安机关立案侦查。168 件追索劳动报酬纠纷进入诉讼程序后，黄骅法院立即启动立、审、执绿色通道，依法快速保障农民工权益。

　　在追索劳动报酬纠纷案的裁判作出并发生法律效力后，根据当事人的申请，黄骅法院依法立案执行，并于立案当日立即开展对被执行人财产的查控工作。1 月 24 日（农历腊月二十七），在公司所在地旧城镇政府和村委会见证下，黄骅法院民生执行专案小组迅速对公司厂房、设备等进行查封。其间，执行工作遭到不明真相的案外人百般阻挠，执行干警一方面向围观群众释法明理,一方面用法律规定教育案外人,令其不敢触碰法律红线。控制局面后,执行人员现场张贴执行公告,并进入公司向躲避执行的公司股东送达法律文书,依法查封公司的厂房、设备,执行全程由辖区党委政府监督,新闻媒体全程跟踪,案件执行过程公开透明。

1月25日,黄骅法院向公司法定代表人刘某送达执行通知书和报告财产令,责令其如实申报财产。2月14日,对公司账务托管单位某会计师事务所进行询问,核实公司资产品名和数量。同日,向黄骅市工商行政管理局调查公司成立及经营情况。3月2日,对公司财产实地勘察,责令公司提供现有物资报告及处理方案。3月22日,经反复沟通,第一次促成当事人和解,双方同意"公司整体资产抵顶工资,由工人自行经营的请求"。后因国家环保政策影响,加之外地工人有不同意见,双方放弃"重新经营"的和解意向。5月8日,法院决定启动评估拍卖程序,但考虑高额的评估拍卖费用必然会减损工人应得工资,为保障工人可得利益最大化,黄骅法院初步确定两步走的工作方案:一方面积极促进双方和解,签订可行的和解协议;一方面推进资产拍卖,并根据工作的推进情况适时调整工作方案。随后法院组织当事人多次协商,双方达成自主变卖查封财产的协议。在法院的监督之下,7—10月底,经过十余次变卖,顺达公司可变现财产全部由当事人依法自行变卖,兑付工资取得关键性突破!

与此同时,黄骅法院执行局与刑事审判庭密切配合,多管齐下推进执行工作。在公司法人刘某拒不支付劳动报酬罪的案件审理中,法官多次释明宽严相济的刑事政策和主动履行义务在从轻量刑上的积极作用。在明白了法理、事理之后,为争取宽大处理,刘某态度终于发生转变,自愿多方筹款11万余元用于履行裁判确定的义务,加之与工人协商处置的企业财产共101.2万余元,能够履行义务的财产超出工人预期。11月9日,黄骅法院集中兑付案款,刘某当场向工人道歉,96名外地农民工现场拿到工资。为方便外地农民工领取,该院同步开通"网上通道",对无法前来的远在辽宁、安徽等地的工人通过微信视频现场核对工资款及和解意向,由授权工人代表代领工资,100余万案件款全部发放到位,案件全部圆满执结。

案例 ④

山西长治中院：
被执行人长治钢铁公司合同纠纷执行案

【摘　要】

执行法院在执行中将维护申请人的合法权利和保障被执行国有企业的稳定与发展统一起来，通过深入细致的工作，力促双方和解，实现了法律效果与社会效果的有机统一。

｜内容介绍｜

2017 年 9 月，承德信通首承矿业有限公司（以下简称信通首承公司）申请执行其与首钢长治钢铁有限公司（以下简称长治钢铁公司）合同纠纷一案，执行立案标的本金加利息近 4000 万元。被执行人长治钢铁公司是一家历史悠久拥有近万名员工的国内著名国有大型炼钢企业。

长治中院立案后，执行人员立即向被执行人下达执行通知书，并通过人民法院网络执行查控系统对被执行人名下的银行存款等财产进行查控。随后，对该企业财产状况、股权结构等情况进行认真分析研判。被执行人收到执行通知书后，其负责人向执行人员反映，企业愿意主动履行还款义务。但炼钢行业在全国范围内正处于低迷状态，长治钢铁公司目前企业效益差，员工思想不稳定，如强行划拨公司大量资金将使企业陷入经营性困难，故请求法院做申请人工作，争取和解后分期还款。长治中院执行局负责人及案件承办人在听取长治钢铁公司负责人的反映后,深入企业进一步了解了实际情况。随即决定对该企业采取兼顾申请人利益和被执行人企业稳定发展的执行方案,即同意积极做好申请人的工作,推动双方和解,达成分期履行的协议;并在该企业交付首批案款后解除对该企业银行基本账户的冻结,从而保障企业员工工资的及时发放,确保企业正常经营。

但在执行法院协调双方推进和解的过程中仍然困难重重。对于被执行人而言,即便分期付款,要全部履行法院判决确定的义务仍面临着流动资金少、欠款利息难以承受的巨大压力;而作为申请执行人的信通首承公司则认为,被执行人拖欠货款多年,给自己造成重大损失,故坚决要求被执行人一次性履行义务,不愿意与被执行人达成和解。面对双方矛盾,长治中院执行局坚持既严格执行法律,又注重为被执行企业走出困境创造条件,把协调沟通工作做足做细。一方面要求被执行人尽快筹措资金履行法院判决,另一方面着力向申请执行人说明法律文书的执行要与被执行人的现实履行能力结合起来,才能有针对性地解决问题,帮助被执行企业走出困境,也有利于双方以后的商业合作和共同发展。在执行法院坚持不懈、细致耐心的调解下,双方当事人终于达成和解,被执行人分两批将所欠信通首承公司的近 3600 万元的货款本金以承兑汇票的方式付清,同时申请执行人同意放弃利息。案件随后也顺利执结。

案件执结后,当事人对法院的执行工作给予高度评价,并深深为法院执行团队的敬业精神和司法为民的理念而感动。被执行人亲自将一封感谢信、一面写有"秉公执法替企业保驾护航、张弛有度为企业排忧解难"的锦旗送到了长治中院执行局。此案的执行取得了较好的法律效果和社会效果。

案例 ⑤

浙江缙云法院：
被执行人丰圣公司借款合同纠纷执行案

【摘　要】

执行法院依法涤除被执行人在执行标的物上设置的虚假租赁，开出 60 万元"罚单"，并有效推动了案件顺利执结。

📖 | 内容介绍 |

2016 年 3 月 25 日，缙云县农村信用合作联社新碧信用社（以下简称新碧信用社）向缙云法院申请强制执行其与浙江丰圣电器有限公司（以下简称丰圣公司）等借款合同纠纷案。根据生效判决书，丰圣公司及其担保人应归还新碧信用社借款 1100 万元及利息，丰圣公司以名下房地产承担抵押担保责任。

执行过程中，该院依法向被执行人丰圣公司、卢某某、董某某发出了执行通知书，责令三被执行人于 2016 年 4 月 4 日前履行法律义务或申报财产。但被执行人一直未履行也未进行财产申报。该院依法查封了丰圣公司设定抵押的房地产。因浙江澳贝思新能源科技有限公司（以下简称澳贝思公司）租赁在丰圣公司厂区内，根据租赁合同，租赁发生于抵押、查封之前，且租赁期限未满，该院于同年 7 月 18 日裁定带租拍卖。拍卖过程中，新碧信用社向法院提出执行异议，认为租赁虚假请求依法涤除，并提供相关证据。立案后，执行法院围绕相关证据,从租赁是否为双方真实意思表示、租赁合同是否签订于厂房抵押前、澳贝思公司是否合法占有使用租赁物等方面深入审查。经查,丰圣公司与澳贝思公司就涉案房地产签订长达10年的租赁合同,澳贝思公司称其以银行承兑汇票一次性付清150万元租金。但汇票背书内容反映该汇票并非来自澳贝思公司,且在租赁合同签订之前的半年,丰圣公司就已经从与其有业务关系的其他单位取得该汇票并再行转让给他人,所谓签订租赁合同并一次性以汇票支付租金的说法明显违背常理。法院依法认定丰圣公司与澳贝思公司租赁关系虚假,依法裁定涤除租赁权,并对丰圣公司虚假租赁行为作出罚款60万元的处罚决定。丰圣公司、澳贝思公司未再提出异议或复议。租赁涤除后,该院将原先以930万元带租拍卖未成交的企业资产重新启动拍卖,经22人竞拍,87次延时,最终以2395万元高价成交,溢价率达157.5%。本案圆满执结。

本案执行法院根据当事人的异议,深入审查发现被执行人与第三人串通妨碍执行的虚假租赁行为,依法予以惩治,保护申请人的合法权益,同时有效推动了案件的顺利执结。

案例 ⑥

湖北武汉武昌区法院：
艳阳天酒店腾退执行案

【摘　要】

多方矛盾激烈冲突、关乎多重民生群体利益纠纷,湖北武昌法院多措并举公正文明,善意执行各方共赢。

📖 | 内容介绍 |

2007 年 4 月,中铁第四勘察设计院(以下简称铁四院)与艳阳天旺角工贸发展有限公司(以下简称艳阳天公司)签订房屋租赁合同,将原职工俱乐部房屋租与艳阳天公司开设酒店,租期 5 年,年租金 70 万元,后又续签了两年,租金修改为 100 万元。承租期间,艳阳天公司对房屋进行了改扩建,并进行了装修,改扩建后的面积达 11000 余平方米。租赁期届满后,铁四院要求收回房屋,艳阳天公司则因投入巨资装修,要求继续续签合同。双方纠纷后经武汉市仲裁委员会仲裁裁决,确定艳阳天公司应予腾退房屋。2016 年 6 月,铁四院向法院申请执行。

本案执行工作面临较大困难。被执行人腾退确实会造成巨额损失。而且,酒店吸纳了杨园街周边的 360 多名职工,分流安置十分困难;已经接受预定的婚礼宴席达 2600 余桌,涉及家庭 180 余家,退订安抚是一个大难题。不仅如此,此案涉及的腾退房屋面积近 11000 平方米,含主楼四层、附属楼、停车场、冻库和各项大小设备，腾退本身也极为困难。同时，由于在建的地铁 5 号线路经涉案房屋，执行工作无法再拖延，否则会影响地铁线路施工。

武昌法院领导对此案高度重视，多次组织专门会议研究，并积极联系区政府办公室协调区公安、安监、司法、消防以及房屋所在的杨园街道办事处等相关部门联动，共同协助法院执行事宜。同时进一步明确了工作思路：必须尽快完成执行工作，确保市政重点工程地铁 5 号线的施工不受影响，同时要立足于善意执行，为企业的生存发展提供帮助与保护，防止产生新的社会矛盾。为此，武昌法院执行局一方面敦促艳阳天酒店方认清形势，顾全大局，充分考虑法律后果，自动履行仲裁裁决，妥善安置职工，妥善处理预定宴席；另一方面通过现场公告、法律宣传、座谈调解和媒体报道等渠道，寻求酒店职工和预定客户们的理解、支持和配合；同时注重保护酒店的各项诉讼权利，将酒店的赔偿诉求依法导入诉讼程序。先后历时 8 个多月，经过 50 余次上门走访调查，组织大小 30 多次调解座谈，终于促成双方当事人达成了执行和解协议，相关困难和问题也得到协商处理。艳阳天公司持续 18 天动用车辆百余车次，自行完成腾退，酒店的 360 多名员工均得到妥善安置，预定的 180 余家 2600 多桌酒席全部基于自愿原则进行退订或分流。随着交接工作的顺利完成，地铁五号线建设工程也如期开始施工。

面对涉及重大复杂的利益纠纷，武昌法院执行局始终秉承善意执行理念，发挥协调联动机制的作用，依法综合保护各方当事人利益，推动执行工作，实现法律效果和社会效果的有机统一。

案例 ⑦

湖南浏阳法院：
介面光电公司员工劳动争议执行案

【摘　要】

公司停工,法院通过执行行为为 927 名员工追回欠薪 1800 余万元,并成功执结 1.3 亿元系列案。

|内容介绍|

2010 年 9 月,台湾介面光电股份有限公司入驻浏阳,在浏阳经济技术开发区设立介面光电(湖南)有限公司。2015 年,由于市场竞争激烈,公司营运资金出现问题。2016 年 1 月 11 日,公司委托专人代表与 927 名员工签订了《劳动合同终止确认书》,终止了劳动关系。后经过劳动争议仲裁,927 名工人在裁决书生效后分三批到法院申请强制执行。浏阳市人民法院专门开辟绿色通道,安排专人加班加点,仅用半个月时间完成 927 件案件的全部立案审查工作,均立案执行。

另外,介面光电公司因拖欠银行借款与材料商货款的申请强制执行案件已达 14 件,加上这 927 件案件,共计执行标的额达 1.3 亿余元。公司停工后,法定代表人叶某返回台湾,对清偿债务及相关善后事宜一概不理,与此同时被执行人的机械设备尚处在海关监管期内不能拍卖,被执行人的其他财产是否有人竞买,各种问题综合叠加导致执行困难重重。经研究,浏阳法院成立执行专项小组，制定了多套执行方案予以应对，力求在最短时间内打好这场执行攻坚战。

执行专项小组第一时间依法将执行通知书采用公告方式送达了叶某。在经多方努力与叶某取得联系，获得了叶某在台湾的送达地址确认书后，又将相关法律文书相继成功送达，充分保证叶某的诉讼权利。

执行专项小组将工作重心放在对被执行人财产的依法变现上。本案待评估的建筑物面积达 14 万余平方米，土地面积达 8 万余平方米，另外如中央空调、电梯、绿化、净化水池等大量生产、生活设施，财产多、范围广。执行专项小组督促评估人员分两次对公司建筑物、土地及相关附属设施进行了评估。随后依法组织了三次拍卖。2016 年 9 月 29 日，第三次拍卖终于成交，成交价 166864056 元。评估、拍卖程序严格按照法律、司法解释的规定进行，确保了公开、公平、公正。拍卖所得款项汇入案款专用账户后，专项小组第一时间通知申请执行人，并安排专人负责接待。连续 7 天，申请执行人陆续从浏阳法院顺利办理领款手续。至此，该系列案件得以圆满执结。2017 年春节前夕，浏阳法院收到了本案的申请执行人共同赠送的锦旗，短短几个月就将涉案标的额达 1.3 亿余元的系列案件圆满执结，927 名员工的工资及补偿金 1800 万余元也全部发放到位。

该案执行标的大，申请执行人人数众多，财产构成复杂，变现难度大。执行法院依法实施执行行为，执行程序有条不紊，做到了规范、文明执法，执行效果良好。

案例 8

新疆乌鲁木齐县法院：
牧民哈力交通事故损害赔偿执行案

【摘　要】

　　游牧民族逐水草而居，被执行人踪迹难寻，通信不畅。天山脚下的"硬汉"法官不畏艰难，踏入雪山"冬窝子"，寻找被执行人，推动案件顺利执结。

📖 | 内容介绍 |

　　2015 年 8 月 7 日下午，乌鲁木齐达坂城小镇阿克苏乡高崖子牧场，发生一起交通事故。哈萨克牧民哈力醉酒驾驶摩托车与骑乘摩托车驶来的牧民别克相撞，别克因失血过多当场死亡，经交警部门认定肇事双方负同等责任。法院刑事附带民事判决认定哈力犯危险驾驶罪，拘役三个月并处罚金 3000 元；附带民事部分双方达成调解协议，由哈力赔偿别克家人各类费用总计 106000 元，分期付清。

　　调解书生效后，该案进入执行程序。乌鲁木齐县人民法院向被执行人哈力发出执行通知书，责令其履行生效法律文书确定的给付义务。同时依法实施网络查控和实地走访调查，对被执行人的不动产、车辆、银行存款、有价证券等财产信息进行查控，查明被执行人哈力除了基本生活所需的少量牲畜外，确实无其他可供执行的财产。随即执行法院依法向被执行人哈力发出限制消费令。申请执行人古丽娜（别克的妻子）已届 73 岁高龄，又身患癌症，生活本就不太宽裕,丈夫的突然去世让家里生活雪上加霜。老人病情恶化,急需手术。被执行人哈力住所地高崖子牧场距离乌鲁木齐市一百二十多公里,冬季牧居的"冬窝子"更是远在山区,距离市区二百多公里。冬季大雪封山,车辆无法通行,依靠步行或骑马才能到达,单程需三个多小时的时间。为尽快将"救命"的案款执行到位,执行法官巴河拉提汗及助手们租借牧民马匹,连续多日冒雪进入"冬窝子"查找被执行人下落,早出晚归,有时要借住牧民家中蹲点执行,一日三餐无法保障。后终于在"冬窝子"找到被执行人,执行法官一行对被执行人释法明理,指明拒不履行生效法律文书的后果,督促被执行人及时筹措案款履行义务。在执行法官的不懈努力下,先后几次总计执行到位64000元。案款在第一时间送到病床上的古丽娜老人手中。因救治及时,老人的病情得到了控制。被执行人哈力也为执行法官的爱民情怀和敬业精神所感动,主动表示,除了自己放牧工作的收入,打算让妻子外出务工,两人一块攒钱,保证一定把案款付清。执行法官根据被执行人的情况,积极为其提供帮助,将其介绍到一家餐厅工作。哈力也兑现承诺,按时交纳了剩余的执行款。2017年2月份,执行法官专门赶往达坂城,将42000元的最后一笔案款送到了古丽娜老人的手中,此案至此顺利执结。

案例 ⑨

江苏东台法院：
被执行人徐某抚养费纠纷执行案

【摘 要】

以情动人，情法并用，巧执涉残案。

| 内容介绍 |

2016 年 2 月 14 日，徐某与常代某向东台市人民法院诉讼离婚，后经东台法院判决双方离婚，婚生子常某随常代某生活，徐某自 2016 年 2 月起每月给付抚养费 300 元至婚生子独立生活时止，该款分别于每年的 6 月 30 日前和 12 月 30 日前给付。因徐某未按判决履行，常代某向东台法院申请强制执行。

2017 年 3 月 20 日，本案立案执行，执行法官了解到被执行人徐某系聋哑人，已重新组成家庭，其现任丈夫亦是聋哑人，情况特殊。同时，徐某并非不抚养儿子，主要由于自身患有残疾，无法工作，无固定收入来源，履行抚养义务存在一定的困难。根据案件具体情况，执行法官认为，本案关键要做好与被执行人的沟通工作，在亲情上做文章，推动被执行人在力所能及的范围内履行义务。在与被执行人见面之前，执行法官认真做好各项准备工作。通过多方打听，执行法院首先与徐某现在的公公取得联系，在电话沟通中了解了徐某的情况，并获知徐某非常想念儿子常某。于是执行法官专程赶赴常某所在小学，录制了常某课间玩耍及班主任评价视频。

2017 年 5 月 11 日,执行法官赴徐某住所地,专门邀请手语翻译随案执行,省市县人大代表观摩执行,新华社、网易等 24 家主流媒体网络直播报道。执行法官通过文字和手语翻译与徐某进行了有效沟通,晓之以法、动之以情,并播放了其儿子视频,徐某看后泪流满面,同意先给付 2017 年 1—11 月份抚养费 3300 元。后因现金不足,由该村主任鞠某通过微信转账代为支付。徐某还主动提出以后在每年 6 月和 12 月将抚养费汇至法院账户。

本案系家事纠纷,被执行人属于特殊人群,执行法官采取"情""法"结合的工作方法,践行司法为民理念,事先录制被执行人儿子的视频,邀请手语翻译随本案执行,与被执行人进行充分的交流,在切实保障聋哑人合法权益的同时,通过多种手段教育感化被执行人,最终促使案结事了,彰显司法人文关怀。

案例⑩

上海虹口法院：
被执行人马某房屋买卖合同纠纷执行案

【摘　要】

被执行人拒不履行法院生效裁判,法院充分保障申请人刑事自诉的权利,借助刑罚威慑力促使被执行人履行义务,破解执行难案

| 内容介绍 |

2015 年 10 月 27 日,虹口法院就原告张某诉被告马某房屋买卖合同纠纷案作出一审判决,确定被告于判决生效之日起 7 日内,向原告支付上海市周家嘴路 1063 弄 24 号 401 室房屋(以下简称"系争房屋")的购房余款 34.62 万元并负担案件受理费 2402.20 元。被告不服,提起上诉,二审法院驳回上诉,维持原判。裁判生效后,被告马某未在规定期限内履行义务,原告张某于 2016 年 4 月 7 日向虹口法院申请执行。

案件立案后,虹口法院向被执行人马某发出执行通知,要求其履行义务并来院谈话,马某置之不理。虹口法院依法查封了被执行人名下与他人共有的上海市翔殷路 309 弄 39 号 402 室房屋、冻结了被执行人名下养老金账户。为阻碍执行,被执行人在虹口法院冻结其养老金账户后,擅自予以更换账户并转移资金,致法院无法采取扣划措施。2017 年 6 月 1 日,因被执行人更换养老金账户转移资金、规避执行,虹口法院依法对其采取了司法拘留措施。之后,

被执行人仍拒绝履行义务。正值上海法院深入开展"一打三反"专项工作，虹口法院刚刚制定出台《关于办理拒不执行判决、裁定刑事自诉案件的若干规定》《拒执罪执行当事人须知》等规范性文件，积极推进拒不执行判决、裁定罪的自诉工作。执行法官根据案情，对申请执行人加强释明宣传，积极引导申请执行人通过刑事自诉追究被执行人拒不执行判决、裁定的刑事责任，充分发挥刑罚威慑力助力破解"执行难"。在刑事自诉案件立案后，执行法官配合刑庭法官深入调查、固定被执行人拒不执行判决、裁定罪的相关证据。在得知将被追究刑事责任后，被执行人终于认识到拒绝履行法定义务的严重后果，思想发生转变，表示愿意履行义务。在刑庭法官和执行法官的共同努力下，双方当事人达成刑事和解，被执行人自觉履行了全部法律义务，执行案件得以圆满执结。案件执结后，被执行人马某还分别向执行法官和刑庭法官送来锦旗表示感谢。

三起涉国家安全典型案例

案例 ①

昆明火车站"3·01"暴恐案

💬 | 基本案情 |

2014 年 3 月 1 日，一伙暴徒在昆明火车站持刀砍杀无辜群众，造成 31 人死亡，141 人受伤，其中 40 人重伤。

📑 | 裁判结果 |

法院经依法审理，以组织、领导恐怖组织罪和故意杀人罪数罪并罚判处依斯坎达尔·艾海提、吐尔洪·托合尼亚孜、玉山·买买提死刑；以参加恐怖组织罪和故意杀人罪数罪并罚判处帕提古丽·托合提无期徒刑。

⚖ | 法律链接 |

《国家安全法》第二十八条　国家反对一切形式的恐怖主义和极端主义，加强防范和处置恐怖主义的能力建设，依法开展情报、调查、防范、处置以及资金监管等工作，依法取缔恐怖活动组织和严厉惩治暴力恐怖活动。

《反恐怖主义法》第七十九条　组织、策划、准备实施、实施恐怖活动，宣扬恐怖主义，煽动实施恐怖活动，非法持有宣扬恐怖主义的物品，强制他人在公共场所穿戴宣扬恐怖主义的服饰、标志，组织、领导、参加恐怖活动组织，为恐怖活动组织、恐怖活动人员、实施恐怖活动或者恐怖活动培训提供帮助的，依法追究刑事责任。

《刑法》第一百二十条　组织、领导恐怖活动组织的,处十年以上有期徒刑或者无期徒刑,并处没收财产;积极参加的,处三年以上十年以下有期徒刑,并处罚金;其他参加的,处三年以下有期徒刑、拘役、管制或者剥夺政治权利,可以并处罚金。

犯前款罪并实施杀人、爆炸、绑架等犯罪的,依照数罪并罚的规定处罚。

案例 ②

张某某宣扬恐怖主义、极端主义案

📱 | 基本案情 |

2016 年年初,张某某通过手机移动上网下载暴力恐怖视频和图片。2016 年 2 月至 2016 年 10 月间,张某某先后将下载的部分暴力恐怖视频和图片上传至 QQ 空间,供他人浏览。

📃 | 裁判结果 |

法院经依法审理,认定被告人张某某犯宣扬恐怖主义、极端主义罪,判处有期徒刑二年三个月,并处罚金人民币五千元。

⚖ | 法律链接 |

《国家安全法》第二十八条　国家反对一切形式的恐怖主义和极端主义,加强防范和处置恐怖主义的能力建设,依法开展情报、调查、防范、处置以及资金监管等工作,依法取缔恐怖活动组织和严厉惩治暴力恐怖活动。

《反恐怖主义法》第四条第二款　国家反对一切形式的以歪曲宗教教义或者其他方法煽动仇恨、煽动歧视、鼓吹暴力等极端主义,消除恐怖主义的思想基础。

《刑法》第一百二十条之三　以制作、散发宣扬恐怖主义、极端主义的图书、音频视频资料或者其他物品,或者通过讲授、发布信息等方式宣扬恐怖主义、极端主义的,或者煽动实施恐怖活动的,处五年以下有期徒刑、拘役、管制或者剥夺政治权利,并处罚金;情节严重的,处五年以上有期徒刑,并处罚金或者没收财产。

案例 ③

招远涉邪教故意杀人案

📋 | 基本案情 |

张帆、张立冬、吕迎春、张航、张巧联及张某（张帆之弟，时年 12 岁）均系"全能神"邪教组织成员。吕迎春、张帆、张立冬明知"全能神"系已经被国家取缔的邪教组织，仍然纠合教徒秘密聚会，制作、传播邪教组织信息，发展邪教组织成员，或者为上述行为提供便利条件，破坏国家法律、行政法规实施。2014 年 5 月 28 日，为宣扬邪教、发展成员，张帆、张立冬、吕迎春、张航、张巧联及张某在山东招远一家麦当劳快餐厅内向周围就餐人员索要电话号码，遭被害人吴某某拒绝，张帆、吕迎春遂共同指认吴某某为"恶灵"，并伙同张立冬、张航、张巧联及张某将吴某某杀害。

📖 | 裁判结果 |

法院经依法审理，以故意杀人罪、利用邪教组织破坏法律实施罪数罪并罚判处张帆、张立冬死刑，判处吕迎春无期徒刑；以故意杀人罪判处张航有期徒刑十年，判处张巧联有期徒刑七年。

⚖ | 法律链接 |

《国家安全法》第二十七条第二款　国家依法取缔邪教组织，防范、制止和依法惩治邪教违法犯罪活动。

《刑法》第三百条第一款、第三款　组织、利用会道门、邪教组织或者利用迷信破坏国家法律、行政法规实施的,处三年以上七年以下有期徒刑,并处罚金;情节特别严重的,处七年以上有期徒刑或者无期徒刑,并处罚金或者没收财产;情节较轻的,处三年以下有期徒刑、拘役、管制或者剥夺政治权利,并处或者单处罚金。

犯第一款罪又有奸淫妇女、诈骗财物等犯罪行为的,依照数罪并罚的规定处罚。

2017 年中国法院
50 件典型知识产权案例

一、知识产权民事案件

（一）侵害专利权及专利权权属纠纷案件

1. 谭熙宁与镇江新区恒达硅胶有限公司侵害实用新型与外观设计专利权纠纷案〔最高人民法院（2017）最高法民申 3712 号民事裁定书〕

2. 日本电产（东莞）有限公司与 LG 伊诺特有限公司、北京中南双绿科技有限公司发明专利临时保护期使用费和侵害发明专利权纠纷案〔北京市高级人民法院（2017）京民终 55 号民事判决书〕

3. 天津碎易得环保工程技术有限公司与碎得机械（北京）有限公司、杨海龙、王虎成、贾云鹏专利权权属纠纷案〔天津市高级人民法院（2017）津民终 98 号民事判决书〕

4. 南京麦澜德医疗科技有限公司、史志怀、杨瑞嘉、周干、杨东与南京伟思医疗科技股份有限公司专利权权属纠纷案〔江苏省高级人民法院（2016）苏民终 988 号民事判决书〕

5. 杭州永创智能设备股份有限公司与台州旭田包装机械有限公司、上海朝田包装机械有限公司、东莞市旭田包装机械有限公司侵害实用新型专利权纠纷案〔浙江省高级人民法院（2017）浙民终 160 号民事判决书〕

6. 杭州骑客智能科技有限公司与浙江波速尔运动器械有限公司侵害实用新型专利权纠纷案〔浙江省高级人民法院（2017）浙民终 213 号民事判决书〕

7. 日照市立盈机械制造有限公司与日照市德福机械制造有限公司侵害发明专利权纠纷案〔山东省高级人民法院（2017）鲁民终 890 号民事判决书〕

8.广东力维智能锁业有限公司与广东必达保安系统有限公司侵害外观设计专利权纠纷案〔广东省高级人民法院(2016)粤民终 1134 号民事判决书〕

9.飞利浦优质生活有限公司与佛山市顺德区巨天电器有限公司侵害发明专利权纠纷案〔广东省高级人民法院(2017)粤民终 1125 号民事判决书〕

(二)侵害商标权纠纷案件

10.菏泽汇源罐头食品有限公司与北京汇源食品饮料有限公司侵害商标权及不正当竞争纠纷案〔最高人民法院(2015)民三终字第 7 号民事判决书〕

11.太原大宁堂药业有限公司与山西省药材公司侵害商标权及不正当竞争纠纷案〔最高人民法院(2015)民提字第 46 号民事判决书〕

12.曹晓冬与云南下关沱茶(集团)股份有限公司侵害商标权纠纷案〔最高人民法院(2017)最高法民再 273 号民事判决书〕

13.贵州永红食品有限公司与贵阳南明老干妈风味食品有限责任公司、北京欧尚超市有限公司侵害商标权及不正当竞争纠纷案〔北京市高级人民法院(2017)京民终 28 号民事判决书〕

14.索菲亚家居股份有限公司与吕小林、尹丰荣、南阳市索菲亚集成吊顶有限公司侵害商标权及不正当竞争纠纷案〔浙江省高级人民法院(2016)浙民终 794 号民事判决书〕

15.刘悦与合肥市安之酸化妆品有限责任公司、合肥安之酸营养美发经营有限公司、北京御奇日通化妆品有限公司、北京韦氏·黛安娜化妆品有限公司侵害商标权纠纷案〔安徽省高级人民法院(2017)皖民终 525 号民事判决书〕

16.上海瑗馨露贸易有限公司与山东省对外贸易泰丰有限公司及青岛正颐堂贸易有限公司、麦凯乐(青岛)百货总店有限公司侵害商标权纠纷案〔山东省高级人民法院(2016)鲁民终 493 号民事判决书〕

17.贵州家有在线网络有限公司与家有购物集团股份有限公司侵害商标权纠纷案〔贵州省高级人民法院(2017)黔民终 822 号民事判决书〕

18.拉菲罗斯柴尔德酒庄与上海保醇实业发展有限公司、保正(上海)供

应链管理股份有限公司侵害商标权纠纷案〔上海知识产权法院（2015）沪知民初字第 518 号民事判决书〕

19. 汕头市德生食品厂与济南槐荫金福广调味干果商行、广州康赢食品有限公司侵害商标权纠纷案〔山东省济南市中级人民法院（2016）鲁 01 民初 1856 号民事判决书〕

20. 田任月与张家界市永定区胖嫂打鼓皮餐馆、胡金英侵害商标权纠纷案〔湖南省张家界市中级人民法院（2017）湘 08 民初 18 号民事判决书〕

21. 哥伦比亚运动服装公司与石河子市联邦阿迪服装店侵害商标权纠纷案〔新疆生产建设兵团第八师中级人民法院（2016）兵 08 民初 50 号民事判决书〕

22. 法国轩尼诗公司与蓬莱酒业有限公司侵害商标权纠纷案〔重庆市渝北区人民法院（2016）渝 0112 民初 17407 号民事判决书〕

23. 曾红云与梦工厂动画影片公司网络域名权属、侵权纠纷案〔福建省厦门市思明区人民法院（2015）思民初字第 4746 号民事判决书〕

（三）侵害著作权纠纷案件

24. 深圳市飞鹏达精品制造有限公司与北京中航智成科技有限公司侵害著作权纠纷案〔最高人民法院（2017）最高法民再 353 号民事判决书〕

25. 李艳霞与吉林市永鹏农副产品开发有限公司、南关区本源设计工作室侵害著作权纠纷案〔最高人民法院（2017）最高法民申 2348 号民事裁定书〕

26. 北京代代读图书有限公司与北京方正阿帕比技术有限公司、国家图书馆侵害著作权纠纷案〔北京市海淀区人民法院（2015）海民（知）初字第 26904 号民事判决书〕

27. 北京金铠星科技有限公司与大连市机动车污染管理处、深圳市安车检测股份有限公司、大连市环境保护局侵害计算机软件著作权纠纷案〔辽宁省大连市中级人民法院（2016）辽 02 民终 5082 号民事判决书〕

28. 宝高（南京）教育玩具有限公司、熙华世（南京）科技有限公司、晋江市东兴电子玩具有限公司与南京金宝莱工贸有限公司侵害其他著作财产权纠纷案〔江苏省高级人民法院(2016)苏民终 482 号民事判决书〕

(四)不正当竞争、合同纠纷案件

29.河北六仁烤饮品有限公司与河北养元智汇饮品股份有限公司、金华市金东区叶保森副食店擅自使用知名商品特有包装装潢纠纷案〔最高人民法院(2017)最高法民申 3918 号民事裁定书〕

30.陕西白水杜康酒业有限责任公司与洛阳杜康控股有限公司商业诋毁纠纷案〔陕西省高级人民法院(2017)陕民终 154 号民事判决书〕

31.哈尔滨市福龙食品酿造厂与黑龙江省克东腐乳有限公司不正当竞争纠纷案〔黑龙江高级人民法院(2017)黑民终 55 号民事判决书〕

32.无锡市晶源微电子有限公司、无锡友达电子有限公司、深圳市亿达微电子有限公司与恩智浦半导体股份公司、NXP 股份有限公司、恩智浦半导体荷兰有限公司、恩智浦(中国)管理有限公司擅自使用知名商品特有名称纠纷案〔广东省深圳市中级人民法院(2017)粤 03 民终 835 号民事判决书〕

33.北京万岩通软件有限公司与北京恰行者科技有限公司、石浩田、陈辉侵害商业秘密纠纷案〔北京市海淀区人民法院(2016)京 0108 民初 7465 号民事判决书〕

34.阳朔县东院弥香客栈与阳朔县玉山居客栈、张超擅自使用知名商品特有装潢纠纷案〔广西壮族自治区桂林市叠彩区人民法院(2017)桂 0303 民初 214 号民事判决书〕

35.渝中区晓宇老火锅与渝北区林峰晓宇餐饮店不正当竞争纠纷案〔重庆市渝北区人民法院(2017)渝 0112 民初 7238 号民事判决书〕

36.天津那是生活文化传播有限公司与上海珂兰商贸有限公司知识产权合同纠纷案〔天津市高级人民法院(2017)津民终 489 号民事判决书〕

37.重庆市足下软件职业培训学院与毛志刚合同纠纷案〔重庆市沙坪坝区人民法院(2017)渝 0106 民初 3840 号民事判决书〕

（五）侵害植物新品种权、垄断及知识产权诉讼损害责任纠纷

38.南通市粮棉原种场与江苏省高科种业科技有限公司植物新品种追偿权纠纷案〔江苏省高级人民法院（2017）苏民终 58 号民事判决书〕

39.王丹阳与北京百度网讯科技有限公司滥用市场支配地位纠纷案〔黑龙江省哈尔滨市中级人民法院（2015）哈知初字第 8 号民事判决书〕

40.华奇（中国）化工有限公司与圣莱科特化工（上海）有限公司恶意提起知识产权诉讼损害责任纠纷案〔上海市高级人民法院（2016）沪民终 501 号民事判决书〕

二、知识产权行政案件

（一）专利行政案件

41. 传感电子有限责任公司与国家知识产权局专利复审委员会、宁波讯强电子科技有限公司发明专利权无效行政纠纷案〔最高人民法院（2016）最高法行再 19 号行政判决书〕

42. 刘长寿、周闻涛、邓翔与国家知识产权局专利复审委员会实用新型专利申请驳回复审行政纠纷案〔最高人民法院（2017）最高法行申 5980 号行政裁定书〕

43. 无锡市知识产权局与江阴澄华投资发展有限公司、无锡市红光标牌有限公司专利侵权纠纷处理决定案〔江苏省高级人民法院（2017）苏行终 610 号行政判决书〕

（二）商标行政案件

44. 迈克尔·杰弗里·乔丹与国家工商行政管理总局商标评审委员会、乔丹体育股份有限公司商标争议行政纠纷案〔最高人民法院（2015）知行字第 332 号行政裁定书〕

45. 四川省宜宾五粮液集团有限公司与国家工商行政管理总局商标评审委员会、甘肃滨河食品工业（集团）有限责任公司商标异议复审行政纠纷案〔最高人民法院（2014）知行字第 37 号行政裁定书〕

46. 温州市伊久亮光学有限公司与达马股份有限公司、国家工商行政管理总局商标评审委员会商标权无效宣告请求行政纠纷案〔最高人民法院（2017）最高法行申 7174 号行政裁定书〕

47. 安徽国润茶业有限公司与祁门县祁门红茶协会、国家工商行政管理总局商标评审委员会商标权无效宣告请求行政纠纷案〔北京市高级人民法院（2017）京行终 3288 号行政判决书〕

（三）其他行政案件

48. 捷豹路虎（中国）投资有限公司与上海市浦东新区市场监督管理局、上海市浦东新区人民政府行政复议决定案〔上海市浦东新区人民法院（2017）沪 0115 行初 291 号行政判决书〕

三、知识产权刑事案件

49.合肥市国耀电子有限公司、钟传锐销售假冒注册商标的商品罪案〔安徽省合肥高新技术产业开发区人民法院（2017）皖 0191 刑初 56 号刑事判决书〕

50.陈奕泉等四人侵犯商业秘密罪案〔广东省深圳市龙岗区人民法院（2016）粤 0307 刑初 2539 号刑事判决书〕

2017 年中国法院 10 大知识产权案件

案例 ①

王老吉加多宝知名商品
特有包装装潢纠纷案

广东加多宝饮料食品有限公司与广州王老吉大健康产业有限公司、广州医药集团有限公司擅自使用知名商品特有包装装潢纠纷两案〔最高人民法院（2015）民三终字第 2、3 号民事判决书〕

案情摘要

2012 年 7 月 6 日,广州医药集团有限公司（以下简称广药集团）与广东加多宝饮料食品有限公司（以下简称加多宝公司）分别向法院提起诉讼,均主张享有"红罐王老吉凉茶"知名商品特有包装装潢的权益,并据此指控对方生产销售的红罐凉茶商品的包装装潢构成侵权。一审法院认为,"红罐王老吉凉茶"包装装潢的权益享有者应为广药集团,广州王老吉大健康产业有限公司（以下简称大健康公司）经广药集团授权生产销售的红罐凉茶不构成侵权。由于加多宝公司不享有涉案包装装潢权益,故其生产销售的一面"王老吉"、一面"加多宝"和两面"加多宝"的红罐凉茶均构成侵权。一审法院遂判令加多宝公司停止侵权行为,刊登声明消除影响,并赔偿广药集团经济损失 1.5 亿元及合理维权费用 26 万余元,同时驳回加多宝公司的诉讼请求。加多宝公司不服两案一审判决,向最高人民法院提起上诉。最高人民法院终审判决认为,本案中的知名商品为"红罐王老吉凉茶",在红罐王老吉凉茶产品的罐体上包括"黄色王老吉文字、红色底色等色彩、图案及其排列组合等组成部分在内的整体内容",为知名商品特有包装装潢。广药集团与加多宝公司均主张对红罐王老吉凉茶的特有包装装潢享有权益,最高人民法院对此认为,结合红罐王老吉凉茶的历史发展过程、双方的合作背景、消费者的认知及公平原则的考量,因广药集团及其前身、加多宝公司及其关联企业,均对涉案特有包装装潢权益的形成、发展和商誉建树,各自发挥了积极的作用,将涉案特有包装装潢权益完全判归一方所有,均会导致显失公平的结果,并可能损及社会公众利益。因此,涉案知名商品特有包装装潢权益,在遵循诚实信用原则和尊重消费者认知并不损害他人合法权益的前提下,可由广药集团与加多宝公司共同享有。在此基础上,广药集团与加多宝公司相互指控对方生产销售的红罐凉茶商品构成擅自使用他人知名商品特有包装装潢的主张,均不能成立,对广药集团及加多宝公司的诉讼请求均予以驳回。

典型意义

　　最高人民法院公开开庭审理、宣判王老吉与加多宝包装装潢纠纷两案,新闻媒体、社会公众高度关注。同案宣判后,人民日报、中央电视台、新华社等主流媒体均在第一时间进行了报道。社会舆论高度赞赏最高人民法院判决"用法治收获双赢",凸显"司法智慧"。境内外媒体高度肯定本案判决对类似案件审判起到的指导作用,认为本案具有重大标杆意义。与此同时,判决释放出"平等保护不同产权"的积极信号,推动行业不断向前发展,受到社会各界认可。此外,两案的判决结果也获得了双方当事人的尊重,实现了法律效果与社会效果的统一。

案例 ②

"榆林局"专利侵权纠纷行政处理案

西峡龙成特种材料有限公司与榆林市知识产权局、陕西煤业化工集团神木天元化工有限公司专利侵权纠纷行政处理案〔最高人民法院（2017）最高法行再 84 号行政判决书〕

案情摘要

西峡龙成特种材料有限公司（以下简称西峡公司）以陕西煤业化工集团神木天元化工有限公司（以下简称天元公司）制造、使用的设备侵犯其"内煤外热式煤物质分解设备"实用新型专利权（即涉案专利）为由，请求榆林市知识产权局（以下简称榆林局）行政处理。2015 年 9 月 1 日，榆林局作出榆知法处字〔2015〕9 号《专利侵权纠纷案件处理决定书》（简称被诉行政决定），认定天元公司不构成对涉案专利的侵权。被诉行政决定合议组成员包括宝鸡市知识产权局工作人员苟红东，但无正式公文决定调其参与涉案纠纷的行政处理，且榆林局的口头审理笔录没有记载将苟红东的正式身份及其参与合议组的理由告知西峡公司、天元公司。此外，榆林局对涉案专利侵权纠纷进行了两次口头审理，在第二次口头审理时告知当事人的合议组成员与被诉行政决定书上署名的合议组成员不同。西峡公司不服被诉行政决定，提起行政诉讼。一审法院认为，行政执法人员在系统内调度，属于行政机关内部行为，不违反内部交流制度。鉴于榆林局现有工作人员欠缺，经请示陕西省知识产权局后，抽调宝鸡市知识产权局工作人员参与案件处理并无不当,被诉行政决定的作出并未违反法定程序。被诉行政决定在侵权实体问题的认定上亦无不当,故判决驳回西峡公司诉讼请求。西峡公司不服,提起上诉。二审法院判决驳回上诉、维持原判。西峡公司仍不服,向最高人民法院申请再审。最高人民法院提审本案后认为,被诉行政决定的作出违反法定程序,应予撤销。首先,榆林局在处理平等民事主体关于涉案专利的侵权纠纷时,实际上处于居中裁决的地位,本应秉持严谨、规范、公开、平等的程序原则,但是,在合议组成员已经被明确变更的情况下,却又在被诉行政决定书上署名,构成对法定程序的重大且明显违反。其次,作出被诉行政决定的榆林局合议组应由该局具有专利行政执法资格的工作人员组成。否则,行政执法程序的规范性和严肃性无从保证,既不利于规范行政执法活动,也不利于强化行政执法责任。榆林局提交的陕西省知识产权局协调保护处的所谓答复,实为该处写给该局领导的内部请示,既无文号,更无公章,国家知识产权局专利管理司给陕西省知识产权局的《关于在个案中调度执法人员的复函》晚于被诉行政决定的作出时间,从内容上看与本案无直接关联,均不能作为苟红东参与被诉行政决定合议组的合法、有效依据。再次,榆林局虽主张在口头审理时将苟红东的具体身份以及参与合议组的理由告知过当事人,但其提交的证据并不能证明该项主张,当事人是否认可合议组成员身份并不能成为评判被诉行政行为程序是否合法的前提和要件。因此,榆林局和天元公司提出的"西峡公司对于合议组成员不持异议,故程序合法"的主张不能成立。

📖 | 典型意义 |

本案涉及专利行政执法中程序违法的认定和处理。最高人民法院在本案中明确,已经被明确变更的合议组成员又在被诉行政决定书上署名,实质上等于"审理者未裁决、裁决者未审理",构成对法定程序的严重违反。原则上,作出被诉行政决定的合议组应由该行政机关具有专利行政执法资格的工作人员组成。即使异地调配执法人员,也应当履行正式、完备的公文手续。本案判决有力规范和促进了行政机关依法行政,彰显知识产权司法保护的主导作用,是充分贯彻《关于加强知识产权审判领域改革创新若干问题的意见》提出的"加强对知识产权行政行为的司法审查"的典型案例,对于推动知识产权领域法治建设和优化科技创新法治环境具有重要意义。

案例 ③

"稻花香"商标侵权纠纷案

福州米厂与五常市金福泰农业股份有限公司、福建新华都综合百货有限公司福州金山大景城分店、福建新华都综合百货有限公司侵害商标权纠纷案〔最高人民法院(2016)最高法民再 374 号民事判决书〕

| 案情摘要 |

福州米厂为第 1298859 号"稻花香 DAOHUAXIANG"注册商标(即涉案商标)专用权人,涉案商标于 1998 年 3 月提出申请,于 1999 年 7 月 28 日获准注册,核定使用商品为第 30 类大米。2009 年 3 月 18 日,黑龙江省农作物品种审定委员会出具的《黑龙江省农作物品种审定证书》记载:品种名称为"五优稻 4 号",原代号为"稻花香 2 号",推广区域为黑龙江省五常市平原自流灌溉区插秧栽培,该品种经区域试验和生产试验,符合推广优良品种条件,决定从 2009 年起定为推广品种。2014 年 2 月 18 日,福州米厂经过公证程序,在福建新华都综合百货有限公司福州金山大景城分店(以下简称大景城分店)购买了一袋由五常市金福泰农业股份有限公司(以下简称五常公司)生产、销售的"乔家大院稻花香米"。大米实物包装袋正面中间位置以大字体标注有"稻花香(字体中空,底色黑色)DAOHUAXIANG"。福州米厂以五常公司生产、销售、大景城分店、新华都公司销售的被诉侵权产品侵害其商标权为由,提起诉讼。一审法院认为,"稻花香"不构成通用名称,五常公司未经许可,在产品包装袋上使用与涉案商标非常近似的标志,容易误导消费者,侵害了涉案商标权。遂认定五常公司、大景城分店、新华都公司的行为构成侵权。二审法院认为,基于五常市这一特定的地理种植环境所产生的"稻花香"大米属于约定俗成的通用名称。五常公司在其生产、销售的大米产品包装上使用"稻花香"文字及拼音以表明大米品种来源的行为,主观上出于善意,客观上也未造成混淆误认,应属于正当使用。遂改判撤销一审判决,驳回福州米厂全部诉讼请求。福州米厂不服,向最高人民法院申请再审。最高人民法院提审本案后认为,五常公司并无证据证明"稻花香"属于法定的通用名称。农作物品种审定办法规定的通用名称与商标法意义上的通用名称含义并不完全相同,不能仅以审定公告的名称为依据,认定该名称属于商标法意义上的通用名称。审定公告的原代号为"稻花香2号",并非"稻花香",在涉案商标权已在先注册的情况下,不能直接证明"稻花香"为法定通用名称。最高人民法院遂判决撤销二审判决,维持一审判决。

📖 | 典型意义 |

本案涉及注册商标专用权与品种名称之间的关系、通用名称的判断标准等问题。本案所涉"稻花香2号"是我国大米主要产区黑龙江五常地区的优良稻米品种,案件审理广受业界关注,处理结果更直接关系到"稻花香2号"这一稻米品种正常的生产经营活动和市场秩序的规范。最高人民法院通过对商标法中一些重要法律问题的阐释,如法定通用名称与约定俗成通用名称的判断标准,以及注册商标专用权与品种名称之间的区别与联系,明确了此类案件的裁判标准,较好地平衡了注册商标权人与品种名称使用人之间的利益关系,在充分保护商标权的前提下,维护了公平有序的市场竞争秩序。

案例 ④

"马库什权利要求"专利无效行政纠纷案

国家知识产权局专利复审委员会与北京万生药业有限责任公司、第一三
共株式会社发明专利权无效行政纠纷案〔最高人民法院(2016)最高法行再 41
号行政判决书〕

案情摘要

第一三共株式会社系名称为"用于治疗或预防高血压症的药物组合物的
制备方法"的发明专利(即涉案专利)的权利人。涉案专利权利要求以马库什
方式撰写。北京万生药业有限责任公司(以下简称万生公司)以涉案专利不
具备创造性等为由向国家知识产权局专利复审委员会(以下简称专利复审委
员会)提出无效宣告请求。2010 年 8 月 30 日,第一三共株式会社对权利要求
进行了修改,其中包括:删除了权利要求 1 中"或其可作药用的盐或酯"中的
"或酯"两字;删除权利要求 1 中 R4 定义下的"具有 1 至 6 个碳原子的烷基";
删除了权利要求 1 中 R5 定义下除羧基和式 COOR5a 外的其他技术方案。专
利复审委员会在口头审理过程中告知第一三共株式会社,对于删除权利要求
1 中"或酯"的修改予以认可,但其余修改不符合专利法实施细则第六十八条
的相关规定,该修改文本不予接受。第一三共株式会社和万生公司对此无异
议。2011 年 1 月 14 日,第一三共株式会社提交了修改后的权利要求书替换
页,其中删除权利要求 1 中的"或酯"。专利复审委员会作出第 16266 号无效

宣告请求审查决定(简称第 16266 号决定),认为涉案专利权利要求 1 相比于证据 1 是非显而易见的,具有创造性,符合专利法第二十二条第三款的规定。遂在第一三共株式会社于 2011 年 1 月 14 日提交的修改文本的基础上,维持涉案专利权有效。万生公司不服,提起行政诉讼。一审法院认为,专利复审委员会以不符合专利法实施细则第六十八条的规定对第一三共株式会社于 2010 年 8 月 30 日提交的修改文本不予接受并无不当。涉案专利权利要求 1 相对于证据 1 是非显而易见的,具备创造性。遂判决维持第 16266 号决定。万生公司不服,提起上诉。二审法院认为,马库什权利要求属于并列技术方案的特殊类型,第一三共株式会社于 2010 年 8 月 30 日提交的修改文本缩小了涉案专利权的保护范围,符合专利法实施细则第六十八条第一款规定;涉案专利权利要求所涵盖的一个具体实施例的效果与现有技术的证据 1 中实施例 329 的技术效果相当,因此,涉案专利权利要求 1 未取得预料不到的技术效果,不具备创造性,遂判决撤销一审判决和第 16266 号决定,责令专利复审委员会重新作出决定。专利复审委员会不服,向最高人民法院申请再审。最高人民法院裁定提审本案后判决撤销二审判决,维持一审判决。最高人民法院认为,以马库什方式撰写的化合物权利要求应当被理解为一种概括性的技术方案,而不是众多化合物的集合;允许对马库什权利要求进行修改的原则应当是不能因为修改而产生具有新性能和作用的一类或单个化合物,但是同时也要充分考量个案因素;以马库什方式撰写的化合物权利要求的创造性判断应当遵循创造性判断的基本方法,即专利审查指南所规定的"三步法";意料不到的技术效果是创造性判断的辅助因素,通常不宜跨过"三步法"而直接适用具有意料不到的技术效果来判断专利申请是否具有创造性。

典型意义

本案涉及马库什权利要求的性质、无效程序中的修改原则及创造性的判断方法等问题。马库什权利要求是化学医药发明专利领域相对特殊的权利要求撰写方式,基于其特有的概括功能,其在该领域中的运用日益广泛。马库什权利要求的性质、修改原则及创造性判断标准等问题,将直接影响到数量众多的化学医药类专利技术方案的申请与授权,一直都受到业界与学术界的高度关注。最高人民法院在本案中明确,马库什权利要求的性质为概括性而非化合物集合性质的技术方案,马库什权利要求的修改应当以不产生具有新性能和作用的一类或单个化合物为基本条件,马库什方式撰写的化合物权利要求的创造性判断仍应遵循"三步法"。本案对上述重要法律规则的明确和厘清,对化学医药领域专利申请的撰写与审查具有指导意义。

案例 ⑤

"新华字典"商标侵权及不正当竞争纠纷案

商务印书馆有限公司与华语教学出版社有限责任公司侵害商标权及不正当竞争纠纷案〔北京知识产权法院(2016)京 73 民初 277 号民事判决书〕

案情摘要

自 1957 年至今,商务印书馆有限公司(以下简称商务印书馆)连续出版《新华字典》通行版本至第 11 版。2010—2015 年,商务印书馆出版的《新华字典》在字典类图书市场的平均占有率超过 50%。截至 2016 年,商务印书馆出版的《新华字典》全球发行量超过 5.67 亿册,获得"最受欢迎的字典"吉尼斯世界纪录及"最畅销的书(定期修订)"吉尼斯世界纪录等多项荣誉。商务印书馆诉称华语教学出版社有限责任公司(以下简称华语出版社)生产、销售"新华字典"辞书的行为侵害了商务印书馆"新华字典"未注册驰名商标,且华语出版社使用商务印书馆《新华字典》(第 11 版)知名商品特有包装装潢的行为已构成不正当竞争,请求法院判令其立即停止侵害商标权及不正当竞争行为、消除影响并赔偿经济损失。一审法院认为,"新华字典"具有特定的历史起源、发展过程和长期唯一的提供主体以及客观的市场格局,保持着产品和品牌混合属性的商品名称,已经在相关消费者中形成了稳定的认知联系,具有指示商品来源的意义和作用,具备商标的显著特征。"新华字典"已经在全国范围内被相关公众广为知晓,已经获得较大的影响力和较高的知名度,可以认定

"新华字典"为未注册驰名商标。华语出版社在字典上使用"新华字典"构成复制他人未注册驰名商标的侵权行为。《新华字典》(第 11 版)使用的装潢所体现的文字、图案、色彩及其排列组合具有识别和区分商品来源的作用,具备特有性。华语出版社在辞典商品上使用相近似的装潢设计,足以使相关公众对商品来源产生混淆、误认,构成反不正当竞争法第五条第(二)项规定的不正当竞争行为。一审法院遂判决华语出版社立即停止侵权行为、消除影响并赔偿商务印书馆经济损失 300 万元及合理支出 27 万余元。

📖 |典型意义|

本案是涉及未注册驰名商标保护的典型案例,涉及事实认定、法律适用及利益平衡等复杂问题。本案确立了对"新华字典"这类兼具产品和品牌混合属性的商品名称是否具备商标显著特征的裁判标准。考虑相关公众对"新华字典"的知晓程度、"新华字典"的使用持续时间、销售数量、宣传范围及受保护记录等多方面因素,认定原告商务印书馆的"新华字典"构成未注册驰名商标。在给予"新华字典"未注册驰名商标保护的同时,注重平衡其与出版行业正常的经营管理秩序、促进知识文化传播之间的关系。判决明确指出,商标法对商标独占使用权利的保护的是商标本身而非商标附着的商品,给予商务印书馆独占使用"新华字典"商标的权利并不是给予其出版字典类辞书的专有权,不会造成辞书行业的垄断。通过给予商标保护的方式,促使商标权利人更好地承担商品质量保障的法定义务和传播知识的社会责任,有利于促进出版行业规范有序发展。

案例 ⑥

"茅盾手稿"著作权纠纷案

沈韦宁、沈丹燕、沈迈衡与南京经典拍卖有限公司、张晖著作权权属、侵害著作权纠纷案〔江苏省南京市中级人民法院(2017)苏01民终8048号民事判决书〕

📝 | 案情摘要 |

茅盾先生于1958年将其用毛笔书写创作的一篇评论文章《谈最近的短篇小说》向杂志社投稿,该篇文章的文字内容发表于《人民文学》1958年第6期。后手稿原件被张晖持有。2013年11月13日,张晖委托南京经典拍卖有限公司(以下简称经典拍卖公司)拍卖多件物品,其中包括涉案手稿。2013年12月30日,经典拍卖公司通过数码相机拍照上传了涉案手稿的高清数码照片,在其公司网站和微博上对手稿以图文结合的方式进行了宣传介绍。公众在浏览经典拍卖公司网站时,可以看到涉案手稿的全貌,也可以通过网页的放大镜功能观察到每页手稿的局部细节。预展过程中,经典拍卖公司展示了涉案作品原件,也向观展者提供了印有涉案拍品的宣传册。2014年1月5日,涉案手稿在经典拍卖公司2013季秋拍中国书画专场进行拍卖,案外人以1050万元的价格竞得涉案手稿。但因此后竞买人未付款导致拍卖未成交,涉案手稿原件仍由张晖持有。拍卖结束后,经典拍卖公司仍在互联网上持续展示涉案手稿,直至2017年6月才将其删除。沈韦宁、沈丹燕、沈迈衡系茅盾先生的合法继承人,其认为张晖和经典拍卖公司的上述行为侵害了涉案手稿的著作权,故诉至法院。一审法院判决经典拍卖公司停止侵害涉案手稿信息网络传播权的行为并赔偿沈韦宁、沈丹燕、沈迈衡经济损失 10 万元。沈韦宁、沈丹燕、沈迈衡不服一审判决,提起上诉。二审法院认为,涉案手稿既是文字作品也是美术作品,张晖系涉案手稿的合法所有权人,有权选择以拍卖的方式处分自己的合法财产,张晖的行为没有侵害涉案手稿的著作权。经典拍卖公司侵害了涉案手稿的美术作品发表权、复制权和信息网络传播权,应当承担停止侵害、赔礼道歉和赔偿损失的侵权责任。二审法院遂判决经典拍卖公司向沈韦宁、沈丹燕、沈迈衡公开赔礼道歉并赔偿经济损失 10 万元。

📖 | 典型意义 |

本案涉及美术作品拍卖活动中著作权法、物权法、拍卖法三部法律交叉调整地带的相关主体权利义务关系问题。判决平衡了物权人和著作权人的合法权益,明确了拍卖人的知识产权保护注意义务。判决指出,在美术作品著作权与物权分离的情况下,原件所有人依法行使处分权、收益权、展览权的行为,均受到法律保护,著作权人无权干涉。但美术作品原件所有人行使物权应以不损害该作品著作权人的合法权利为前提。拍卖公司作为接受物权人委托的拍卖方,除负有物权保护注意义务外,还应负有合理的著作权保护注意义务,规范尽职地进行拍卖活动,审慎避让著作权人的权益。判决明确了不同主体权利的边界,体现了对物权人和著作权人合法权益平衡保护的司法精神,并按照尽职拍卖人的合理标准确定拍卖公司的注意义务,充分体现了严格保护的司法导向。

案例 7

"路虎"商标侵权纠纷案

捷豹路虎有限公司与广州市奋力食品有限公司、万明政侵害商标权纠纷案〔广东省高级人民法院（2017）粤民终 633 号民事判决书〕

案情摘要

路虎公司的关联公司先后于 1996 年、2004 年和 2005 年在中国境内申请注册了第 808460 号"LAND ROVER"商标、第 3514202 号"路虎"商标、第 4309460 号"LANDROVER"商标，以上商标均核定使用在第 12 类"陆地机动车辆"等商品上，具有较高知名度，后转让到路虎公司名下。广州市奋力食品有限公司（以下简称奋力公司）在网站、实体店中宣传销售其"路虎维生素饮料"，相关产品、包装盒及网页宣传上使用的被诉标识包括"路虎""LAND-ROVER""Landrover 路虎"及上下排列的"路虎 LandRover"等。奋力公司曾于 2010 年在第 30 类"非医用营养液"和第 32 类"不含酒精的饮料"等商品上申请注册"路虎 LANDROVER"商标，但均未被核准注册。路虎公司以奋力公司的行为构成侵权为由，提起诉讼。一审法院判令奋力公司停止侵权并向路虎公司赔偿经济损失与合理维权开支人民币 120 万元。二审法院认为，路虎公司提交的证据已经足以证明，涉案商标已为中国境内社会公众广为知晓，达到驰名程度。被诉侵权行为削弱了路虎公司涉案驰名商标所具有的显著性和良好商誉，损害路虎公司的利益，应予制止。遂判决驳回上诉、维持原判。

｜典型意义｜

　　本案是驰名商标跨类保护、加大知识产权保护力度的典型案例。本案裁判除体现了在驰名商标保护案件中应秉持的"按需认定""个案认定"等基本原则外,其特殊之处在于,除本案被诉侵权标识外,奋力公司还实施了大量涉知名企业与知名人物的商标抢注行为,侵权行为的主观恶意明显。本案裁判在关于赔偿数额确定一节中,全面、详尽论述了确定 120 万元赔偿数额的事实与法律依据,彰显了制止恶意囤积商标行为的司法态度。本案在加大驰名商标保护力度、规制商标恶意抢注行为、引导社会公众尊重知识产权等方面,具有良好的裁判导向与示范效果。

案例 ⑧

"博Ⅲ优"植物新品种侵权纠纷案

四川中正科技有限公司与广西壮族自治区博白县农业科学研究所、王腾金、刘振卓、四川中升科技种业有限公司侵害植物新品种权纠纷案〔广西壮族自治区高级人民法院（2017）桂民终95号民事判决书〕

| 案情摘要 |

博Ⅲ优273获植物新品种权，品种权共有人为广西壮族自治区博白县农业科学研究所（简称博白农科所）、王腾金、刘振卓。"博Ⅲ A"亦获植物新品种权，"系博Ⅲ优9678""博Ⅲ优273"的亲本，博Ⅲ A 植物新品种的品种权人为博白农科所。2003年11月2日，博白农科所与四川中升科技种业有限公司（以下简称中升公司）签订《品种使用权转让协议书》（即2003年协议），博白农科所将"博Ⅱ优815""博Ⅲ优273"的使用权转让给中升公司独家使用开发。2007年11月16日，中升公司与博白农科所签订《协议》（即2007年协议）约定，博白农科所将"博Ⅲ优9678""博Ⅱ优815"的品种使用权转让给中升公司独占使用开发（"博Ⅱ优815"仅限于广东区域），中升公司继续享有"博Ⅲ优273"的使用开发权，博白农科所不得将"博Ⅲ优9678""博Ⅱ优815"（只限广东区域）的品种权转让或授权给第三方，否则应赔偿中升公司相关损失。本协议签订生效后，2003年协议终止执行。2008年1月7日，博白农科所授权中升公司生产经营"博Ⅲ优9678""博Ⅲ优273"。"博Ⅲ A"仅用于配组"博Ⅲ优9678"、"博Ⅲ优273",不得做其他商业用途使用。授权起止时间从 2008 年 1 月 7 日至 2012 年 12 月 31 日止。四川中正科技有限公司(以下简称中正公司)根据中升公司的授权和"2007 年协议"的约定,经营"博Ⅲ优9678""博Ⅱ优815"及"博Ⅲ优273"等品种。2011 年 11 月 2 日,中升公司分别致函中正公司、博白农科所,决定从 2011 年 11 月 2 日起终止对中正公司生产、经营"博Ⅲ优9678""博Ⅲ优273"及"博Ⅱ优815"(已退出市场)的授权,有关品种的生产、经营权为中升公司独占所有。中升公司享有"博Ⅲ优273"的开发权,博白农科所不得再向中正公司提供"博Ⅲ优9678""博Ⅲ优273"及"博Ⅱ优815"的不育系、恢复系。博白农科所、王腾金、刘振卓、中升公司主张中正公司在 2011 年 11 月 2 日之后仍委托他人生产"博Ⅲ优9678""博Ⅲ优273"种子的行为构成侵权,遂向法院提起诉讼。一审法院认为,中正公司的行为侵害了涉案植物新品种权,故判决中正公司停止侵权行为、消除影响并赔偿经济损失 180 万元。二审法院认为,"博ⅢA""博Ⅲ优273"两个植物新品种因未按规定交纳年费于 2013 年 11 月 1 日公告终止,于 2014 年 12 月 4 日恢复权利;于 2015 年 11 月 1 日因未按规定交纳年费又公告终止。一审判决认定"博ⅢA""博Ⅲ优273"这两个植物新品种权仍然有效与本案事实不符,中正公司的相关上诉理由成立。对赔偿数额的确定,应综合考虑如下因素:当事人均认可的亩产量、销售价格以及中正公司认可的生产面积;因中升公司突然中止授权而使中正公司不可避免遭受的损失;侵权持续期间;涉案植物新品种实施许可费的数额以及实施许可的种类、时间、范围等具体情节。据此,二审法院酌定中正公司赔偿博白农科所、王腾金、刘振卓、中升公司经济损失人民币 40 万元。

典型意义

本案是涉及植物新品种权保护的典型案例。侵害植物新品种权的行为司法实践中可分为两种类型,一是未经品种权人许可,为商业目的生产或销售授权品种的繁殖材料;二是未经品种权人许可,为商业目的将授权品种的繁殖材料重复使用于生产另一品种的繁殖材料。本案同时涉及以上两种侵权行为的判定,在法律适用方面具有典型性。此外,植物新品种权在保护期限内有可能间歇性地处于终止状态,这是其他类型的知识产权侵权诉讼所不具备的特殊性。本案裁判充分考虑植物新品种保护中的特殊因素,对侵权行为及赔偿数额作出了正确认定,对类似案件的裁判具有规则指引意义。

案例 ⑨

"反光材料"商业秘密纠纷案

鹤壁市反光材料有限公司与宋俊超、鹤壁睿明特科技有限公司、李建发侵害商业秘密纠纷案〔河南省高级人民法院(2016)豫民终 347 号民事判决书〕

| 案情摘要 |

宋俊超自 2006 年起在鹤壁市反光材料有限公司(以下简称反光材料公司)任业务员,主要负责部分省份的销售及客户拓展工作。反光材料公司与宋俊超先后签订两份劳动合同,并约定有保密条款和竞业限制条款。反光材料公司对其经营信息制定有保密制度,对客户及潜在客户信息采取了必要的保密措施,同时向宋俊超及其他业务员支付了保密费用。鹤壁市睿欣商贸有限公司(以下简称睿欣公司,即鹤壁睿明特科技有限公司前身)成立于 2011 年 6 月 22 日,经营范围为钢材、建材、五金交电、涂板、反光护栏。在睿欣公司经营期间,宋俊超以宋翔名义参与办理睿欣公司工商登记手续的相关工作。睿欣公司银行往来账目显示,自 2011 年 8 月 1 日至 2015 年 7 月 31 日期间,睿欣公司与反光材料公司的多笔交易客户重合,宋俊超以个人名义从睿欣公司账户取款多次。反光材料公司遂以侵害商业秘密为由,将宋俊超等诉至法院。一审法院认为,宋俊超、睿欣公司对反光材料公司的商业秘密构成共同侵权。二审法院认为,根据反光材料公司所提供的交易记录及客户来往票据,其中"品种""规格""数量"能够说明客户的独特需求,"成交日期"能够反映客户要货的规律，"单价"能够说明客户对价格的承受能力和价格成交底线，"备注"反映了客户的特殊信息。这些内容构成了反光材料公司经营信息的秘密点。上述经营信息涉及的客户已与反光材料公司形成了稳定的供货渠道，保持着良好的交易关系，在生产经营中具有实用性，能够为反光材料公司带来经济利益、竞争优势。反光材料公司为上述经营信息制定了具体的保密制度，对客户及潜在客户信息采取了必要的保密措施，并与宋俊超明确约定了保密条款、竞业限制条款，向宋俊超及其他业务员支付了相应的保密费用，可以证明反光材料公司为上述经营信息采取了合理保密措施。综上，可以认定反光材料公司制作的客户名单构成商业秘密。宋俊超负有对反光材料公司的忠实义务，其中包括对工作中接触到的经营信息进行保密的义务，其明知公司的相关管理规定及客户名单的非公开性和商业价值，但仍私自与反光材料公司的客户进行交易，且与睿欣公司来往频繁，构成披露、使用、允许他人使用反光材料公司经营信息的行为，侵害了反光材料公司的商业秘密。睿欣公司不正当地获取、使用了宋俊超所掌握的反光材料公司拥有的商业秘密。宋俊超、睿欣公司对反光材料公司的商业秘密构成共同侵权。因睿欣公司已变更为睿明特公司，故侵权责任应由睿明特公司承担。

📖 | 典型意义 |

本案是涉及商业秘密保护的典型案例。商业秘密案件因证据复杂、隐蔽，通常审理难度较大。特别是，因员工离职等带来的商业秘密保护问题一直是司法实践中的难点。本案判决对商业秘密案件中"不为公众所知悉""保密措施""商业价值"以及赔偿责任的确定等重要法律问题，结合案情进行了细致和全面的阐释，对类似案件的审理具有较强的规则指引意义。此外，本案还着重强调了员工离职后的保密义务，倡导了诚实信用的价值取向。

案例 ⑩

"易查网"侵犯著作权罪案

北京易查无限信息技术有限公司、于东侵犯著作权罪案〔上海浦东新区人民法院(2015)浦刑(知)初字第 12 号刑事判决书〕

📧 | 案情摘要 |

被告单位北京易查无限信息技术有限公司(以下简称易查公司)系"易查网"的经营者。该公司的法定代表人及技术负责人于东提出开发触屏版小说产品的方案,易查网将 WEB 小说网页转码成 WAP 网页供移动用户阅读。公安机关扣押了易查公司的服务器硬盘,鉴定人员以此搭建出局域网环境下的"易查网",发现可以搜索、阅读并下载小说。鉴定人员对从硬盘中下载的 798 本小说与玄霆公司享有著作权的同名小说进行了比对,确定相同字节数占总字节数 70%以上的有 588 本。被告人及其辩护人提出,"易查网"的开发设想系提供搜索及转码服务,而非内容服务,即在用户搜索并点击阅读时,对来源网页进行转码后临时复制到硬盘上形成缓存并提供给用户阅读,当用户离开阅读页面时自动删除该缓存。但根据鉴定确认的事实可知,"易查网"在将其所谓"临时复制"的内容传输给触发"转码"的用户后,并未随即将相应内容从服务器硬盘中自动删除,被"复制"的小说内容仍可被其他用户再次利用,上述行为已明显超出转码技术的必要过程。据此可以认定,"易查网"直接向网络用户提供了涉案文字作品。易查公司未经著作权人许可,通过"易查网"传播他人享有著作权的文字作品 500 余部,情节严重,已构成侵犯著作权罪。于东作为易查公司直接负责的主管人员,亦应承担侵犯著作权罪的刑事责任。本案中,易查公司及于东具有自首和通过赔偿获得被害单位谅解的等酌情从轻处罚情节,法院综合考虑本案的犯罪情节、后果,依法判处单位罚金,判处于东缓刑及罚金。宣判后,易查公司、于东均未提出上诉。

📖 | 典型意义 |

转码技术是随着移动阅读逐渐普及产生的一项技术,本案是移动阅读网站不当使用转码技术构成侵犯著作权罪的案件。判决对"转码"技术实施的特点以及必要限度进行了详细阐释,从信息网络传播行为的本质出发,厘清了"转码"行为罪与非罪的界限。本案较好地展现了在技术飞速发展的时代背景下,知识产权司法保护在坚持技术中立的同时,如何结合技术事实认真厘清有关技术是否超越法律范围、侵犯他人合法权利的标准。对于以技术为挡箭牌,侵权情节严重,符合知识产权犯罪构成要件的行为,应依法给予刑事处罚。本案的裁判结果充分体现了人民法院处理科技进步带来的新型犯罪行为的司法智慧和司法能力,彰显了依法打击侵犯知识产权犯罪行为的力度和决心。

人民法院征收拆迁典型案例（第二批）

案例 ①

王风俊诉北京市房山区住房和
城乡建设委员会拆迁补偿安置行政裁决案

基本案情

2010 年,北京市房山区因轨道交通房山线东羊庄站项目建设需要对部分集体土地实施征收拆迁,王风俊所居住的房屋被列入拆迁范围。该户院宅在册人口共 7 人,包括王风俊的儿媳和孙女。因第三人房山区土储分中心与王风俊未能达成拆迁补偿安置协议,第三人遂向北京市房山区住房和城乡建设委员会(以下简称房山区住建委)申请裁决。2014 年 3 月 6 日,房山区住建委作出被诉行政裁决,以王风俊儿媳、孙女的户籍迁入时间均在拆迁户口冻结统计之后、不符合此次拆迁补偿和回迁安置方案中确认安置人口的规定为由,将王风俊户的在册人口认定为 5 人。王风俊不服诉至法院,请求撤销相应的行政裁决。

裁判结果

北京市房山区人民法院一审认为,王风俊儿媳与孙女的户籍迁入时间均在拆迁户口冻结统计之后,被诉的行政裁决对在册人口为 5 人的认定并无不当,故判决驳回王风俊的诉讼请求。王风俊不服,提起上诉。北京市第二中级人民法院二审认为,依据《北京市集体土地房屋拆迁管理办法》第八条第一款第三项有关"用地单位取得征地或者占地批准文件后,可以向区、县国土房管局申请在用地范围内暂停办理入户、分户,但因婚姻、出生、回国、军人退伍转业、经批准由外省市投靠直系亲属、刑满释放和解除劳动教养等原因必须入户、分户的除外"的规定,王凤俊儿媳因婚姻原因入户,其孙女因出生原因入户,不属于上述条款中规定的暂停办理入户和分户的范围,不属于因擅自办理入户而在拆迁时不予认定的范围。据此,被诉的行政裁决将王凤俊户的在册人口认定为5人,属于认定事实不清、证据不足,二审法院判决撤销一审判决及被诉的行政裁决,并责令房山区住建委重新作出处理。

典型意义

在集体土地征收拆迁当中,安置人口数量之认定关乎被拆迁农户财产权利的充分保护,准确认定乃是依法行政应有之义。实践中,有些地方出于行政效率等方面的考虑,简单以拆迁户口冻结统计的时间节点来确定安置人口数量,排除因婚姻、出生、回国、军人退伍转业等原因必须入户、分户的特殊情形,使得某些特殊人群尤其是弱势群体的合理需求得不到应有的尊重,合法权益得不到应有的保护。本案中,二审法院通过纠正错误的一审判决和被诉行政行为,正确贯彻征收补偿的法律规则,充分保护农民合法权益的同时,也体现了国家对婚嫁女、新生儿童等特殊群体的特别关爱。

案例 ②

孙德兴诉浙江省舟山市普陀区
人民政府房屋征收补偿案

基本案情

2015 年 2 月 10 日，浙江省舟山市普陀区人民政府（以下简称普陀区政府）作出普政房征决（2015）1 号房屋征收决定，对包括孙德兴在内的国有土地上房屋及附属物进行征收。在完成公告房屋征收决定、选择评估机构、送达征收评估分户报告等法定程序之后，孙德兴未在签约期限内达成补偿协议、未在规定期限内选择征收补偿方式，且因孙德兴的原因，评估机构无法入户调查，完成被征收房屋的装饰装修及附属物的价值评估工作。2015 年 5 月 19 日，普陀区政府作出被诉房屋征收补偿决定，并向其送达。该补偿决定明确了被征收房屋补偿费、搬迁费、临时安置费等数额，决定被征收房屋的装饰装修及附属物经入户按实评估后，按规定予以补偿及其他事项。孙德兴不服，提起诉讼，请求撤销被诉房屋征收补偿决定。

裁判结果

舟山市中级人民法院一审认为，本案房地产价格评估机构根据被征收房屋所有权证所载内容并结合前期调查的现场勘察结果，认定被征收房屋的性质、用途、面积、位置、建筑结构、建筑年代等，并据此作出涉案房屋的征收评估分户报告，确定了评估价值（不包括装修、附属设施及未经产权登记的建筑物）。因孙德兴的原因导致无法入户调查，评估被征收房屋的装饰装修及附属物的价值，故被诉房屋征收补偿决定载明对于被征收房屋的装饰装修及附属物经入户按实评估后按规定予以补偿。此符合《浙江省国有土地上房屋征收与补偿条例》第三十三条第三款的规定，并未损害孙德兴的合法权益，遂判决驳回了孙德兴的诉讼请求。孙德兴提起上诉，浙江省高级人民法院判决驳回上诉、维持原判。

📖 | 典型意义 |

评估报告只有准确反映被征收房屋的价值，被征收人才有可能获得充分合理的补偿。要做到这一点，不仅需要行政机关和评估机构依法依规实施评估，同时也离不开被征收人自身的配合与协助。如果被征收人拒绝履行配合与协助的义务导致无法评估，不利后果应由被征收人承担。本案即属此种情形，在孙德兴拒绝评估机构入户，导致装饰装修及房屋附属物无法评估的情况下，行政机关没有直接对上述财物确定补偿数额，而是在决定中载明经入户按实评估后按规定予以补偿，人民法院判决对这一做法予以认可。此案判决不仅体现了对被拆迁人合法权益的保护，更值得注意的是，以个案方式引导被征收人积极协助当地政府的依法征拆工作，依法维护自身的合法权益。

案例 ③

王江超等3人诉吉林省长春市九台区 住房和城乡建设局紧急避险决定案

💬 | 基本案情 |

2010年,吉林省人民政府作出批复,同意对向阳村集体土地实施征收,王江超等3人所有的房屋被列入征收范围。后王江超等3人与征收部门就房屋补偿安置问题未达成一致意见,2013年11月19日,长春市国土资源管理局作出责令交出土地决定。2015年4月7日,经当地街道办事处报告,吉林省建筑工程质量检测中心作出鉴定,认定涉案房屋属于"D级危险"房屋。同年4月23日,长春市九台区住房和城乡建设局(以下简称九台区住建局)对涉案房屋作出紧急避险决定。在催告、限期拆除未果的情况下,九台区住建局于2015年4月28日对涉案房屋实施了强制拆除行为。王江超等3人对上述紧急避险决定不服,提起行政诉讼,请求法院判决确认该紧急避险决定无效、责令被告在原地重建房屋等。

📑 | 裁判结果 |

长春市九台区人民法院一审认为,本案紧急避险决定所涉的房屋建筑位于农用地专用项目的房屋征收范围内,应按照征收补偿程序进行征收。九台区住建局作出紧急避险决定,对涉案房屋予以拆除的行为违反法定程序,属于程序违法。一审判决撤销被诉的紧急避险决定,但同时驳回王江超等3人要求原地重建的诉讼请求。三江超等人不服，提起上诉。长春市中级人民法院二审认为，涉案房屋应当由征收部门进行补偿后，按照征收程序予以拆除。根据《城市危险房屋管理规定》相关要求，提出危房鉴定的申请主体应当是房屋所有人和使用人，而本案系当地街道办事处申请，主体不适格；九台区住建局将紧急避险决定直接贴于无人居住的房屋外墙，送达方式违法；该局在征收部门未予补偿的情况下，对涉案房屋作出被诉的紧急避险决定，不符合正当程序，应予撤销。但王江超等3人要求对其被拆除的房屋原地重建的主张，不符合该区域的整体规划。二审法院遂判决驳回上诉、维持原判。

📖 | 典型意义 |

在行政执法活动尤其是不动产征收当中，程序违法是一种常见多发的违法形态。本案中，被告为了节省工期，对于已经启动征地程序的房屋，错误地采取危房鉴定和强制拆除的做法，刻意规避补偿程序，构成程序滥用，严重侵犯当事人合法权益。对于此种借紧急避险为由行违法强拆之实的情形，人民法院依法判决撤销被诉行为，彰显了行政诉讼保护公民产权的制度功能。此案的典型意义在于昭示了行政程序的价值，它不仅是规范行政权合法行使的重要方式，也是维护相对人合法权益的保障机制。在土地征收当中，行政机关只有遵循行政程序，才能做到"严格、规范、公正、文明"执法，才能体现以人为本，尊重群众主体地位，才能实现和谐拆迁，才能符合新时代中国特色社会主义法治精神的要求。

案例 **4**

陆继尧诉江苏省泰兴市人民政府济川街道办事处强制拆除案

📝 | 基本案情 |

陆继尧在取得江苏省泰兴市泰兴镇（现济川街道）南郊村张堡二组 138 平方米的集体土地使用权并领取相关权证后，除了在该地块上出资建房外，还在房屋北侧未领取权证的空地上栽种树木，建设附着物。2015 年 12 月 9 日上午，陆继尧后院内的树木被人铲除，道路、墩柱及围栏被人破坏，拆除物被运离现场。当时有济川街道办事处（以下简称街道办）的工作人员在场。此外，作为陆继尧持有权证地块上房屋的动迁主体，街道办曾多次与其商谈房屋的动迁情况，其间也涉及房屋后院的搬迁事宜。陆继尧认为，在无任何法律文书为依据、未征得其同意的情况下，街道办将后院拆除搬离的行为违法，故以街道办为被告诉至法院，请求判决确认拆除后院的行为违法，并恢复原状。

📌 | 裁判结果 |

泰州医药高新技术产业开发区人民法院一审认为，涉案附着物被拆除时，街道办有工作人员在场，尽管其辩称系因受托征收项目在附近，并未实际参与拆除活动，但未提交任何证据予以证明。经查，陆继尧房屋及地上附着物位于街道办的行政辖区内，街道办在强拆当天日间对有主的地上附着物采取了有组织的拆除运离，且街道办亦实际经历了该次拆除活动。作为陆继尧所建房屋的动迁主体,街道办具有推进动迁工作,拆除非属动迁范围之涉案附着物的动因,故从常理来看,街道办称系单纯目击而非参与的理由难以成立。据此,在未有其他主体宣告实施拆除或承担责任的情况下,可以推定街道办系该次拆除行为的实施主体。一审法院遂认定街道办为被告,确认其拆除陆继尧房屋北侧地上附着物的行为违法。一审判决后,原、被告双方均未提起上诉。

典型意义

　　不动产征收当中最容易出现的问题是,片面追求行政效率而牺牲正当程序,甚至不作书面决定就直接强拆房屋的事实行为也时有发生。强制拆除房屋以事实行为面目出现,往往会给相对人寻求救济造成困难。按照行政诉讼法的规定,起诉人证明被诉行为系行政机关而为是起诉条件之一,但是由于行政机关在强制拆除之前并未制作、送达任何书面法律文书,相对人要想获得行为主体的相关信息和证据往往很难。如何在起诉阶段证明被告为谁,有时成为制约公民、法人或者其他组织行使诉权的主要因素,寻求救济就会陷入僵局。如何破局,如何做到既合乎法律规定,又充分保护诉权,让人民群众感受到公平正义,就是人民法院必须回答的问题。本案中,人民法院注意到强拆行为系动迁的多个执法阶段之一,通过对动迁全过程和有关规定的分析,得出被告街道办具有推进动迁和强拆房屋的动因,为行为主体的推定奠定了事理和情理的基础,为案件处理创造了情理法结合的条件。此案有两点启示意义:一是在行政执法不规范造成相对人举证困难的情况下,人民法院不宜简单以原告举证不力为由拒之门外,在此类案件中要格外关注诉权保护。二是事实行为是否系行政机关而为,人民法院应当从基础事实出发,结合责任政府、诚信政府等法律理念和生活逻辑作出合理判断。

案例 ⑤

吉林省永吉县龙达物资经销处
诉吉林省永吉县人民政府征收补偿案

💬 | 基本案情 |

2015年4月8日,吉林省永吉县人民政府(以下简称永吉县政府)作出房屋征收决定,决定对相关的棚户区实施改造,同日发布永政告字(2015)1号《房屋征收公告》并张贴于拆迁范围内的公告栏。永吉县龙达物资经销处(以下简称经销处)所在地段处于征收范围。2015年4月27日至29日,永吉县房屋征收经办中心作出选定评估机构的实施方案,并于4月30日召开选定大会,确定改造项目的评估机构。2015年9月15日,永吉县政府依据评估结果作出永政房征补(2015)3号房屋征收补偿决定。经销处认为,该征收补偿决定存在认定事实不清、程序违法,评估机构的选定程序和适用依据不合法,评估价格明显低于市场价格等诸多问题,故以永吉县政府为被告诉至法院,请求判决撤销上述房屋征收补偿决定。

🏛 | 裁判结果 |

吉林市中级人民法院一审认为,被诉房屋征收补偿决定依据的评估报告从形式要件看,分别存在没有评估师签字,未附带设备、资产明细或者说明,未标注或者释明被征收人申请复核评估的权利等不符合法定要求的形式问题;从实体内容看,在对被征收的附属物评估和资产、设备评估上均存在评估漏项的问题。上述评估报告明显缺乏客观性、公正性，不能作为被诉房屋征收补偿决定的合法依据。遂判决撤销被诉房屋征收补偿决定，责令永吉县政府 60 日内重新作出行政行为。永吉县政府不服提起上诉，吉林省高级人民法院二审以与一审相同的理由判决驳回上诉、维持原判。

典型意义

在征收拆迁案件当中，评估报告作为确定征收补偿价值的核心证据，人民法院能否依法对其进行有效审查，已经在很大程度上决定着案件能否得到实质解决，被拆迁人的合法权益能否得到充分保障。本案中，人民法院对评估报告的审查是严格的、到位的，因而效果也是好的。在认定涉案评估报告存在遗漏评估设备、没有评估师的签字盖章、未附带资产设备的明细说明、未告知申请复核的评估权利等系列问题之后，对这些问题的性质作出评估，得出了两个结论。一是评估报告不具备合法的证据形式，不能如实地反映被征收人的财产情况。二是据此认定评估报告缺乏客观公正性、不具备合法效力。在上述论理基础上撤销了被诉房屋征收补偿决定并判令行政机关限期重作。本案对评估报告所进行的适度审查，可以作为此类案件的一种标杆。

案例 **6**

焦吉顺诉河南省新乡市卫滨区
人民政府行政征收管理案

基本案情

2014年6月27日,河南省新乡市卫滨区人民政府(以下简称卫滨区政府)作出卫政(2014)41号《关于调整京广铁路与中同街交汇处西北区域征收范围的决定》(以下简称《调整征收范围决定》),将房屋征收范围调整为京广铁路以西、卫河以南、中同大街以北(不包含中同大街166号住宅房)、立新巷以东。焦吉顺系中同大街166号住宅房的所有权人。焦吉顺认为卫滨区政府作出《调整征收范围决定》不应将其所有的房屋排除在外,且《调整征收范围决定》作出后未及时公告,对原房屋征收范围不产生调整的效力,请求人民法院判决撤销《调整征收范围决定》。

裁判结果

新乡市中级人民法院一审认为,卫滨区政府作出的《调整征收范围决定》不涉及焦吉顺所有的房屋,对其财产权益不产生实际影响,焦吉顺与被诉行政行为之间没有利害关系,遂裁定驳回了焦吉顺的起诉。焦吉顺提起上诉,河南省高级人民法院二审驳回上诉、维持原裁定。

📖 | **典型意义** |

在行政诉讼中，公民权利意识特别是诉讼意识持续高涨是社会和法治进步的体现。但是公民、法人或者其他组织提起行政诉讼应当具有诉的利益及诉的必要性，即与被诉行政行为之间存在"利害关系"。人民法院要依法审查被诉行政行为是否对当事人权利义务造成影响？是否会导致当事人权利义务发生增减得失？既不能对于当事人合法权利的影响视而不见，损害当事人的合法诉权；也不得虚化、弱化利害关系的起诉条件，受理不符合行政诉讼法规定的受案范围条件的案件，造成当事人不必要的诉累。本案中，被告卫滨区政府决定不再征收焦吉顺所有的房屋，作出了《调整征收范围决定》。由于《调整征收范围决定》对焦吉顺的财产权益不产生实际影响，其提起本案之诉不具有值得保护的实际权益。人民法院依法审查后，裁定驳回起诉，有利于引导当事人合理表达诉求，保护和规范当事人依法行使诉权。

案例 7

王艳影诉辽宁省沈阳市浑南现代商贸区
管理委员会履行补偿职责案

基本案情

　　2011年12月5日,王艳影与辽宁省沈阳市东陵区(浑南新区)第二房屋征收管理办公室(以下简称房屋征收办)签订国有土地上房屋征收与补偿安置协议,选择实物安置的方式进行拆迁补偿,并约定房屋征收办于2014年3月15日前交付安置房屋,由王艳影自行解决过渡用房,临时安置补助费每月996.3元。然而,房屋征收办一直未履行交付安置房屋的约定义务。2016年5月5日,王艳影与房屋征收办重新签订相关协议,选择货币方式进行拆迁补偿。其实际收到补偿款316829元,并按每月996.3元的标准领取了至2016年5月的临时安置补助费。其后因政府发文调整征收职责,相关职责下发到各个功能区管理委员会负责。王艳影认为按照《沈阳市国有土地上房屋征收与补偿办法》第三十六条有关超期未回迁的双倍支付临时安置补助费的规定,沈阳市浑南现代商贸区管理委员会(以下简称浑南商贸区管委会)未履行足额支付其超期未回迁安置补助费的职责,遂以该管委会为被告诉至法院,请求判决被告支付其自2014年1月1日起至2016年5月止的超期未回迁安置补助费47822.4元(以每月1992.6元为标准)。

裁判结果

沈阳市大东区人民法院一审认为,王艳影以实物安置方式签订的回迁安置协议已变更为以货币补偿方式进行拆迁补偿。合同变更后,以实物安置方式为标的的回迁安置协议已终止,遂判决驳回王艳影的诉讼请求。王艳影不服,提起上诉。沈阳市中级人民法院二审认为,本案焦点问题在于浑南商贸区管委会是否应当双倍支付临时安置补助费。由于 2016 年 5 月王艳影与房屋征收办重新签订货币补偿协议时,双方关于是否双倍给付过渡期安置费问题正在民事诉讼过程中,未就该问题进行约定。根据《沈阳市国有土地上房屋征收与补偿办法》(2015 年 2 月实施)第三十六条第三项有关"超期未回迁的,按照双倍支付临时安置补助费。选择货币补偿的,一次性支付 4 个月临时安置补助费"的规定,浑南商贸区管委会应当双倍支付王艳影 2015 年 2 月至 2016 年 5 月期间的临时安置补助费。虑及王艳影已经按照一倍标准领取了临时安置补助费,二审法院遂撤销一审判决,判令浑南商贸区管委会以每月 996.3 元为标准,支付王艳影 2015 年 2 月至 2016 年 5 月期间的另一倍的临时安置补助费 15940.8 元。

典型意义

在依法治国的进程中,以更加柔和、富有弹性的行政协议方式代替以命令强制为特征的高权行为,是行政管理的一个发展趋势。如何通过行政协议的方式在约束行政权的随意性与维护行政权的机动性之间建立平衡,如何将行政协议置于依法行政理念支配之下是加强法治政府建设面临的重要课题之一。本案即为人民法院通过司法审查确保行政机关对行政协议权的行使符合法律要求,切实保障被征收人合法权益的典型案例。本案中,当事人通过合意,即签订国有土地上房屋征收与补偿安置协议的形式确定了各自行政法上具体的权利义务。行政协议约定的内容可能包罗万象,但依然会出现遗漏约定事项的情形。对于两个行政协议均未约定的"双倍支付"临时安置补助费的内容,二审法院依据 2015 年 2 月实施的《沈阳市国有土地上房屋征收与补偿办法》有关"超期未回迁的,按照双倍支付临时安置补助费"之规定,结合行政机关未能履行 2011 年协议承诺的交房义务以及 2016 年已协议改变补偿方式等事实,判令行政机关按照上述规定追加补偿原告 2015 年 2 月至 2016 年 5 月期间一倍的临时安置补助费。此案判决明确了人民法院可适用地方政府规章等规定对行政协议未约定事项依法"填漏补缺"的裁判规则,督促行政机关在房屋征收补偿工作中及时准确地适用各种惠及民生的新政策、新规定,对如何处理行政协议约定与既有法律规定之间的关系具有重要的指导意义。

案例 ⑧

谷玉梁、孟巧林诉江苏省盐城市亭湖区人民政府房屋征收补偿决定案

基本案情

2015 年 4 月 3 日,江苏省盐城市亭湖区人民政府(以下简称亭湖区政府)作出涉案青年路北侧地块建设项目房屋征收决定并予公告,同时公布了征收补偿实施方案,确定亭湖区住房和城乡建设局(以下简称亭湖区住建局)为房屋征收部门。谷玉梁、孟巧林两人的房屋位于征收范围内。其后,亭湖区住建局公示了 4 家评估机构,并按法定方式予以确定。2015 年 4 月 21 日,该局公示了分户初步评估结果,并告知被征收人 10 日内可申请复估。后给两人留置送达了《房屋分户估价报告单》《装饰装潢评估明细表》《附属物评估明细表》,两人未书面申请复估。2016 年 7 月 26 日,该局向两人发出告知书,要求其选择补偿方式,逾期将提请亭湖区政府作出征收补偿决定。两人未在告知书指定期限内选择,也未提交书面意见。2016 年 10 月 10 日,亭湖区政府作出征收补偿决定书,经公证后向两人送达,且在征收范围内公示。两人不服,以亭湖区政府为被告提起行政诉讼,请求撤销上述征收补偿决定书。

裁判结果

盐城市中级人民法院一审认为,亭湖区政府具有作出征收补偿决定的法定职权。在征收补偿过程中,亭湖区住建局在被征收人未协商选定评估机构的情

况下,在公证机构的公证下于 2015 年 4 月 15 日通过抽签方式依法确定仁禾估价公司为评估机构。亭湖区政府根据谷玉梁、孟巧林的户籍证明、房屋登记信息表等权属证明材料,确定被征收房屋权属、性质、用途及面积等,并将调查结果予以公示。涉案评估报告送达给谷玉梁、孟巧林后,其未在法定期限内提出异议。亭湖区政府依据分户评估报告等材料,确定涉案房屋、装饰装潢、附属物的价值,并据此确定补偿金额,并无不当。征收部门其后书面告知两人有权选择补偿方式。在两人未在规定期限内选择的情形下,亭湖区政府为充分保障其居住权,根据亭湖区住建局的报请,按照征收补偿方案作出房屋征收补偿决定,确定产权调换的补偿方式进行安置,依法向其送达。被诉决定认定事实清楚,适用法律、法规正确,程序合法,故判决驳回原告诉讼请求。一审宣判后,双方均未上诉。

典型意义

"正义不仅要实现,而且要以看得见的方式实现"。科学合理的程序可以保障人民群众的知情权、参与权、陈述权和申辩权,促进实体公正。程序正当性在推进法治政府建设过程中具有独立的实践意义和理论价值,此既是党的十九大对加强权力监督与运行机制的基本要求,也是法治发展到一定阶段推进依法行政、建设法治政府的客观需要。《国有土地上房屋征收补偿条例》确立了征收补偿应当遵循决策民主、程序正当、结果公开原则,并对评估机构选择、评估过程运行、评估结果送达以及申请复估、申请鉴定等关键程序作了具有可操作性的明确规定。在房屋征收补偿过程中,行政机关不仅要做到实体合法,也必须做到程序正当。本案中,人民法院结合被诉征收补偿决定的形成过程,着重从评估机构的选定、评估事项的确定、评估报告的送达、评估异议以及补偿方式的选择等多个程序角度,分析了亭湖区政府征收全过程的程序正当性,进而肯定了安置补偿方式与结果的合法性。既强调被征收人享有的应受法律保障的程序与实体权利,也支持了本案行政机关采取的一系列正确做法,有力地发挥了司法监督作用,对于确立相关领域的审查范围和审查标准,维护公共利益具有示范意义。

利用互联网侵害
未成年人权益的典型案例

案例 ① 1

被告人林某某通过网约车猥亵儿童案

📑 | 基本案情 |

2017 年 1 月 7 日 14 时许，被告人林某某驾驶小型轿车通过滴滴软件平台接单，将独自一人坐车的被害人江某某（9 岁）由本市某公交车站附近送往某小区。当车行至某中学侧门附近时，林某某为满足性欲，停车后露出下体欲让坐于副驾驶座的江某某抚摸，遭到拒绝后，又强行对江某某进行猥亵。

📘 | 裁判结果 |

人民法院经审理认为，被告人林某某猥亵不满十四周岁的儿童，其行为已构成猥亵儿童罪。林某某猥亵儿童，依法应从重处罚。依据刑法有关规定，判决被告人林某某犯猥亵儿童罪，判处有期徒刑二年。

📖 | 典型意义 |

近年来，网约车因便捷实用，使用人数较多，发展势头迅猛，但网约车监管漏洞引发的社会问题也逐渐暴露，网约车司机殴打、杀害乘客等新闻时常见诸报端。本案被害人母亲因临时有事，通过手机平台预约打车后，被害人在独自乘坐网约车过程中遭到司机猥亵。本案警示：家长要充分认识到未成年人自我防范和自我保护意识较弱这一特点，在无法亲自陪伴时，应尽量为未成年人选择公交车等规范交通工具以保证安全。网约车平台及管理部门要加强监管,提高车内安全监控技术水平,提高驾驶员入行门槛,加大身份识别力度,保障乘车安全。

案例 ②

施某通过裸贷敲诈勒索案

| 基本案情 |

2017 年 3 月 30 日,被害人陈某(17 岁,在校学生)通过 QQ 交流平台联系到被告人施某进行贷款。根据施某要求,陈某提供了裸照及联系方式,但施某并未贷款给陈某,而是以公开裸照信息威胁陈某,勒索人民币 1000 元,陈某一直未付款。施某进一步威胁陈某父母并索要人民币 3000 元,陈某家人未付款而向公安机关报案。因施某的敲诈行为,陈某害怕亲朋好友收到其裸照信息,故而休学在家,学习生活及心理健康遭受严重影响。

| 裁判结果 |

人民法院经审理认为,施某无视国家法律,以非法占有为目的,敲诈勒索他人财物,数额较大,其行为已构成敲诈勒索罪。施某敲诈勒索未成年人,可从重处罚。施某在犯罪过程中因意志以外的原因而未得逞,属于犯罪未遂,结合其被抓获后如实供述犯罪事实,依法可从轻处罚。依据刑法有关规定,判决施某犯敲诈勒索罪,判处有期徒刑十个月,并处罚金人民币二千元。

| 典型意义 |

"裸贷"是非法分子借用互联网金融和社交工具为平台和幌子,以让贷款人拍摄"裸照"作"担保",非法发放高息贷款的行为。因"裸贷"被诈骗、被敲诈勒索的,时有发生。"裸贷"就像一个大坑,一旦陷入,后果不堪设想,有人失去尊严,有人被迫出卖肉体,有人甚至失去生命。本案警示:未成年人或者在校学生应当理性消费,如有债务危机,应当及时和家长沟通或者通过合法途径解决,不能自作主张进行网络贷款。以"裸"换"贷",既有违公序良俗,也容易让自己沦为严重违法犯罪的受害者。对于已经"裸贷"的,如果遇到以公开自己裸照进行要挟的行为,一定要及时报警,寻求法律保护。

案例 ③

被告人庞某某等人约网友见面强奸案

📧 | 基本案情 |

2013 年 6 月，被告人庞某甲（15 岁）与被告人庞某乙（18 岁）、周某甲（18 岁）、周某乙（15 岁）、黄某某（15 岁）在旅店房间住宿期间，庞某甲提议并经过同意后，通过 QQ 联系其在互联网上认识的被害人李某（女，13 岁，在校学生）到旅店房间。李某到达后随即被庞某甲、庞某乙、周某甲、周某乙、黄某某在房间内强行奸淫。另以相同方式，庞某甲、庞某乙还曾共同强奸李某 1 次，其中庞某乙强奸未遂；庞某甲还曾单独强奸李某 1 次。

📥 | 裁判结果 |

人民法院经审理认为，被告人庞某甲单独或分别伙同被告人庞某乙、被告人周某甲、被告人周某乙、被告人黄某某以暴力、威胁手段在对同一幼女实施奸淫，其行为均已构成强奸罪。庞某甲、庞某乙、周某甲、周某乙、黄某某，奸淫未满十四周岁的幼女，庞某甲多次强奸未成年人，依法应从重处罚。庞某甲、周某乙、黄某某犯罪时不满十八周岁；周某乙能自动投案并如实供述犯罪事实，有自首情节；黄某某被抓获后如实供述犯罪事实；庞某乙、周某甲、周某乙、黄某某能赔偿被害人的经济损失，并获得被告人谅解，依法对庞某甲、庞某乙、周某甲从轻处罚，对周某乙、黄某某减轻处罚。依据刑法有关规定，判决被告人庞某甲犯强奸罪，判处有期徒刑十年六个月；判决被告人庞某乙犯强奸罪，判处有期徒刑十年五个月,剥夺政治权利二年;判决被告人周某甲犯强奸罪,判处有期徒刑十年四个月,剥夺政治权利二年;判决被告人周某乙犯强奸罪,判处有期徒刑七年;判决被告人黄某某犯强奸罪,判处有期徒刑七年。

典型意义

本案是一起利用网络聊天邀约未成年女学生见面后发生的严重强奸犯罪案件。随着网络科技应用普及,网络交友的便捷、新鲜感使得许多青少年频繁在网络上通过聊天软件交友,又从网上聊天走到现实见面交往。但是未成年人涉世未深,自我保护意识不强,对陌生人防范意识不高,尤其是未成年女性只身与网友见面存在诸多人身安全风险。本案被告人就是在网上邀约一名幼女见面后,与同案被告人对该幼女实施了多人轮奸犯罪行为。虽然被告人已被绳之以法,但已对被害人造成了无法弥补的身心伤害。本案警示:未成年人不宜使用互联网社交网络平台与陌生人交友,切莫单独与网友见面;在遭受侵害后,应立即告知家人并报警,不能因害怕而隐瞒,更不能因恐惧或欺骗再次与网友见面。家庭和学校应加强对未成年人法治教育和德育教育,尤其要提高未成年女学生的人身安全保护意识;及时了解子女网上交友情况。旅店应履行安全管理义务,加强对入住人员审查,尤其要对未与家长同行的未成年人或数名青少年集体开房情况予以警惕,防止违法犯罪情况发生。

案例 ④

杨某某假借迷信强奸案

📩 | 基本案情 |

2016 年 6 月至 9 月，被告人杨某某利用网络通过 QQ 聊天工具，分别以"张某甲""张某乙""陈某"及"算命先生"身份与被害人刘某某（14 岁）、王某某（13 岁）、沈某某（15 岁）聊天，并以"算命先生"名义谎称被害人如想和"张某甲"等人生活幸福，必须先与"算命先生"发生性关系方可破解。杨某某以上述手段多次诱骗三名被害人在宾馆与其发生性关系。

📑 | 裁判结果 |

人民法院经审理认为，被告人杨某某违背妇女意志，利用迷信、威胁等手段强行与被害妇女（幼女）发生性关系，其行为已构成强奸罪。杨某某奸淫未满十四周岁的幼女，强奸多名未成年人，依法应从重处罚。依据刑法有关规定，判决被告人杨某某犯强奸罪，判处有期徒刑十三年六个月，剥夺政治权利三年。

📖 | 典型意义 |

本案是一起通过互联网交友诱骗、威胁少女实施性侵害的严重犯罪案件。三名被害人均是未成年人，其中一名为幼女。被告人通过一人分饰不同角色，利用未成年人年少、幼稚、胆小的弱势，采用迷信、威胁等手段发生性关系，严重损害未成年人身心健康。本案警示:互联网具有虚拟性,使用者可以不具有真实身份,用不同姓名、性别、年龄、职业与人交往,具有较强欺骗性,未成年人不宜使用互联网社交平台与陌生人交友,以免上当受骗。家长和学校要对未成年人加强性知识、性侵害防卫教育,及时了解子女网上交友情况。

案例 ⑤

乔某某以视频裸聊方式猥亵儿童案

📱 | 基本案情 |

被告人乔某某为满足其不良心理需要,于 2014 年 3 月至 8 月间,在自住房电脑上,通过登录 QQ 添加不满十四周岁的幼女为其好友,并冒充生理老师以视频教学为名,先后诱骗多名幼女与其视频裸聊。

📑 | 裁判结果 |

人民法院经审理认为,被告人乔某某以刺激或满足其性欲为目的,用视频裸聊方式对多名不满十四周岁的儿童实施猥亵,其行为已构成猥亵儿童罪。乔某某猥亵多名儿童,依法应从重处罚。乔某某被抓获后如实供述犯罪事实,依法可从轻处罚。依据刑法有关规定,判决被告人乔某某犯猥亵儿童罪,判处有期徒刑四年。

💡 | 典型意义 |

被告人乔某某为了满足自身性欲,采用欺骗手段通过网络视频引诱女童脱光衣服进行裸聊,对儿童身心健康和人格利益造成侵害。这种非直接接触的裸聊行为属于猥亵行为。在互联网时代,不法分子运用网络技术实施传统意义上的犯罪,手段更为隐蔽,危害范围更为广泛。本案警示:未成年人,特别是儿童,不宜单独使用互联网,不宜使用互联网社交平台与陌生人交流,更不能与陌生人视频聊天。未成年人心智发育不完整,识别判断能力差,家长应该控制未成年人使用电子产品和互联网,尤其要关注未成年人使用网络社交平台与陌生人交流;要告知未成年人,无论何种理由,都不能在他人面前或视频下脱去衣服,遇到这种情况应该立即告知父母,中断联系。

案例 ⑥

叶某甲通过网络向未成年人贩卖毒品案

📋 | 基本案情 |

被告人叶某甲（16岁，在校学生）与社会闲散人员交友，社会闲散人员询问叶某甲是否有朋友需要毒品，若有需求可以找其购买，并可以获得好处费。2017年1月至2月期间，叶某乙（15岁、在校学生）因朋友要吸毒请求叶某甲帮忙购买毒品，后通过QQ联系与叶某甲商定毒品交易地点、价格、数量。双方先后三次合计以800元价格交易共约1克甲基苯丙胺。

📄 | 裁判结果 |

人民法院经审理认为，被告人叶某甲明知是毒品甲基苯丙胺仍多次予以贩卖，情节严重，其行为已构成贩卖毒品罪。叶某甲向在校未成年学生贩卖毒品，应从重处罚；叶某甲犯罪时已满十六周岁未满十八周岁，被抓获后如实供述犯罪事实，依法应当减轻处罚。依据刑法有关规定，判决被告人叶某甲犯贩卖毒品罪，判处有期徒刑一年十个月，并处罚金人民币三千元。

📖 | 典型意义 |

本案是一起未成年人在校学生之间通过互联网联系后贩卖毒品案件。随着信息网络的普及，网络毒品犯罪呈快速蔓延之势，利用网络向未成年人贩卖毒品更具社会危害性。吸毒贩毒易滋生如卖淫、盗窃、抢劫等其他犯罪行为，涉毒人员也是艾滋病的高危人群。当前,毒品犯罪已由社会进入校园、进入未成年人生活领域,要引起各界高度重视。本案警示:未成年人要正确交友,避免与不良社会闲散人员交往;要深刻认识毒品的危害性,避免被他人引诱沾染恶习。家长要认真履行监护责任,帮助子女禁绝接触毒品的可能性;要经常与子女沟通,及时了解子女生活、学习、交友情况,避免未成年人走上犯罪道路。

案例 ⑦

被告人刘某某提供虚假网络技术诈骗案

📱 | 基本案情 |

2015 年 8 月份,被告人刘某某在互联网发布传授入侵他人电脑技术、教做外挂及教他人用代码开通永久会员等虚假信息,以招收学员骗取费用。被害人张某某(10 岁,在校学生)浏览该信息后,通过 QQ 与刘某某取得联系,并用其父手机通过"支付宝"向刘某某付费,欲学习网络游戏技术,刘某某谎称可以向张某某提供游戏源代码以帮其在网络游戏中获益。而后,刘某某通过互联网多次向张某某出售与其宣扬不符或不能使用的"网游外挂"及配套使用的"模块",骗取张某某付款共计人民币 133079.6 元。案发后,刘某某亲属向张某某亲属退赔全部经济损失,张某某对刘某某表示谅解。

📑 | 裁判结果 |

人民法院经审理认为,被告人刘某某以非法占有为目的,利用互联网发布虚假信息多次骗取他人现金,数额巨大,其行为已构成诈骗罪。刘某某利用互联网发布虚假信息,对不特定多数人实施诈骗,可酌情从严惩处。刘某某被抓获后如实供述犯罪事实,亲属代其退赔全部经济损失,获得被害人谅解,依法可从轻处罚。依据刑法有关规定,判决被告人刘某某犯诈骗罪,判处有期徒刑三年,并处罚金人民币五千元。

📖 | **典型意义** |

　　随着我国互联网的迅猛发展,网民规模越来越大,网络用户呈低龄化的特点。青少年由于缺乏独立经济能力,又有一定消费需求,加上身心发展尚未成熟,对虚拟网络交易风险缺乏防范意识,很容易成为网络诈骗分子的"囊中之物"。本案被告人利用被害人未成年、社会经验不足,加之被害人家长对孩子日常生活交易常识缺乏教育、引导和监督,轻易利用互联网骗取张某某 13 万余元。本案警示:家长要依法履行监护责任,对未成年人使用电子产品和互联网的时间和内容等要进行引导、监督;要配合电子产品有关功能,及时了解子女用网安全;对孩子可能接触到的大额财物要严加管理,避免陷入网络诈骗。

案例 ⑧

江某某网上虚假销售诈骗案

📱 | 基本案情 |

被告人江某某在互联网上以虚假出售二手手机的方法实施诈骗,于 2017 年 7 月 11 日骗取被害人李某甲(在校学生)人民币 4000 元,于同月 20 日至 22 日骗取被害人李某乙(16 岁,在校学生)人民币 900 元。江某某的亲属代其退缴赃款人民币 4900 元。

📑 | 裁判结果 |

人民法院经审理认为,被告人江某某以非法占有为目的,利用互联网发布虚假信息骗取他人财物,数额较大,其行为已构成诈骗罪。江某某利用互联网发布虚假信息,对不特定多数人实施诈骗,可酌情从严惩处。江某某被抓获后如实供述犯罪事实,退赔全部经济损失,依法可从轻处罚。依据刑法有关规定,判决被告人江某某犯诈骗罪,判处有期徒刑八个月,并处罚金人民币五千元。

💡 | 典型意义 |

本案是利用互联网通过诈骗方式侵害学生合法权益案件。当下,互联网蓬勃发展,学生们广泛运用,但学生的甄别能力不强,自我保护意识薄弱,上当受骗几率较高。本案警示:未成年人在互联网上购物要提高警惕,事先要经父母同意,不得擅自而为。家长要教育子女网上交易的风险,并及时了解子女需求,帮助子女完成网上交易活动。网络电商管理平台应加强对商户资质和日常资信审查,减少、避免网络诈骗等违法犯罪行为的发生。

案例 ⑨

王某以招收童星欺骗猥亵儿童案

📧 | 基本案情 |

2017 年 4 月至 6 月间，被告人王某利用网上 QQ 聊天软件，以某公司招收童星需视频考核为名，先后诱骗被害人赵某某（女，10 岁）、钱某某（女，12 岁）、李某某（女，12 岁）与其视频裸聊。

📥 | 裁判结果 |

人民法院经审理认为，被告人王某以视频裸聊方式猥亵儿童，其行为已构成猥亵儿童罪。王某猥亵儿童，依法应从重处罚。王某被抓获后能如实供述犯罪事实，依法可从轻处罚。依据刑法有关规定，判决被告人王某犯猥亵儿童罪，判处有期徒刑一年十个月。

📖 | 典型意义 |

网络色情信息的高强度刺激可能使青少年沉溺其中，甚至走上犯罪道路。本案被告人审判时年仅 20 岁，在玩游戏时被当成女性，收到私聊和广告要求其裸聊和做动作，了解了这种方法之后，由于正值青春期，也想尝试一下，于是编造传媒公司名字，以招收童星考核身材为名，要求幼女与其裸聊，寻求刺激。本案被害人都是幼女，对于不良信息的辨别力差，缺乏基本性知识，对自己行为的性质没有清晰认识，希望成为童星因此被利用。在这个过程中，父母的监管是缺失的,孩子的网络行为没有受到干预和引导,对他们接受的网络信息缺乏甄选。本案警示:家长对孩子使用电子产品和互联网行为不能不管不问,要帮助子女识别色情、暴力、毒品信息,否则极有可能使孩子受到网络色情、暴力、毒品的侵害;要加强对未成年子女的自我保护和风险防范教育。互联网监管部门,应该加强净化网络环境治理,设置浏览级别限制,引导未成年人正确使用网络,促进其健康成长。

案例 ⑩

付某某诉某网络公司、
某教育中心名誉权、隐私权纠纷案

📮 | 基本案情 |

2014 年 2 月至同年 6 月,路透社经与某教育中心联系,某教育中心口头同意路透社前往该中心进行采访。路透社与某网络公司签订协议,某网络公司于 2014 年 7 月 1 日至 2015 年 6 月 30 日期间可转载其文件。2014 年 7 月 7 日,某网络公司旗下的某网站刊出一组《探访北京戒网瘾学校》相关内容的照片和文章,相关网页第一张照片为付某某正面全身照,该图片为付某某坐在汽车后排座中间,左右各有一名成年人。付某某头微微低下,目光朝下,但图片没有打马赛克或者做其他模糊处理。该图片配有说明:"北京某教育中心是一所戒网瘾学校,学校通过军事化管理帮助青少年戒除网瘾。目前,类似这样的戒网瘾学校在中国已经多达 250 所。为了帮助孩子戒除网瘾,很多父母将孩子送到戒网瘾学校,让他们接受心理测验和军事化训练。"另,付某某全身照还出现在第二十一张照片中,该图片中付某某身穿便装,在沙发上与另外两名身着迷彩服的同龄女生交谈。付某某手托下巴,头朝向另外两名女生。该照片配有说明:"5 月 22 日,北京某教育中心,一名刚到中心的女孩子正与其他学生交谈,在父母的要求下,这名女孩到这里戒瘾。"

📑 | 裁判结果 |

人民法院经审理后认为,网络服务提供者在刊载网络信息时,应特别注意对未成年人个人隐私和个人信息的保护。某网络公司旗下的某网站作为网络服务提供者,转载《探访北京戒网瘾学校》相关内容的照片和文章中,未经法定代理人同意使用未成年人付某某的正面全身照且对其面部图像未进行模糊处理。两张照片均可清晰的辨认出是付某某本人,并配有"一名上网成瘾的女孩"和"这名女孩到这里戒瘾"等文字,侵犯了未成年人隐私权。因某网络公司在国内的影响力,该组照片和文章被大量点击和转载,造成了付某某名誉权受到侵害的事实。依据民法有关规定,判决某网络公司在其某网站上发布向付某某赔礼道歉声明,赔偿付某某精神损害抚慰金一万元、公证费二千五百元、律师费三万元。

📖 | 典型意义 |

本案中,某网络公司转载的是其他新闻从业机构的新闻成果,并非亲自采访所得,此时新闻转载者也要对新闻内容进行合理审查,确保真实性。某网络公司虽与路透社签订有转载新闻的协议,具有合法转载路透社新闻的权利,但这不能免除其对新闻内容进行合理审查的义务。某网络公司没有尽到善良管理人必要的注意审查义务,所转载的新闻存在基本事实错误,同时还将未成年人个人隐私予以公开,不仅侵害了未成年人的名誉权,也侵害了其隐私权,给未成年人成长带来不利影响。本案警示:新闻自由并非毫无边界,网络服务提供者在转载新闻时,应承担法律规定的审慎义务,特别是在关涉未成年人或重大敏感事件时要更加慎重,不能侵害他人的合法权益。

人民法院服务保障新时代
生态文明建设典型案例

案例 ①

被告单位德司达（南京）染料有限公司、
被告人王占荣等污染环境案

💬 | **基本案情** |

德司达公司生产过程中产生的废酸液体属于危险废物,依照国家相关规定应当交由具有资质的企业进行处置。2010 年 9 月,被告人王军受德司达公司指派联系处置废酸事宜,与仅具有经销危险化学品资质的顺久公司法定代表人王占荣达成了以每吨 580 元处置废酸的口头协议。此后,德司达公司产生的废酸液体均交由被告人王占荣进行处置。时任公司罐区主管的被告人黄进军明知顺久公司王占荣没有处置资质,仍具体负责与拉运废酸的王占荣直接对接,王军负责审核支付处置废酸费用。2013 年 9 月,王占荣明知丁卫东（另案处理）没有处置废酸资质,仍与丁卫东达成每吨 150 元处置费用的口头协议,并指使被告人徐仁米驾驶槽罐车从德司达公司拉运废酸,直接送至丁卫东停放在江都宜陵码头等处的船上。至 2014 年 5 月间,交由丁卫东处置的废酸共计 2828.02 吨。其间,丁卫东多次指使被告人孙新山、钱存林等人于夜间驾驶船只,将其中的 2698.1 吨废酸直接排放至泰东河和新通扬运河水域的河道中。其中,孙新山参与排放 1729.82 吨,钱存林参与排放 318.78 吨。后丁卫东未及排放的 129.92 吨废酸被查获。江苏科技咨询中心、江苏省环境科学研究院专家论证分析认为,德司达公司产生的上述废酸液体属于危险废物,其中主要成分为硫酸并含有大量有机物,硫酸浓度较高且具有极强的腐蚀性,对生物、水体、环境的危害极大,废酸中残存的大量有机废物对生物环境也会造成长远的累积性危害。

📑 | 裁判结果 |

江苏省高邮市人民法院一审认为,被告单位德司达公司违反国家环境保护法律规定,明知被告人王占荣经营的顺久公司无废酸处置资质,将公司生产过程中产生的废酸交由王占荣处置;被告人王占荣明知丁卫东亦无废酸处置资质,仍将德司达公司的废酸转交其处置;被告人徐仁米明知其运输的是化工废液以及丁卫东可能没有处置废酸的能力,而帮助王占荣进行运输作业;被告人孙新山、钱存林明知是化工废液,仍然违反国家规定偷排,最终导致严重污染环境后果,均已构成污染环境罪,且属共同犯罪。被告人王军、黄进军系德司达公司直接负责的主管人员和其他直接责任人员,应当知道王占荣没有废酸处置资质,仍然在各自职责范围内促成交易,导致严重污染环境的后果发生,均应以污染环境罪追究刑事责任。德司达公司为降低危险废物的处置成本,在明知他人没有处置资质的情况下仍委托进行处置,最终导致严重污染环境,德司达公司由此减少支出巨额的处置费用。一审法院综合德司达公司的犯罪情节以及缴纳罚金的能力,以污染环境罪判处德司达公司罚金人民币2000万元,判处其余被告人一年至五年有期徒刑不等并处罚金。江苏省扬州市中级人民法院二审维持原判。

📖 | 典型意义 |

本案系因非法处置危险废物污染水体引发的环境污染刑事案件,对于根据罪责刑相适应原则妥当确定单位犯污染环境罪的罚金数额进行了有益探索。根据我国刑法规定,判处罚金,应当根据犯罪情节决定罚金数额。对于单位罚金的确定,应当根据单位犯罪的情节和特点,结合单位违法所得数额、造成损失的大小等因素综合考虑。德司达公司为降低危险废物的处置成本,明知他人没有处置资质仍委托进行处置,最终导致严重污染环境后果的发生,由此逃避支付的巨额处置费用可认定为通过犯罪行为获取的利益。同时，消除环境污染的严重后果必然会有相当的费用支出，根据相关司法解释规定，公私财产损失包括污染环境行为直接造成财产损毁、减少的实际价值，以及为防止污染扩大、消除污染而采取必要合理措施所产生的费用，故而，公私财产损失数额应当作为确定罚金的一个重要参数。人民法院根据德司达公司的犯罪情节以及缴纳罚金的能力，在实际获取利益和公私财产损失数额的区间幅度内确定判处罚金的数额，既有利于生态环境的修复，也有助于充分发挥刑罚威慑力，督促企业提高依法处置危险废物的自觉性。

案例②

被告人梁理德、梁特明非法采矿案

基本案情

　　2013 年下半年,被告人梁理德和温岭市箬横镇下山头村村委会商定,由梁理德出面以村委会的名义办理该村杨富庙矿场的边坡治理项目。2013 年 11 月、2014 年 9 月台州市国土资源局审批同意其开采建筑用石料共计 27.31 万吨。被告人梁特明受梁理德指使在该矿负责管理日常事务,所采宕碴矿销售给温岭市东海塘用于筑路。至案发,该矿场超越审批许可数量采矿,经浙江省国土资源厅鉴定,该治理工程采挖区界内采挖量合计 415756 吨(包括岩石 381396 吨,风化层 19523 吨,土体 12209 吨),界外采挖量合计 829830 吨(包括岩石 814289 吨,风化层 9843 吨,土体 5698 吨),两项共计 1245586 吨。扣除台州市国土资源局审批许可的 27.31 万吨及风化层、土体、建筑废料等,二被告人共非法采矿 822585 吨,价值 13161360 元。

裁判结果

　　浙江省温岭市人民法院一审认为,被告人梁理德、梁特明违反矿产资源法的规定,未取得采矿许可证擅自采矿,情节特别严重。在共同犯罪中,梁理德起主要作用、系主犯,梁特明起次要、辅助作用,系从犯,依法可以从轻或减轻处罚。鉴于梁特明系从犯,归案后能如实供述其犯罪事实,且当庭自愿认罪,确有悔罪表现,决定对梁特明依法予以减轻处罚并适用缓刑。一审法院以非法采矿罪,判处梁理德有期徒刑四年六个月,并处罚金人民币 35 万元;判处梁特明有期徒刑二年,缓刑三年,并处罚金人民币 15 万元;对梁理德、梁特明的犯罪所得人民币 13161360 元,予以追缴没收,上缴国库。浙江省台州市中级人民法院二审维持原判。

典型意义

　　本案系非法采矿刑事案件。矿产资源是国家自然资源的重要组成部分,各地滥采、盗采矿产现象较为严重,对此类非法采矿的行为应予严惩。司法实践中,对于被告人非法采矿的数量及价值的认定往往成为案件审理的焦点。本案通过委托有资质的鉴定机构进行鉴定,较为合理地确定了非法采矿数量及价值,为准确量刑奠定了较好基础。本案在判处主犯有期徒刑四年六个月并处罚金的同时,追缴二被告人的犯罪所得 1300 余万元,有力地震慑了此类犯罪,维护了国家利益,对增强社会公众对矿产资源的保护意识和守法意识,促进自然资源的有序开发和合理利用有着积极的示范作用和现实意义。

案例 ③

被告人白加碧失火案

| 基本案情 |

2016 年 3 月 1 日 14 时许,被告人白加碧与杨兵在宣汉县樊哙镇古凤村 2 组石渣湾干农活时,白加碧欲将树枝和杂草烧灰作肥,遂从杨兵处借来打火机点燃树枝和杂草,后由于风大引燃山林。白加碧和杨兵见状,边灭火边打电话报警,后在樊哙镇人民政府的组织下于当晚 11 时将山火扑灭。案发后,白加碧主动到公安机关投案自首。经林业工程技术人员现场勘验,本次火灾共造成了 17 户村民山林受损,过火面积 9.21 公顷,烧毁林木 5526 株(其中幼树 2210 株),蓄积 74.601 立方米。

| 裁判结果 |

四川省宣汉县人民法院一审认为,被告人白加碧过失引发火灾,并造成公民财产损失,危害了公共安全,应予惩处。案发后,白加碧能主动投案自首,并取得了受灾村民的谅解,可从轻处罚。一审法院以失火罪判处白加碧有期徒刑一年六个月,缓刑二年。一审判决已发生法律效力。

| 典型意义 |

本案系因野外焚烧树枝杂草引发的失火刑事案件。案发地位于西南地区的大巴山山区,由于山区群众法律意识淡薄,对森林火灾警惕性不高,防火观念不强,在林区农业耕作时常常野外用火焚烧秸秆、杂草等。与发生在城乡聚居区的失火案件不同,案发地森林资源丰富,珍稀野生动植物种类繁多,具有重要的生态价值和经济价值,一旦发生森林火灾,既威胁人民群众的生命财产安全,危害公共安全,又严重破坏森林资源和生态环境。本案判决警醒广大群众,不仅滥采滥伐、滥捕滥猎是破坏环境资源的违法行为,野外焚烧树枝杂草等行为导致森林火灾也可能构成犯罪。本案的依法审理有利于促使广大群众提高森林防火、安全用火意识,自觉做好生态资源保护和护林防火工作,维护森林资源安全。

案例④

山东省烟台市人民检察院诉王振殿、马群凯环境污染民事公益诉讼案

| 基本案情 |

2014年2月至4月期间,王振殿、马群凯在没有办理任何注册、安检、环评等手续的情况下,在莱州市柞村镇消水庄村从事盐酸清洗长石颗粒项目。作业过程中产生的60吨废酸液发生渗漏。渗漏废酸液对酸洗池周边土壤和地下水造成污染,又通过排水沟对消水河水体造成污染。2014年底,王振殿、马群凯盐酸清洗长石颗粒作业被莱州市公安局查获关停后,王振殿用沙土将20吨废酸液填埋于酸洗池内。经鉴定,王振殿、马群凯的行为对附近的地下水、土壤和消水河水体造成污染。案涉酸洗池内受污染沙土属于危险废物,因污染造成的生态环境损失共计77.6万元。2016年6月1日,王振殿、马群凯因犯污染环境罪被追究刑事责任。2017年1月3日,烟台市人民检察院向烟台市中级人民法院提起环境民事公益诉讼,请求判令王振殿、马群凯消除危险,治理酸洗池内受污染沙土,对污染区域周边地下水、土壤和消水河内水体的污染部分恢复原状;如不能恢复原状、消除危险,则赔偿酸洗池内受污染沙土的处置费用及生态损害修复费用共计77.6万元。

| 裁判结果 |

山东省烟台市中级人民法院一审认为,王振殿、马群凯用来填埋废酸液的

沙土吸附酸洗池中的废酸液,成为含有或沾染腐蚀性毒性的危险废物。鉴定机构出具的环境损害检验报告将酸洗池内受污染沙土总量223吨作为危险废物量,单位治理成本为每吨250元至800元。莱州市环境监测站监测报告显示,酸洗池内残留废水属于强酸性废水。王振殿、马群凯通过酸洗池、排水沟排放的酸洗废水系危险废物,导致部分居民家中水井无法饮用。储存于酸洗池期间渗漏的废水渗透至周边土壤和地下水,排水沟内的废水流入消水河。涉案污染区域周边没有其他类似污染源,可以确定受污染地下水系王振殿、马群凯实施的环境污染行为造成。根据专家意见,在消除污染源阻断污染因子进入地下水环境的情况下,原污染区可能达到水质标准,但并不意味着地区生态环境好转或已修复。王振殿、马群凯仍应当承担污染区域的生态环境损害修复责任,不能自行修复的,应当承担修复费用。一审法院根据鉴定机构出具的检验报告,取虚拟治理成本的6倍,按照已生效的刑事判决认定的偷排酸洗废水60吨计算,认定生态环境损害修复费用为72万元。一审法院判决:王振殿、马群凯在环境保护主管部门的监督下按照危险废物的处置要求将酸洗池内受污染沙土223吨进行处置消除危险,如不能自行处置,则赔偿处置费用5.6万元,由环境保护主管部门委托第三方进行处置;对污染区域周边地下水、土壤和消水河内水体的污染治理制定修复方案并进行修复,逾期不履行修复义务或者修复未达到标准的,赔偿生态损害修复费用72万元,支付至烟台市环境公益诉讼基金账户。一审判决已发生法律效力。

📖 | **典型意义** |

本案系人民检察院提起的环境民事公益诉讼,涉及污染地表水、地下水、土壤及危险废物的处置等一系列问题。本案判决明确污染区域水质恢复达标并不意味着区域生态环境已经修复,侵权人以此为由主张不承担法律责任不能得到支持。对于生态环境损害修复费用的认定,法院采纳鉴定意见将酸洗池内受污染沙土纳入危险废物,同时认定被告排放的强酸废水亦属危险废物,进而参照合理的计算方法确定了处置费用和生态环境损害修复费用。本案判决被告在环境保护主管部门监督下履行修复责任,有利于受损生态环境的科学修复和判决义务的妥当履行,对于此类案件的审理具有较好的示范意义。

案例 ⑤

重庆市长寿区珍心鲜农业开发有限公司诉中盐重庆长寿盐化有限公司、四川盐业地质钻井大队环境污染责任纠纷案

🗨 | 基本案情 |

中盐长寿公司系生产销售工业盐及其化工产品的公司,其所有的矿井包括长平一井、长平二井、长平三井。中盐长寿公司与四川钻井大队签订合同,约定由四川钻井大队负责长平三井钻井施工,施工过程中产生的含盐特征污水给距离约30米的珍心鲜农业公司农业基地造成污染。经长寿区人民政府主持调解,珍心鲜农业公司与四川钻井大队签订《协议书》,约定四川钻井大队一次性支付珍心鲜农业公司50万元补偿款。2012年4月至5月,因四川钻井大队处理、填埋钻井产生的污染物措施不当以及下雨等原因,致使包括珍心鲜农业公司在内的数家农业基地受到污染。中盐长寿公司所有的长平二井位于珍心鲜农业公司农业基地西北侧约100米。2012年4月,长平二井配套管道发生泄漏,亦导致包括珍心鲜农业公司在内的农业基地受到污染。有关部门先后多次组织调解,并对土地污染情况、损害程度、损害费用等进行鉴定和评估。鉴定意见认定环境污染损害包括财产损失和污染修复所需费用两部分,珍心鲜农业公司财产损失为27.67万元,污染修复所需费用为9.848万元。珍心鲜农业公司提起诉讼,要求停止侵害、恢复原状、赔偿农产品损失、土壤修复期间损失等费用。

📑 | 裁判结果 |

重庆市渝北区人民法院一审认为,中盐长寿公司、四川钻井大队分别实施了环境污染行为,导致包含珍心鲜农业公司在内的农业基地受到含盐特征污染物的污染。中盐长寿公司、四川钻井大队的侵权行为在主观上并不具有关联性与意思联络,应当根据《侵权责任法》第十一条的规定承担连带责任。重庆市第一中级人民法院二审认为,中盐长寿公司、四川钻井大队分别实施了侵权行为,但主观上无侵权意思联络,虽然无法详细区分各自排放污染物数量及污染范围,但单就两污染源各自的侵权行为尚不足以造成本案全部损害。根据《侵权责任法》第十二条的规定,应由中盐长寿公司、四川钻井大队各自承担相应的责任。根据鉴定报告,结合长平三井位于案涉农业基地西侧约 30 米,长平二井位于案涉农业基地西北侧约 100 米,且长平三井共发生过两次污染事实,可判断两个污染源中长平三井的原因力较大,长平二井的原因力较小。二审法院酌定长平三井的原因力为 60%,长平二井的原因力为 40%。二审改判中盐长寿公司、四川钻井大队恢复珍心鲜农业公司被污染土地原状,如逾期未采取恢复措施,则分别按照 40%、60% 比例支付修复费用,并按比例赔偿珍心鲜农业公司土壤修复期间的损失及农产品减产损失。

📖 | 典型意义 |

本案系无意思联络数人环境侵权案件。在存在无意思联络多个污染行为导致同一损害后果的情况下,分析各污染行为与损害后果的原因力大小是审理的难点。本案中,两处污染源、先后三次污染行为排放的污染物在受损土壤中渗透、迁移、扩散,共同结合造成同一不可分的损害后果,由此可推知单一污染行为尚不足以造成本案全部损害后果,应适用《侵权责任法》第十二条,由各侵权人承担按份赔偿责任。本案判决结合受污染地域区位、受损环境检测数据、自然科学知识进行分析,合理确定污染行为所占原因力的大小,对于此类环境侵权案件的审理具有较好的示范作用。因环境污染不仅会导致被侵权人的财产损失,也会直接对环境造成不良影响,本案在判令侵权人赔偿损失的同时承担生态环境修复责任,体现了环境侵权救济中以修复生态环境为中心的司法理念,具有较好的示范意义。

案例 **6**

山西京海公司等诉莱芜钢铁集团
莱芜矿业有限公司股权转让纠纷案

基本案情

2010 年 10 月 30 日,山西京海公司等三企业与莱芜矿业公司签订《转让合同》,约定山西京海公司等在尽可能短的时间内完成矿业权整合,并注册成立新公司,作为完成整合后的唯一矿业权人;莱芜矿业公司受让持有矿业权的新公司全部资产。合同签订后,山西京海公司等将矿山和实物资产全部交予莱芜矿业公司。此后,山西京海公司等将矿业权整合方案上报审批。2014 年 9 月 1 日,新矿业权人丰镇京海公司取得全部整合范围的矿业权。2012 年 5 月 29 日,莱芜矿业公司提出终止《转让合同》。2012 年 6 月 5 日,山西京海公司等回函声明不存在违约情况,拒绝接管财产。此后,双方多次函件往来。2012 年 8 月 15 日,莱芜矿业公司发出通知,要求山西京海公司等派员接管所有资产,返还预付款等。2014 年 9 月 11 日,山西京海公司函告莱芜矿业公司,要求莱芜矿业公司派员办理丰镇京海公司的全部股权转让手续。山西京海公司等向法院提起诉讼,请求莱芜矿业公司继续履行合同、支付剩余价款,配合将丰镇京海公司的全部股权变更登记至莱芜矿业公司,并赔偿拒绝履行合同的利息损失。莱芜矿业公司提出反诉,请求确认《转让合同》已解除,山西京海公司等连带返还预付款。

📑 | 裁判结果 |

内蒙古自治区高级人民法院一审认为,本案性质为股权转让纠纷。山西京海公司等最终完成资源整合,不存在违约行为,莱芜矿业公司提出解除合同的行为不发生效力,合同应继续履行。遂判决莱芜矿业公司继续履行《转让合同》,支付剩余合同价款,配合将丰镇京海公司的全部股权变更登记至莱芜矿业公司。最高人民法院二审认为,矿业权登记在矿山法人企业名下,成为法人财产。虽然矿山法人股权转让可能造成公司资产架构、实际控制人等方面的变动,对矿业权的行使产生影响,但基于公司法人人格独立原则,公司股权转让与公司持有的矿业权转让性质不同,两者在交易主体、交易标的、审批程序、适用法律等方面均存在差别。山西京海公司等将矿业权和实物资产交付莱芜矿业公司,将完成整合后的矿业权划转到丰镇京海公司名下,其与莱芜矿业公司基于合同约定发生的是丰镇京海公司股权转让的法律关系,依法不需行政审批。合同解除权的行使应以符合约定或者法定解除条件为前提,即提出解除合同的一方当事人应以拥有约定解除权或者法定解除权为前提。莱芜矿业公司不具备约定或者法定合同解除权,其关于山西京海公司等未在法定期限三个月内提起异议之诉,解除合同通知当然发生效力的主张不能成立。山西京海公司曾催告莱芜矿业公司协助办理股权变更手续,莱芜矿业公司不予配合,致使股权变更约定未能履行,不利后果应由莱芜矿业公司承担。最高人民法院二审维持原判。

📖 | 典型意义 |

本案系矿产资源整合过程中矿山法人企业股权转让引发的纠纷,如何准确认定合同性质是审理此类案件的重点和难点。本案中,转让人已将案涉矿业权登记在约定的目标公司名下,其与受让人之间基于合同约定发生的是新矿业权人股权转让的法律关系。矿业权人股权转让与矿业权转让性质不同,在不变更矿业权主体、不发生采矿权和探矿权权属变更的情况下,不宜将股权转让行为视同变相的矿业权转让行为。同时,本案判决明确合同解除权的行使应符合合同约定的解除条件或者法定的解除条件,对于依法确定解除合同通知效力,防止合同解除权的滥用、保护诚信履约方亦具有积极意义。

案例 ⑦

贵州省清镇市流长苗族乡人民政府诉
黄启发等确认合同无效纠纷案

| 基本案情 |

2009 年 2 月 15 日，贵州省清镇市人民政府颁发林权证，确定清镇市流长苗族乡对冒井村木叶高坡 115.4 亩防护林林地、森林或林木享有所有权和使用权。2013 年 12 月 6 日，流长乡政府与黄启发签订《贵州省清镇市流长苗族乡木叶高坡林场经营权转包合同》，约定"流长乡政府将前述林地、林木发包给黄启发从事农业项目（特色经果林）种植生产经营，转包经营权期限为 65 年，转包价格 20 万元。"黄启发与王洁合伙共同经营，将转包林地中约 14 亩用于栽种折耳根，其余大部分用于栽种天麻。2016 年 2 月 5 日，王洁将部分林木卖与周兵，周兵砍伐林木 78 株，被林业部门处以罚款并被责令补种林木。2017 年 1 月 9 日，流长乡政府向法院提起诉讼，请求确认其与黄启发签订的林场经营权转包合同无效，黄启发、王洁返还林场。黄启发、王洁提起反诉，请求判令流长乡政府返还转包费 20 万元及资金占用损失 138493.13 元，补偿损失 753644 元。

| 裁判结果 |

贵州省清镇市人民法院一审认为，流长乡政府与黄启发签订合同，约定将作为防护林的木叶高坡林场转包与黄启发从事农业项目种植生产经营,将防护林的用途更改为商品林,违反了《森林法》第十五条第三款的强制性规定,依法应认定为无效合同。流长乡政府主张该合同无效的诉讼请求依法应予支持。流长乡政府与黄启发签订合同后,从黄启发处取得的转包款扣除已经履行的部分后应当返还。黄启发医该合同取得案涉林地使用权应当返还流长乡政府。鉴于黄启发、王洁在该地上栽种的经济作物尚未收获,综合考虑生态保护与当事人损失之间的关系,以及黄启发、王洁栽种的经济作物收获问题,酌定返还期限为 2017 年 12 月 31 日前。黄启发、王洁在返还之前应当对林地内的植被妥善保护,在收获天麻和折耳根作物时应当采取最有利于生态保护的收获方法,流长乡政府应当对此进行监督。流长乡政府与黄启发所签合同无效,流长乡政府作为国家机关,对相关法律规定的掌握程度明显高于黄启发,确定流长乡政府对合同无效承担 70% 的过错责任,黄启发承担 30% 的过错责任。一审法院判决:确认案涉转包合同无效,黄启发、王洁返还防护林,流长乡政府返还转包款并赔偿 70% 资金占用损失和经济损失。一审判决已发生法律效力。

📖 | 典型意义 |

本案系林地转包合同纠纷。依据《森林法》第十五条的规定,除用材林、经济林、薪炭林及其林地使用权、采伐迹地、火烧迹地的林地使用权,国务院规定的其他森林、林木和其他林地使用权可以依法转让或者作价入股外,其他森林、林木和林地使用权不得转让。本案中,合同当事人约定转包防护林林木、林地,将防护林地用于从事农业项目种植生产经营,更改了防护林的性质。本案判决认定转包合同违反法律的强制性规定,既符合《森林法》"发挥森林蓄水保土、调节气候、改善环境和提供林产品的作用"的立法目的,亦符合《森林法》关于防护林为"以防护为主要目的的森林、林木和灌木丛"的分类界定,对于同类案件认定林木、林地发包、承包、转包等合同的法律效力具有参考意义。本案判决在认定合同无效的同时,考虑到案涉林地已栽种经济作物的实际情况,判令承包人收获后返还,在返还林地前对林地内的植被妥善保护,在收获时应当采取最有利于生态保护的收获方法,兼顾了保护当事人利益与保护生态环境的关系,对处理类似案件具有较好的借鉴意义。

案例 ⑧

陈永荣等诉南宁振宁开发有限责任公司
噪声污染损害赔偿纠纷案

基本案情

陈永荣、梁向红于 2007 年 3 月购买了振宁公司开发的振宁阳光康城 3 号楼 A 单元 501 号房。该楼房地下一层为车库和水泵房等。陈永荣、梁向红、陈晟称,自 2008 年 9 月入住以来,一直受到水泵运转发出的噪声影响,导致陈永荣左耳听力下降,为此多次到医院治疗。2009 年 8 月 31 日,陈永荣委托南宁市环境保护监测站在案涉房屋卧室对水泵噪声进行监测,结论为:501 号房主卧室昼间实测值为 42.1 分贝、夜间实测值为 38.2 分贝。为此,振宁公司对案涉楼房地下一层的水泵房采取了更换水泵等减噪措施。陈永荣等仍感到噪声未消除,遂再次委托监测,结论为:501 号房卧室夜间实测值为 40.9 分贝。此后,振宁公司未再对案涉水泵采取整改措施。陈永荣等三人提起诉讼,请求振宁公司赔偿医疗费及后续治疗费、精神抚慰金、噪声检测费、专项维修资金、房屋购置税、房屋办证费;按市场价回收案涉房屋,并支付搬迁费。

裁判结果

广西壮族自治区南宁市西乡塘区人民法院一审认为,振宁公司作为开发商,应确保其设置的水泵噪声符合环保要求。案涉房屋卧室的水泵噪声夜间值高于《社会生活环境噪声排放标准》规定的限值,构成环境噪声污染,陈永荣等三人主张的侵权事实成立。因案涉水泵噪声未能根本解决，一审法院判决：振宁公司按市场价格回购案涉房屋，并向陈永荣等三人赔偿搬迁费、医疗费等费用。南宁市中级人民法院二审认为，振宁公司作为开发商及案涉水泵安装地点的选定者，应确保其所选定的水泵设置位置不对业主产生噪声干扰，并有对水泵采取隔音防噪措施的义务，且该义务不能简单通过房屋买卖而转移给业主。虽然《社会生活环境噪声排放标准》的适用范围为营业性文化娱乐场所、商业经营活动，但既然上述活动中对周围环境（含住宅环境）排放的噪声超过规定限值即构成噪声污染，根据《环境噪声污染防治法》第二条的规定，案涉水泵运转声音干扰他人正常生活、工作和学习并超过国家规定的环境噪声排放标准时，亦构成噪声污染。经监测，案涉房屋卧室水泵运转所产生的噪声夜间高于《社会生活环境噪声排放标准》规定的卧室夜间噪声限值，亦高于同期《住宅设计规范》规定的住宅卧室夜间噪声标准，构成噪声污染。因振宁公司未能证明其已完全尽到隔音降噪义务或案涉水泵噪声污染系水泵自身单方原因造成，其对案涉水泵噪声给陈永荣等三人造成的损害依法应承担赔偿责任。因案涉水泵噪声未能根本解决，二审法院判决：振宁公司按市场价格回购案涉房屋，并承担相应赔偿责任。

📖 | 典型意义 |

本案系商品房住宅楼内水泵噪声污染造成损害的新类型环境污染侵权纠纷。法院充分考虑住宅楼内水泵噪声污染的特殊性，基于振宁公司是开发商及案涉水泵安装地点的选定者的事实，认定其对水泵的安装有采取隔音防噪措施的义务，且该义务不能转移给业主。本案判决基于目前缺乏住宅楼内水泵运行噪声标准的现实情况，参照适用《社会生活环境噪声排放标准》，认定住宅楼内水泵运转声音干扰他人正常工作和生活并超过国家规定的环境噪声排放标准的，构成噪声污染，具有合理性。在振宁公司经整改仍无法解决水泵噪声污染的情况下，本案判决振宁公司回购案涉房屋并赔偿相应损失，对于维护人民群众宁静生活的权益，警示和督促房地产开发企业关注噪声问题，自觉承担生态环境保护社会责任，具有较好的示范引导作用。

案例 **9**

湖北省宜昌市西陵区人民检察院诉
湖北省利川市林业局不履行法定
职责行政公益诉讼案

📰 | 基本案情 |

　　溜子湾公司在申请续办使用林地手续尚未获得审批期间,违法占用林地进行矿石开采作业。利川市林业局在专项清查中发现溜子湾公司违法占用林地,遂作出林业行政执法行为,督促溜子湾公司停止露天焚烧煤矸石,并将所占林地恢复林业生产条件和植被。2015年12月14日,利川市人民法院针对溜子湾公司法定代表人朱耀刚非法占用林地犯罪作出刑事判决。在办理刑事案件过程中,利川市人民检察院发现溜子湾公司除非法占用林地进行开采外,还违反《建设项目环境影响报告表》和利川市环境保护局审批意见的要求,采用露天焚烧煤矸石的生产工艺,直接向空气中排放大量气体污染物,导致开采区及周边影响区林木死亡及受损。但利川市林业局实施的行政执法行为和对朱耀刚的刑事处罚均仅限于溜子湾公司违法占用林地的开采区内,并未针对因煤矸石露天焚烧熏死的影响区林木采取任何行政执法措施。利川市人民检察院于2016年10月14日向利川市林业局发出《检察建议书》。利川市林业局收到检察建议后虽多次组织相关单位和人员到开采区检查、督办煤矸石熄灭和植被恢复等工作,但对影响区林木的损毁问题仍未依法履行职责。由于溜子湾公司开采区燃烧的煤矸石未熄灭且持续向周边林木散发有害气体,

58419 平方米（87.7 亩）影响区内仍有大片被有害气体熏死的林木，2016 年 12 月 28 日，宜昌市西陵区人民检察院经指定管辖提起行政公益诉讼。

裁判结果

湖北省宜昌市西陵区人民法院一审认为，溜子湾公司露天烧矿的行为致使影响区森林资源受到毁坏，涉及生态环境和林业资源保护，应属于国家利益和社会公共利益受到侵害；利川市人民检察院发出《检察建议书》履行诉前程序后，利川市林业局未履行监管职责，焚烧煤矸石的火源仍未熄灭，并持续向空中散发有害气体，导致国家利益和社会公共利益持续处于受侵害的状态。据此，宜昌市西陵区人民检察院经指定管辖提起行政公益诉讼符合相关法律法规的规定。根据《森林法》和《大气污染防治法》相关规定，因露天焚烧煤矸石分别造成大气污染和森林、林木受到毁坏的，系违反不同法律规定，造成不同损害后果，理应由林业主管部门和环境保护主管部门各司其职，依法履行其相应的管理和监督职责。本案影响区的森林属于利川市林业局的管辖范围，监管该片被毁林地及督促植被恢复系利川市林业局的职责。溜子湾公司焚烧煤矸石产生的物质与影响区林木的死亡存在因果关系，利川市林业局仅就开采区作出处理，却未针对被毁坏的影响区林木作出林业行政管理和监督的行为，而仅仅将之移送环境保护主管部门查处，构成怠于履行监管职责。一审法院判决：责令利川市林业局对溜子湾公司非法烧矿毁坏森林的行为依法履行职责。一审判决已发生法律效力。

典型意义

本案系跨行政区划审理的环境行政公益诉讼案件，对于污染行为涉及多个行政主管部门职责情况下督促行政机关依法履行各自监管职责具有示范意义。本案依据《森林法》和《大气污染防治法》相关规定，明确了当同一违法行为对不同性质的环境、资源造成损害时，不同行政部门应在各自的管辖范围内承担监管之责，对特定资源负有监管职责的行政机关推诿塞责、简单将案件移送其他部门处理的行为亦属于行政不作为的范畴。尽管利川市林业局曾经针对涉案开采区作出过行政执法行为,但因其未继续、全面地履行监管职责,致使影响区的森林环境仍持续受到侵害,本案判决认定其未完全履行法定职责并判令其继续履职,对促进行政机关依法、及时、全面履行行政职责,切实保护国家利益和社会公共利益具有积极作用。

案例 ⑩

李兆军诉浙江省绍兴市上虞区
环境保护局行政处罚案

💬 ｜ 基本案情 ｜

2014 年 6 月 9 日，浙江省绍兴市上虞区人民政府办公室印发《上虞区畜禽养殖禁养区、限养区划分方案的通知》（以下简称《通知》），并于 2014 年 7 月 1 日在上虞区人民政府门户网站公布。该通知第四部分划分区域（一）禁养区区域五为"省、绍兴市级（上虞段）及区级河道两侧 200 米"。2015 年 8 月 12 日，上虞区环保局经现场踏勘认定李兆军在禁止养殖区域内从事畜禽养殖活动，依法作出环境违法行为限期改正决定书，责令李兆军于 2015 年 8 月 21 日前停止养殖行为。2015 年 8 月 25 日，上虞区环保局再次检查时发现李兆军仍在原区域从事养殖活动。2015 年 9 月 11 日，上虞区环保局执法人员向李兆军留置送达行政处罚事先告知书，责令其立即停止违法行为，并依照违法情形拟作出罚款人民币 3000 元的行政处罚。2015 年 9 月 29 日，上虞区环保局作出虞环罚字（2015）176 号行政处罚决定书并于 2015 年 10 月 10 日向李兆军留置送达。李兆军不服上述行政处罚向绍兴市上虞区人民法院提起行政诉讼，要求确认上虞区环保局作出的行政处罚决定违法并撤销，一并审查绍兴市上虞区人民政府办公室《通知》的合法性。经绍兴市中级人民法院指定管辖，绍兴市越城区人民法院受理本案。

📑 裁判结果

浙江省绍兴市越城区人民法院一审认为,行政规范性文件的司法审查和行政行为的合法性审查是本案审理重点。本案所涉《通知》由上虞区人民政府办公室制定,内容涉及不特定公民、法人或者其他组织的权利义务,在一定时期内可反复适用,且在相应行政区域内具有普遍约束力,系法律效力在行政规章以下政府文件,属于行政规范性文件。同时李兆军是对上虞区环保局作出的行政行为不服提起诉讼时一并提出审查,符合《行政诉讼法》第五十三条第一款规定。从制定权限看,依据《浙江省水污染防治条例》第二十五条规定,上虞区人民政府办公室具有划定本区域内畜禽养殖禁养区和限养区的合法权限。从制定内容来看,上虞区人民政府办公室从防治水污染,保护和改善环境,促进经济可持续发展角度考虑,并依照法律、法规规定划定的禁止养殖区域符合上位法规定。从制定程序来看,上虞区人民政府办公室在《通知》起草过程中已公开征求有关基层单位的意见、经上虞区政府法制机构合法性审查并经制定机关负责人集体讨论决定,符合行政规范性文件制定的程序要求。李兆军在禁止养殖区域内从事畜禽养殖活动,在上虞区环保局责令其停止违法行为后拒不停止违法行为且至今仍从事养殖活动的事实清楚。上虞区环保局认定李兆军的养殖行为违反《浙江省畜禽养殖污染防治条例》第九条第一款,并依据该条例第二十条第一款作出行政处罚决定,证据确凿,适用法律、法规正确。一审法院判决:驳回李兆军的诉讼请求。浙江省绍兴市中级人民法院二审维持原判。

📖 典型意义

本案系行政相对人起诉时一并请求对规范性文件进行审查的行政诉讼案件。《行政诉讼法》第五十三条规定,"公民、法人或者其他组织认为行政行为所依据的国务院部门和地方人民政府及其部门制定的规范性文件不合法,在对行政行为提起诉讼时,可以一并请求对该规范性文件进行审查。前款规定的规范性文件不含规章。"司法实践中,由于法律对规范性文件的含义、制发主体、程序、权限以及审查内容、程度、标准等缺乏明确规定，需要统一审查标准。本案判决阐述了规范性文件的含义，并从文件制定权限、制定内容和制定程序三方面对该规范性文件的合法性问题进行充分的说理和论证，对于此类案件的审理具有较好的借鉴意义。

人民法院依法打击
拒不执行判决、裁定罪典型案例

案例 ① 1

曹某某拒不执行判决、裁定案

基本案情

李某与曹某某侵权责任纠纷一案,贵州省正安县人民法院于 2013 年 8 月作出的(2013)正民初字第 1313 号民事判决,判令被告曹某某赔偿李某因提供劳务而遭受人身损害赔偿的各项费用共计 20 余万元。判决生效后,曹某某未在判决确定的期限内履行义务,李某于 2014 年 3 月向正安县人民法院申请强制执行。在执行过程中,被执行人曹某某与李某达成分期履行的和解协议,曹某某先后共计履行了 10 万元后,尚余 10 余万元一直未履行。

法院执行过程中查明,正安县城建设工程指挥部于 2013 年 7 月拆迁被执行人曹某某的房屋 433.50 ㎡,门面 101.64 ㎡,拆迁返还住房 4 套、门面 3 间。2014 年 5 月 28 日法院查封了曹某某安置房一套。为逃避债务履行,曹某某与贾某某于 2014 年 8 月办理了离婚登记,离婚协议约定所有返还房产均归贾某某所有。2014 年 12 月曹某某、贾某某与向某某夫妇签订房屋转让协议,将法院查封的住房以 20.50 万元转让给向某某。其后,曹某某继续不履行判决确定的义务,且下落不明,致使该判决长期得不到执行。

正安县法院遂将曹某某涉嫌拒不执行判决、裁定罪的线索移交正安县公安局立案侦查。被执行人曹某某于 2017 年 3 月 30 日向正安县公安局投案自首,当天被刑事拘留。在拘留期间,被执行人的前妻贾某某于 2017 年 4 月 5 日主动到法院交纳了欠款及迟延履行期间的债务利息。经检察机关提起公诉,2017 年 8 月 8 日正安县人民法院以拒不执行判决、裁定罪,判处曹某某有期徒刑一年。

| 典型意义 |

本案被执行人具有履行能力,以和妻子协议离婚的方法,将其名下全部财产转移到妻子名下,并私自将法院查封的房产予以出售,致使判决无法执行,情节严重,构成拒不执行判决、裁定罪。法院将其犯罪线索依法移交公安机关启动刑事追究程序,并依法定罪判刑,有效惩治了拒执犯罪,维护了司法权威。同时促使被执行人的前妻主动帮助被执行人全部履行债务,有效保障了申请执行人的合法权益,法律效果和社会效果良好。

案例②

施某某拒不执行判决、裁定案

📧 | 基本案情 |

被告人施某某系海南省昌江黎族自治县昌缘生态农业专业合作社（以下简称昌缘合作社）法定代表人。2012年10月，因工地需搭建大棚种植，昌缘合作社和赵某签订了瓜菜大棚施工合同。后在结算工程款的过程中双方产生纠纷。赵某将昌缘合作社起诉至法院，昌江黎族自治县人民法院（以下简称昌江法院）于2014年7月18日作出（2014）昌民初字第268号民事判决，判令昌缘合作社支付赵某工程款1003500元及逾期付款违约金。昌缘合作社上诉后，海南省第二中级人民法院于2014年11月24日作出（2014）海南二中民三终字第23号民事判决书，判决驳回上诉，维持原判。

判决发生法律效力后，因昌缘合作社未在判决确定的期限内履行义务，赵某向昌江法院申请强制执行。据查，在大棚建成后，昌缘合作社曾向昌江县农业局申报农业大棚补贴，并从昌江县财政领取大棚补贴款3226800元，具有履行能力。昌江法院立案执行后，向昌缘合作社发出执行通知书和报告财产令，昌缘合作社仍拒不履行义务，且拒绝申报财产。执行法院遂依法查封昌缘合作社位于昌江县海尾镇双塘村的270亩土地经营权及地上的瓜菜大棚及相关设施。施某某擅自决定将已查封的上述土地及设施予以处置，部分出租给他人种植，部分大棚用于自己种植，所得租金及种植收益拒绝上缴法院。针对昌缘合作社及施某某的以上拒执行为，昌江法院于2016年1月20日依法对施某某采取司法拘留十五日的措施。拘留期限届满后,被执行人仍不履行。

执行法院遂将施某某涉嫌犯罪的线索移交公安机关。经公安机关侦查,检察院提起公诉,昌江法院依法作出判决,认定被告人施某某构成拒不执行判决、裁定罪,判处有期徒刑二年。

典型意义

本案中,作为被执行人的昌缘合作社在具有履行能力的情况下,拒绝申报财产,以各种手段逃避执行,而且其法定代表人在被采取司法拘留措施后仍不执行,致使申请执行人遭受较大损失,属于"有能力执行而拒不执行,情节严重"的情形,构成拒不执行判决、裁定罪。同时本案属于单位犯罪,被告人施某某为单位法定代表人,系直接负责的主管人员,对于单位实施的拒不执行判决、裁定犯罪应当承担刑事责任。法院依法对施某某定罪并判处实刑,符合法律规定,体现了对拒执罪的严厉打击,对于在单位犯罪中依法追究自然人的刑事责任也具有一定指导意义。

案例 ③

李某彬拒不执行判决、裁定案

💬 | 基本案情 |

2013 年 6 月至 10 月间，被告人李某彬为其堂哥李某有与罗某签订的鱼饲料买卖合同提供担保。后因李某有未按期支付货款，罗某于 2015 年 2 月将李某彬、李某有诉至法院。黑龙江省肇东市人民法院立案后，对李某彬经营的鱼池及池中价值 35 万元的鱼采取了财产保全措施，并于 2015 年 6 月 4 日作出（2015）肇商初字第 154 号民事判决，判令李某彬于判决生效后十日内给付罗某饲料款 33 万余元。

判决生效后，李某彬未在法定期限内履行义务，罗某遂向法院申请强制执行。肇东市人民法院于 2015 年 8 月 13 日立案执行，依法向李某彬发出执行通知书和报告财产令。李某彬未在规定期限内履行义务，又拒绝申报财产，并将已被查封的鱼池中价值 35 万元的活鱼卖掉后携款逃走，致使法院判决、裁定无法执行。

肇东市人民法院将李某彬涉嫌犯罪的线索移送公安机关。肇东市公安局立案侦查，于 2016 年 9 月 5 日将李某彬抓获，依法予以刑事拘留。经公安机关侦查终结，肇东市人民检察院于 2016 年 11 月 16 日以被告人李某彬涉嫌拒不执行判决、裁定罪，向肇东市人民法院提起公诉。

法院审理认为，被告人李某彬未经人民法院许可，擅自将人民法院依法查封的财产出卖，亦未将价款交给人民法院保存或给付申请执行人，又拒绝报告财产情况,有能力执行而拒不执行人民法院已经发生法律效力的判决、裁定,情节严重,构成拒不执行判决、裁定罪。依法判处被告人李某彬有期徒刑一年六个月。

📖 | 典型意义 |

被告人李某彬作为执行案件的被执行人,在法院向其发出执行通知书和报告财产令后,拒绝报告财产情况,拒不履行生效法律文书确定的义务,还擅自将已被法院依法查封的财产出卖并携款外逃,导致法院生效判决无法执行,符合"有能力执行而拒不执行,情节严重"的情形。法院根据检察机关的起诉,依法作出判决,有力惩治了拒执犯罪,对此种抗拒执行犯罪行为起到了较好的警示作用。

案例 ④

林某某拒不执行判决、裁定案

💬 | **基本案情** |

广东省佛山市顺德区湘越物流有限公司（以下简称湘越公司）与林某某合同纠纷一案，经湘潭市雨湖区人民法院一审，湘潭市中级人民法院二审，作出生效判决，判令贺某某、林某某支付湘越公司货款 22.3 万元及利息。案件进入执行程序后，湘潭中院指定湘潭县法院执行。执行法官向贺某某、林某某送达了执行通知书、报告财产令，但被执行人林某某始终未履行，且未向法院报告财产状况。2013 年 7 月 9 日、2013 年 7 月 24 日，因拒绝履行生效判决确定的义务，湘潭县法院对被执行人林某某两次采取司法拘留措施，被执行人仍未履行义务。湘越公司于 2015 年 10 月 13 日向湘潭县公安局报案，要求以涉嫌拒不执行生效判决、裁定罪立案，湘潭县公安局经审查后作出不予立案通知书。2015 年 11 月 10 日，湘越公司向湘潭县法院提起自诉。湘潭县法院经审查后予以受理，并决定对林某某予以逮捕，由公安机关依法执行。2016 年 4 月，湘潭县法院对林某某的银行账户进行查询，发现在法院执行期间林某某名下多个银行账户发生存取款交易一百多次，其中存款流水累计 131719.84 元。

湘潭县法院经审理认为，被告人林某某有能力履行而拒不履行法院生效判决，也不申报财产情况，被两次司法拘留后仍不履行，情节严重，其行为已构成拒不执行判决、裁定罪，于 2016 年 5 月 23 日作出（2015）湘 0321 刑初 00391 号刑事判决，以拒不执行判决、裁定罪，判处被告人林某某有期徒刑一年。林某某不服,上诉至湘潭市中级人民法院,湘潭中院以(2016)湘03刑终字206号刑事裁定,驳回上诉,维持原判。

典型意义

执行过程中,被执行人名下银行账户多次发生存取款行为,累计存入金额达人民币13万余元。但被执行人对生效判决确定的义务未做任何履行,且不按要求申报财产情况,经两次被采取拘留措施后仍不履行,情节严重,构成拒不履行生效判决、裁定罪。法院依法受理申请人的刑事自诉并对被告人作出有罪判决,有效惩治了拒执犯罪,维护了法律尊严。

案例 ⑤

周某某拒不执行判决案

💬 | **基本案情** |

2013 年 5 月,临安市人民法院(2013)杭临商初字第 366 号民事判决书对原告符某某与被告周某某、操某某民间借贷纠纷一案作出判决,判决被告周某某、操某某在判决生效后十日内支付原告符某某借款本金 400000 元、利息 48000 元。同年 7 月 24 日,临安市人民法院向被告周某某、操某某夫妇送达上述民事判决书,因被告周某某、操某某拒收民事判决书,法院工作人员依法留置送达。同年 8 月 8 日,该民事判决书生效。因被告周某某、操某某未履行支付义务,经符某某申请,临安市人民法院于同年 8 月 19 日依法立案执行,并于同年 11 月 5 日作出查封被执行人周某某名下位于临安市高虹镇高乐村大坞龙 67 号土地的执行裁定书。2014 年 3 月 31 日,被执行人周某某在明知临安市人民法院判决已生效并进入执行程序的情况下,将高虹镇高乐村大坞龙 67 号土地、厂房及小山头的土地等以 150 万元的价格转让给施某,所得款项用于偿还个人债务及消费,拒不履行法院判决,致使临安市人民法院已生效的判决无法执行。

经公安机关侦查,检察机关提起公诉,临安市人民法院依法审理本案。法院审理认为,被告人周某某对人民法院的判决有能力执行而拒不执行,情节严重,其行为已构成拒不执行判决罪。公诉机关指控的罪名成立。被告人周某某归案后如实供述罪行,依法予以从轻处罚,判决被告人周某某犯拒不执行判决罪,判处有期徒刑一年。

📖 | 典型意义 |

　　本案中,被执行人拒收民事判决,拒不履行生效判决确定的义务,在执行法院对其财产采取查封措施的情况下,私自转让查封财产并将转让所得价款用于清偿其他债务和个人消费,致使生效判决无法执行,属于拒不执行生效判决情节严重的行为。公安机关、检察机关、人民法院依法予以侦查、起诉和审判,有效打击了拒执犯罪,维护了司法权威。

案例 6

肖某某非法处置查封的财产案

基本案情

被告人肖某某因资金周转困难向曾某某借款人民币285万元,后未及时偿还。曾某某遂向江西省南昌市西湖区人民法院提起诉讼,并于2014年5月29日申请财产保全。西湖区法院依法作出保全裁定,对肖某某存于南昌市洪都中大道14号仓库的自行车、电动车进行了查封。

2014年7月10日,在西湖区法院主持下,肖某某与曾某某达成的调解协议,法院依法制作民事调解书。调解书生效后,肖某某未在确定的期间内履行还款义务,曾某某于2014年7月31日向西湖区人民法院申请强制执行。同日,执行法院向肖某某下达执行通知书,肖某某不配合执行。2014年8月,肖某某私自将其被法院查封的两千多辆自行车拖走,并对自行车进行变卖和私自处理,用以偿还其所欠案外人胡某某部分债务。肖某某未将上述非法处置查封的财产行为告知西湖区人民法院,也未将变卖自行车所得款项打入西湖区人民法院指定账户,并将原有手机关机后出逃,致使申请执行人曾某某的债权无法执行到位。

2016年6月13日,公安机关将被告人肖某某抓获。经公安机关侦查终结,检察院提起公诉,西湖区人民法院经审理,以非法处置查封的财产罪,判处被告人肖某某有期徒刑一年六个月。

┃典型意义┃

　　非法处置查封、扣押、冻结的财产,是被执行人规避、抗拒执行的一种典型方式。本案被执行人在强制执行过程中,对人民法院已经查封的财产私自变卖,并将变卖所得用于清偿其他债务,导致申请执行人的债权得不到执行,情节严重,构成非法处置查封的财产罪。由于本案执行依据是民事调解书,被执行人的拒不执行行为不能构成拒不执行判决、裁定罪。法院以非法处置查封的财产罪对被告人定罪处罚,符合法律规定,惩治了此种抗拒执行的行为,维护了司法权威,具有较好的警示作用。

案例 ⑦

徐某某拒不执行判决、裁定案

💬 | 基本案情 |

徐某某系平湖市绿洁再生油脂加工厂(以下简称绿洁油脂厂)的法定代表人。江苏省响水县人民法院于 2015 年 7 月 22 日受理陆某某诉徐某某、绿洁油脂厂股权转让纠纷一案,2015 年 8 月 18 日作出(2015)响民初字第 01557 号民事调解书:徐某某及绿洁油脂厂于 2015 年 9 月 10 日前给付陆某某投资款 80 万元,并负担案件受理费。因徐某某及绿洁油脂厂未按调解书确定的内容履行还款义务,陆某某于 2015 年 9 月 14 日向响水县法院申请强制执行。在法院强制执行过程中,徐某某代表绿洁油脂厂与平湖市林埭新市镇开发建设有限公司就绿洁油脂厂的拆迁补偿签订协议,约定平湖市林埭新市镇开发建设有限公司补偿绿洁油脂厂的款项合计 224.7773 万元,该款项分两笔先后转入徐某某个人银行卡内,徐某某分别及时取现。

2016 年 5 月 10 日,响水县法院作出(2015)响执字第 01396 号执行裁定书,裁定徐某某、绿洁油脂厂偿还陆某某投资款 80 万元,徐某某拒绝签收该执行裁定书。2016 年 5 月 11 日,该院要求徐某某对其个人财产情况进行申报,徐某某对其领取的拆迁补偿款的去向作出虚假申报。2016 年 9 月 21 日、10 月 5 日,因徐某某仍拒不执行裁定,分别被响水县法院拘留十五日,但徐某某仍拒不执行裁定。

响水县法院将徐某某涉嫌拒不执行法院判决、裁定罪的线索移送公安机关,公安机关依法立案侦查,并对徐某某采取强制措施。经公诉机关提起公诉,响水县法院于 2017 年 5 月 9 日作出判决,认定被告人徐某某犯拒不执行判决、裁定罪,判处有期徒刑三年。徐某某不服提起上诉,盐城中院裁定,驳回上诉,维持原判。

| 典型意义 |

　　本案被告人徐某某在执行过程中获得大额拆迁补偿款,但其将拆迁款取走,不用于履行生效裁定确定的义务,同时虚假申报个人财产,在执行法院对其实施两次拘留后仍不履行,属于有能力履行生效判决、裁定而拒不履行,情节严重,构成拒不执行判决、裁定罪。响水县公安机关、检察机关、审判机关密切配合,及时追究其刑事责任,并公开宣判,起到很好惩治与警示效果。

案例 ⑧

藏某稳拒不执行判决、裁定案

基本案情

原告于某某、袁某芳、袁某雪、袁某飞与被告藏某稳、杨某、刘某某机动车交通事故责任纠纷一案，北京市房山区人民法院于 2013 年 12 月 10 日作出（2013）房民初字 11987 号民事判决，判令被告藏某稳在机动车交通事故强制保险限额内，于判决生效后 15 日内赔偿原告于某某、袁某芳、袁某雪、袁某飞死亡赔偿金、医疗费、丧葬费等共计人民币 12 万元，被告杨某、刘某某承担连带赔偿责任；被告藏某稳在机动车交通事故强制保险限额外，于判决生效后 15 日内赔偿原告于某某、袁某芳、袁某雪、袁某飞死亡赔偿金、医疗费、精神损害抚慰金等共计人民币 202023 元。判决生效后，于某某、袁某芳、袁某雪、袁某飞向房山区法院申请强制执行，其间杨某已缴纳执行案款人民币 12 万元。在强制执行期间，执行人员通过电话联系、前往户籍地等方式查找藏某稳，均未能与其取得联系。

2015 年 8 月 21 日，藏某稳与北京京西阳光投资有限公司签订《北京高端制造业基地 04 街区 01 地块项目工程征地项目房屋拆迁补偿回迁安置协议》。2015 年 10 月 14 日，藏某稳的北京银行账户收到拆迁款人民币 53.86 万元。次日，藏某稳将上述款项中的人民币 40 万元转入其妹妹臧某莲的北京银行账户，并将剩余人民币 13.86 万元全部现金支取。

2017 年 6 月，在多位律师的见证下，袁某飞等人就藏某稳涉嫌拒不执行判决、裁定罪向北京市公安局房山分局提出控告,公安机关不予受理,但并未出具不予受理通知书。2017 年 6 月 28 日,袁某飞等人以藏某稳犯拒不执行判决罪,向北京市房山区人民法院提起自诉,并提交了律师见证书,用以证实自诉人曾向公安机关报案但未予受理。该院经核实律师见证书后,确认公安机关不予立案属实,依法立案。在法院审理期间,被告人藏某稳亲属应其要求已代为缴纳执行案款人民币 205088 元,被告人藏某稳对此事表示认可。

房山区法院经审理认为,被告人藏某稳在获得足以执行生效判决的拆迁款后,转移财产,逃避执行的行为,致使判决长达三年无法执行,严重侵害了自诉人的合法权益及人民法院的司法权威,情节严重,其行为已构成拒不执行判决罪。鉴于其到案后如实供述自己的犯罪事实,且判决宣告前积极缴纳执行案款,确有悔罪表现,可酌予从宽处罚。该院以拒不执行判决、裁定罪判处藏某稳有期徒刑八个月,缓刑一年。

📖 | **典型意义** |

被告人藏某稳在明知案件进入执行程序后,隐匿行踪,转移财产,拒不履行判决确定的义务,致使生效裁判无法执行,情节严重,构成拒不执行判决、裁定罪。在申请执行人向公安机关控告时,尽管公安机关没有出具不予立案通知书,但人民法院根据律师见证书等证据确认公安机关不予立案的事实,依法受理申请执行人自诉,及时审理,依法判决,促使被执行人履行了义务,有效惩治了拒执犯罪。

案例 **9**

陈某、徐某某拒不执行判决、裁定案

📑 | 基本案情 |

2013 年 10 月 9 日,陈某驾驶闽 BU8351 小型普通客车在莆田市荔城区西天尾镇龙山村路段将行人柯某、陈某崇撞倒致伤,形成纠纷。莆田市荔城区人民法院(以下简称荔城法院)于 2014 年 10 月 14 日分别作出(2014)荔民初字第 2172 号民事判决书、(2014)荔民初字第 2563 号民事判决书,分别判决被告陈某赔偿柯某经济损失共计人民币 119070.95 元,赔偿陈某崇经济损失共计人民币 705514.92 元,判决均于 2014 年 11 月 4 日发生法院效力。

判决生效后,陈某未主动履行赔偿义务,陈某崇、柯某分别于 2014 年 12 月 22 日、2014 年 12 月 24 日向荔城法院申请强制执行,荔城法院于同日立案执行。立案后,荔城法院依法向被执行人发出执行通知书及财产报告令,督促其履行法律文书所确定的义务,但陈某仍未主动履行赔偿义务。荔城法院在执行过程中,亦未能查到被执行人陈某名下可供执行的财产。后经法院进一步调查查明,被执行人陈某为保全名下房屋,伙同其母亲徐某某私下签订房屋买卖协议书,约定将被执行人陈某所有的位于莆田市涵江区霞徐片区 A3 幢 108 的安置房及 A2#地下室 56 号柴火间以人民币 10 万元的低价转让给徐某某,且未实际交付房款。2015 年 1 月 4 日,被执行人陈某、徐某某办理了房屋所有权转移登记,致使判决无法执行。被执行人陈某、案外人徐某某转移房屋的行为涉嫌拒不执行法院判决、裁定罪,荔城法院将该线索移送公安机关立案侦查。随后，公安机关立案侦查后依法对陈某、徐某某采取强制措施。在此期间，被执行人陈某主动履行了赔偿义务，申请人柯某、陈某崇于 2016 年 11 月 30 日向荔城法院书面申请执行结案。2017 年 4 月 26 日，荔城法院根据公诉机关的指控，作出（2017）闽 0304 刑初 179 号刑事判决，以拒不执行法院判决、裁定罪，分别判处被告人陈某有期徒刑九个月，缓刑一年；被告人徐某某拘役六个月，缓刑八个月。

典型意义

本案被执行人陈某有履行能力而拒不履行法院生效判决，并与案外人恶意串通，以虚假交易的方式将自己名下的财产转移至其亲属名下，逃避履行义务，致使法院判决无法执行。不仅被执行人的行为构成拒不执行判决、裁定罪，案外人也构成拒不执行判决、裁定罪的共犯。法院依法追究被执行人及案外人拒执罪的刑事责任，促使被执行人履行了义务，惩治了此种恶意串通拒不执行生效裁判的行为，起到了很好的教育和警示作用。

案例 ⑩

重庆蓉泰塑胶有限公司、
刘某设拒不执行判决、裁定案

💬 | 基本案情 |

重庆翔宇市政工程有限责任公司（以下简称翔宇公司）与重庆蓉泰塑胶有限公司（以下简称蓉泰公司）因建筑工程施工合同纠纷一案，经重庆市合川区人民法院一审，蓉泰公司上诉后，重庆市第一中级人民法院终审，判决蓉泰公司在判决生效后五日内支付翔宇公司工程款 1424801.2 元及利息。2015年 11 月 10 日，因蓉泰公司未按期履行义务，翔宇公司向合川区法院申请强制执行。执行立案后，合川区法院依法向被执行人送达执行通知书、报告财产令等执行文书，并将被执行人法定代表人刘某设传至法院，告知其翔宇公司申请强制执行的相关情况及蓉泰公司要如实申报财产等义务，并对公司账户采取了查封措施。但蓉泰公司及法定代表人刘某设仍未履行义务。2015 年 12 月10 日，刘某设与案外人林渝公司协商好后，指派公司员工冯某某与林渝公司签订了厂房租赁协议，以 364607 元的价格将公司某厂房租赁给林渝公司使用三年。后刘某设在明知蓉泰公司和自己私人账户均被法院冻结的情况下，指示林渝公司将此笔租房款转至其子刘某彬的账户，后取出挪作他用，未履行还款义务，致使法院生效判决无法执行。

合川区法院将被执行人蓉泰公司及刘某设涉嫌构成拒不执行判决、裁定罪的线索移送至合川区公安局立案侦查。同月 21 日刘某设主动向合川区公安局投案自首,同日被合川区公安局刑事拘留。案件审理过程中,蓉泰公司及刘某设主动履行了部分义务。2017 年 4 月 17 日,合川区法院作出判决,认定被告单位蓉泰公司及该单位直接负责的主管人员被告人刘某设对判决有能力执行而拒不执行,情节严重,其行为均已构成拒不执行判决、裁定罪。鉴于刘某设有自首情节,且蓉泰公司主动履行部分义务,决定对蓉泰公司及刘某设从轻处罚,以犯拒不执行判决、裁定罪,对被告单位蓉泰公司判处罚金 10 万元,对刘某设判处有期徒刑一年,缓刑一年六个月,并处罚金 5 万元。

典型意义

被执行人蓉泰公司及公司负责人刘某设在法院强制执行过程中,明知公司账户被法院冻结的情况下,指使他人将本应进入公司账户的资金转移至他人账户,挪作他用,隐匿公司财产,逃避法院强制执行,致使法院生效裁判无法执行,情节严重,其行为构成拒不执行判决、裁定罪。本案属于单位构成拒执罪的典型案例。法院依法认定被告单位及其直接负责的主管人员构成犯罪并分别判处刑罚,对于作为被执行人的单位具有很好的警示作用。

毒品犯罪及涉毒次生犯罪典型案例

案例 ①

何信泽制造毒品案

——制造毒品数量巨大,罪行极其严重

📑 | 基本案情 |

被告人何信泽,男,汉族,1976 年 10 月 29 日出生,农民。

被告人何信泽住四川省金堂县赵镇现代名都小区。2013 年 9 月 11 日,何信泽指使妻子租赁该镇维罗纳小区 10 幢 2 单元 903 室,并在该处制造毒品。同年 10 月 31 日,公安人员在何信泽家中将其抓获,当场查获甲基苯丙胺(冰毒)3.7 万余克。随后,公安人员从上述维罗纳小区 903 室查获甲基苯丙胺 220 余克、含甲基苯丙胺成分的固体 5800 余克、液体 2.5 万余克,并查获一批制毒原料和工具。公安人员还从何信泽的制毒场所查获手枪 1 支、子弹 7 发,从其住处查获子弹 2 发。

📑 | 裁判结果 |

本案由四川省成都市中级人民法院一审,四川省高级人民法院二审。最高人民法院对本案进行了死刑复核。

法院认为,被告人何信泽制造甲基苯丙胺的行为已构成制造毒品罪;何信泽违反枪支管理规定,非法持有枪支的行为又构成非法持有枪支罪。何信泽制造毒品数量巨大,社会危害大,还非法持有枪支,主观恶性深,罪行极其严重,应依法惩处。对何信泽所犯数罪,应依法并罚。据此,依法对被告人何信

泽判处并核准死刑,剥夺政治权利终身,并处没收个人全部财产。

罪犯何信泽已于 2017 年 12 月 7 日被依法执行死刑。

📖 | 典型意义 |

近年来,随着以甲基苯丙胺为代表的合成毒品在我国滥用人数的不断增长,国内制造合成毒品犯罪呈加剧之势,个别地区制造甲基苯丙胺犯罪突出。本案就是一起典型的制造甲基苯丙胺犯罪案件。被告人何信泽在承租房内制造甲基苯丙胺,从其住处和制毒场所查获的甲基苯丙胺成品数量达 3.7 万余克,还查获含甲基苯丙胺成分的固体、液体共计 3 万余克,何信泽另非法持有枪支,其行为具有严重的社会危害性。人民法院根据何信泽犯罪的事实、性质和具体情节,依法对其判处死刑,体现了对制造毒品这类源头性毒品犯罪的严厉惩处,充分发挥了刑罚的威慑作用。

案例 ②

刘帮贩卖、运输毒品案

——利用信息网络、通过快递方式贩卖、运输毒品数量大，且系毒品再犯，罪行极其严重

基本案情

被告人刘帮，男，汉族，1984年9月1日出生，无业。2012年11月6日因犯贩卖毒品罪被判处拘役五个月，并处罚金人民币一千元，2013年1月24日刑满释放。

2014年6月27日16时许，被告人刘帮到广东省广州市某快递公司，化名李波将一个纸盒寄往山东省烟台市。刘帮离开后，快递公司工作人员认为该快递件可疑，遂报警。公安人员当日从上述纸盒中查获甲基苯丙胺（冰毒）约600克。

2014年9月初，被告人刘帮通过QQ、微信等方式与山东省招远市的孟祥霖（已另案判刑）商定，以每克35元的价格卖给孟祥霖甲基苯丙胺2000克。孟祥霖向刘帮提供的账户汇款6万余元后，刘帮从广州市将装有甲基苯丙胺的包裹快递给孟祥霖。同月25日，孟祥霖到招远市某快递公司收取上述包裹时被抓获，公安人员当场查获包裹内的甲基苯丙胺2000余克。

2014年10月20日左右，被告人刘帮通过QQ、微信等方式与山东省胶州市的陈晓宇（同案被告人，已判刑）商定，以1.05万元的价格卖给陈晓宇甲基苯丙胺100克、甲基苯丙胺片剂（俗称"麻古"）100粒。同月23日，刘帮通过某快递公司将装有毒品的包裹从广州市寄给陈晓宇。同月26日，陈晓宇的妻

子领取上述包裹后带回家口交给陈晓宇。同月 27 日 17 时许,公安人员在广州市番禺区刘帮租住处楼下将刘帮抓获,并在其租住处查获甲基苯丙胺 2100 余克、甲基苯丙胺片剂 280 余克;在番禺区刘帮的另一租住处查获含甲基苯丙胺成分的粉末 22.5 克。

裁判结果

本案由山东省青岛市中级人民法院一审,山东省高级人民法院二审。最高人民法院对本案进行了死刑复核。

法院认为,被告人刘帮非法贩卖、运输甲基苯丙胺、甲基苯丙胺片剂,其行为已构成贩卖、运输毒品罪。刘帮多次以快递方式跨省贩卖、运输毒品数量大,社会危害大,罪行极其严重;刘帮曾因犯贩卖毒品罪被判刑,刑满释放后仅一年多又犯贩卖、运输毒品罪,系毒品再犯,应当从重处罚。据此,依法对被告人刘帮判处并核准死刑,剥夺政治权利终身,并处没收个人全部财产。

罪犯刘帮已于 2018 年 5 月 22 日被依法执行死刑。

典型意义

利用信息网络和电子商务平台实施毒品犯罪,是当前毒品犯罪的新动向,物流配送的便捷性又加速了毒品从毒源地向其他省份扩散。一些不法分子利用信息网络和物流配送覆盖面广、易隐瞒真实身份等特点,通过 QQ、微信等方式联系商定毒品交易,以快递方式寄送毒品,此类案件在实践中时有发生。本案被告人刘帮通过 QQ、微信等方式与他人联系商定毒品交易,再将毒品快递给对方,共计贩卖、运输 5000 余克甲基苯丙胺及片剂,社会危害大,且其属于毒品再犯,主观恶性深。人民法院根据刘帮犯罪的事实、性质及其系毒品再犯等情节,对其判处死刑,体现了对此类犯罪的从严惩处。

案例 ③

龚金洪故意杀人案

——吸毒后持菜刀砍死 2 名未成年子女，罪行极其严重

| 基本案情 |

被告人龚金洪，男，汉族，1982 年 8 月 23 日出生，农民。

被告人龚金洪长期吸食毒品。2015 年 6 月 8 日，龚金洪在广东省清远市清城区龙塘镇文丰村家中吸食甲基苯丙胺（冰毒）后产生幻想、猜疑，当晚与妻子发生争吵，妻子遂离家外出。次日凌晨，龚金洪持菜刀进入其儿女卧室，朝正在熟睡的女儿龚某甲（被害人，殁年 11 岁）、儿子龚某乙（被害人，殁年 9 岁）的头颈部等处猛砍，致二人死亡。后龚金洪走上自家楼顶，跳楼跌落至院内，被人送往医院抢救，并被公安人员抓获。

| 裁判结果 |

本案由广东省清远市中级人民法院一审，广东省高级人民法院二审。最高人民法院对本案进行了死刑复核。

法院认为，被告人龚金洪故意非法剥夺他人生命，其行为已构成故意杀人罪。龚金洪吸毒后持菜刀砍死自己的 2 名未成年子女，犯罪情节恶劣，手段残忍，后果和罪行极其严重，应依法惩处。据此，依法对被告人龚金洪判处并核准死刑，剥夺政治权利终身。

罪犯龚金洪已于 2018 年 3 月 22 日被依法执行死刑。

典型意义

　　合成毒品具有中枢神经兴奋、致幻等作用,会使吸毒者出现兴奋、狂躁、幻视、幻听、被害妄想等症状,进而导致其自伤自残或实施暴力犯罪。近年来,因吸毒诱发的故意杀人、故意伤害、驾车肇事等恶性案件屡有发生,严重危害社会治安,教训十分深刻。本案就是一起因吸毒诱发的故意杀人犯罪典型案例。被告人龚金洪长期吸食毒品,并出现吸毒导致的幻想等症状;龚金洪的妻子亦证实龚金洪近年来吸毒后有幻觉和暴力行为。案发当日,龚金洪两次吸食冰毒,与妻子发生争吵后竟持菜刀砍死熟睡中的 2 名未成年子女,犯罪情节恶劣,手段残忍。该案充分反映出毒品对个人、家庭和社会的严重危害,尤其值得吸毒者深刻警醒。

案例 ④

孙小芳走私、贩卖毒品案

——走私、贩卖国家管制的新精神活性物质，依法惩处

📭 | 基本案情 |

被告人孙小芳，女，汉族，1981 年 12 月 2 日出生，经商。

2016 年 3 月，被告人孙小芳明知"4-氯甲卡西酮"（4-CMC）被国家有关部门管制，仍以向境外走私、贩卖为目的，通过互联网购买约 20 千克"4-氯甲卡西酮"，并安排他人分批次邮寄给境外客户。上述由孙小芳安排发往境外的邮包中，有 17 批次检出"4-氯甲卡西酮"成分，共计 15854.43 克。

📑 | 裁判结果 |

本案由江苏省常州市中级人民法院审理。

法院认为，被告人孙小芳明知"4-氯甲卡西酮"已被国家管制，仍从国内购买后向境外贩卖，其行为已构成走私、贩卖毒品罪。孙小芳归案后如实供述犯罪事实，可以从轻处罚。据此，依法对被告人孙小芳判处有期徒刑十五年，剥夺政治权利五年，并处没收个人财产人民币十万元。

宣判后，在法定期限内没有上诉、抗诉，上述裁判已于 2017 年 11 月 7 日发生法律效力。

📖 |典型意义|

本案所涉毒品"4-氯甲卡西酮"是一种新精神活性物质。新精神活性物质通常是不法分子为逃避打击而对管制毒品进行化学结构修饰所得到的毒品类似物,具有与管制毒品相似或更强的兴奋、致幻、麻醉等效果。为加强对新精神活性物质的管制,2015年国家相关部门制定了《非药用类麻醉药品和精神药品列管办法》,对新精神活性物质进行列举式管制,所有被列管的物质均属于毒品。被告人孙小芳走私、贩卖"4-氯甲卡西酮"数量大,人民法院根据此类毒品的性质、孙小芳犯罪的具体情节,依法对其判处相应刑罚。

案例 ⑤

石小美贩卖毒品案

——贩卖毒品"神仙水"数量大,依法惩处

基本案情

被告人石小美,女,壮族,1988年10月1日出生,无业。

2016年8月4日23时许,被告人石小美向吸毒人员罗某、甘某某出售5瓶"神仙水",价格为500元。次日下午公安人员从罗某驾驶的轿车内查获上述"神仙水",净重共计49.75克,经鉴定均未检测出毒品成分。同月8日下午,石小美在一宾馆内又向罗某、甘某某出售20瓶"神仙水",被公安人员当场抓获。经鉴定,上述20瓶"神仙水"净重共计396.52克,均检出甲基苯丙胺(冰毒)及氯胺酮(俗称"K粉")成分。

裁判结果

本案由广西壮族自治区来宾市兴宾区人民法院审理。

法院认为,被告人石小美明知是毒品而贩卖,其行为已构成贩卖毒品罪。石小美第一次贩卖给罗某的"神仙水"系假毒品,其行为属贩卖毒品未遂;第二次贩卖给罗某、甘某某含甲基苯丙胺、氯胺酮成分的液体毒品数量大,应依法惩处。石小美归案后如实供述犯罪事实,可以从轻处罚。据此,依法对被告人石小美判处有期徒刑十五年,剥夺政治权利二年,并处没收个人财产人民币五千元。

宣判后,在法定期限内没有上诉、抗诉,上述裁判已于 2017 年 8 月 6 日发生法律效力。

📖 |典型意义|

"神仙水"是近年来出现的一种混合型液体毒品,常含有甲基苯丙胺、氯胺酮等不同毒品成分,服用后会导致暂时性失忆,甚至出现幻觉,严重的会导致死亡。被告人石小美贩卖含甲基苯丙胺、氯胺酮成分的"神仙水"约 400 克,人民法院根据其犯罪的事实和具体情节,依法判处相应刑罚。

案例 **6**

曾金华等非法生产制毒物品案

——非法生产麻黄碱,情节特别严重,依法惩处

基本案情

被告人曾金华,男,汉族,1979 年 11 月 8 日出生,务工人员。

被告人吴林宝,男,汉族,1981 年 10 月 14 日出生,工人。

被告人刘贵余,男,汉族,1982 年 5 月 12 日出生,工人。

被告人曾祥胜,男,汉族,1971 年 7 月 10 日出生,工人。

2015 年 10 月至 2016 年 1 月间,被告人曾金华、曾祥胜、吴林宝、刘贵余等人先后在山东省兰陵县大仲村镇车庄村、临沂高新技术产业开发区马厂湖镇武德村租用厂房,并从临沂市化工市场及湖北省武汉市等地购买溴代苯丙酮、二甲苯、盐酸等原材料,在上述厂房内分别生产麻黄碱共计 2000 余千克,其中在临沂高新技术产业开发区生产的 976 余千克麻黄碱被查获。

裁判结果

本案由山东省临沂高新技术产业开发区人民法院一审,山东省临沂市中级人民法院二审。

法院认为,被告人曾金华、曾祥胜、吴林宝、刘贵余违反国家规定,非法生产用于制造毒品的原料,情节特别严重,其行为均构成非法生产制毒物品罪。在共同犯罪中,曾金华组织、策划全部犯罪行为,系主犯,应当按照其所组织和

参与的全部犯罪处罚;曾祥胜、吴林宝、刘贵余均起次要作用,系从犯,应当从轻处罚。吴林宝、刘贵余如实供述自己及同案犯的罪行,可以从轻处罚。据此,依法对被告人曾金华、曾祥胜、吴林宝、刘贵余分别判处有期徒刑十二年、九年六个月、八年、八年,分别并处罚金人民币二十万元、十五万元、十四万元、十万元。

上述裁判已于 2018 年 1 月 24 日发生法律效力。

📖 | 典型意义 |

近年来,国内制造毒品犯罪形势较为严峻,与此相应,非法生产麻黄碱、羟亚胺、邻酮等制毒原料的犯罪案件频发。为从源头上遏制制毒物品犯罪,2015年 11 月 1 日起施行的《刑法修正案(九)》完善了制毒物品犯罪的规定,增设了非法生产、运输制毒物品罪,并提高了法定刑。本案是一起比较典型的非法生产麻黄碱的案件。麻黄碱是制造甲基苯丙胺的主要原料。被告人曾金华等人明知麻黄碱属于制毒物品,为牟取暴利而非法生产,数量达 2000 余千克,属于情节特别严重,应当判处七年以上有期徒刑。人民法院根据曾金华等人犯罪的事实和具体情节,依法判处相应刑罚。

案例 ⑦

徐福妙非法种植毒品原植物案

——非法种植罂粟数量较大,依法惩处

📣 | 基本案情 |

被告人徐福妙,男,汉族,1967 年 9 月 6 日出生,无业。2003 年 6 月 3 日因犯合同诈骗罪被判处有期徒刑十二年,并处罚金人民币十万元,2009 年 7 月 3 日因病被暂予监外执行,2015 年 8 月 26 日刑罚执行完毕。

2016 年年底,被告人徐福妙在浙江省永嘉县桥下镇徐山村一处田地种植罂粟。2017 年 4 月 8 日,公安人员在上述地点查获该批罂粟,经清点、鉴定,共计 2243 株。在附近务农的徐福妙在接受公安人员排查性询问时主动交代罂粟系其种植。

📋 | 裁判结果 |

本案由浙江省永嘉县人民法院审理。

法院认为,被告人徐福妙非法种植毒品原植物罂粟,数量较大,其行为已构成非法种植毒品原植物罪。徐福妙曾因故意犯罪被判处有期徒刑,在刑罚执行完毕后五年内再次故意犯应当判处有期徒刑以上刑罚之罪,系累犯,应当从重处罚。徐福妙具有自首情节,可以从轻处罚。据此,依法对被告人徐福妙判处有期徒刑二年,并处罚金人民币八千元。

宣判后,在法定期限内没有上诉、抗诉,上述裁判已于 2017 年 7 月 30 日

发生法律效力。

📖 | 典型意义 |

刑法第三百五十一条规定,非法种植罂粟 500 株以上的,即构成非法种植毒品原植物罪,应当判处五年以下有期徒刑、拘役或者管制,并处罚金。本案被告人徐福妙非法种植罂粟达 2243 株,人民法院根据其犯罪的事实及具有累犯、自首等情节,依法判处刑罚,对此类非法种植毒品原植物行为具有重要警示作用。

案例 ⑧

袁为国贩卖、运输毒品案

——为准确查明事实，通知侦查人员、鉴定人等出庭作证

📨 | 基本案情 |

被告人袁为国，男，汉族，1974 年 9 月 10 日出生，无业。

2016 年 5 月至 6 月 10 日间，被告人袁为国在江苏省射阳县分 4 次向刘某某出售甲基苯丙胺（冰毒）共 20 克，收取毒资 8600 元。同年 6 月上旬，袁为国在江苏省盐城市亭湖区分 2 次向吴某某出售甲基苯丙胺共 1 克，收取毒资 400 元。同月 11 日，袁为国驾车至盐城市亭湖区一小区附近，欲向他人出售甲基苯丙胺时被抓获，公安人员当场从其车内查获甲基苯丙胺 2.6 克，并从车旁管道内查获其事先藏匿的甲基苯丙胺 243.7 克。

📑 | 裁判结果 |

本案由江苏省盐城经济技术开发区人民法院一审，江苏省盐城市中级人民法院二审。

法院认为，被告人袁为国明知是毒品而贩卖、运输，其行为已构成贩卖、运输毒品罪。袁为国贩卖、运输毒品数量大，应依法惩处。据此，依法对被告人袁为国判处有期徒刑十五年，剥夺政治权利五年，并处没收个人财产人民币十万元。

上述裁判已于 2018 年 1 月 11 日发生法律效力。

📖 | 典型意义 |

毒品犯罪隐蔽性较强,一些犯罪分子为逃避打击,常将准备交易的毒品藏于隐蔽处,这种"人货分离"的方式给认定查获的毒品是否属于犯罪分子所持有、控制带来一定难度。本案就是一起较为典型的"人货分离"案件。涉案主要毒品系在被告人袁为国所驾驶汽车附近的管道内查获,袁为国在一审中辩称该批毒品非其所有。为准确查明案情,人民法院依法通知参与侦破本案的侦查人员周某某、曹某、鉴定人陈某某及有关证人出庭作证。通过庭审查明袁为国被抓获、毒品被查获的过程,确认从毒品外包装袋上检出的是袁为国的DNA。上述人员出庭作证体现了以审判为中心的刑事诉讼制度改革的要求,是落实庭审实质化的具体举措,对准确查明案件事实、确保司法公正具有重要现实意义。

人民法院司法改革案例选编（三）

案例 ①

北京市高级人民法院

灵活组建新型审判团队
推动审判机制科学运行

自全面推开以司法责任制为核心的司法体制改革以来，北京市高级人民法院一直积极探索推进全市法院建设与改革要求相适应的新型审判团队，依托审判团队，全面、真正、彻底落实司法责任制。改革以来，全市三级法院在各审判执行业务领域组建新型审判团队共1800多个，审判团队成为基本的审判执行单元、绩效评价单元和监督管理单元。

一是因地制宜，灵活组建审判团队。充分考虑不同审级、不同功能、不同诉讼阶段的特点，组建审判团队。第一，立足不同审级职能组建审判团队。在基层法院，普遍依托独任法官建立"速裁团队"，配合完善繁简分流机制，高效解决大量一审简易案件，缓解基层法院人案矛盾。在中、高级法院，侧重专业化审判需要，根据案件特点建立专业化审判团队，配合专业法官会议制度，促进法律统一适用。第二，立足不同法院特点组建审判团队。在案件量大、人员多的"大院"，针对分布集中的案由组建专业化速审团队，集约高效审理相关案件，缓解整体审判压力；在案件量和人员相对较少的"小院"，组建综合性审判团队，优化人力资源配置。在知识产权法院、跨行政区划法院，侧重以完善自我管理为目标组建审判团队，适应内设机构精简的具体情况，解决机构扁平化后集中管理的问题，实现司法运行和审判管理的精细化。第三，立足不同诉讼阶段组建审判团队。在诉前阶段,侧重对接多元化解机制,组建能够充分发挥调解员作用的审判团队;在速裁阶段,建立与多元调解对接的,能够大量办理简易案件的速裁团队;在审判阶段,结合不同案件类型和办案难度,建立与速裁机制对接的,专业性更强的标准化审判团队。

二是系统构建,推进审判团队科学运行。努力协调好审判团队与审判庭、合议庭以及与其他团队之间的关系,推进审判权运行更加符合司法规律。第一,审判团队与审判庭优势互补。发挥业务庭室对团队的监督管理作用,实现有序放权与有效监督的有机统一。特别是结合内设机构改革,由内向外打破原有的办案格局,在专业化建设基础上实行扁平化管理。第二,审判团队与合议庭有效对接。在二审案件占比较大的普通中级法院,建立内嵌合议庭的相对固定的审判团队;在一审案件与比较大的知识产权法院,建立一名法官带领若干辅助人员组成的基础审判单元,需要组成合议庭审理案件时,由基础审判单元随机组成新的审判团队。第三,审判团队之间自洽相容。组建高效型审判团队、专家型审判团队、孵化器式审判团队、大要案审判团队、院庭长审判团队等类型多元审判团队,团队内部平权管理,各类审判团队之间不存在行政隶属关系,相互之间平等行权、自洽运行。

三是同步跟进,强化审判团队监督管理。明确各类人员权责,进行有效奖惩,同时依托信息化手段强化审判权的监督管理。第一,明晰权责清单。制定不同审判领域团队工作细则,明确团队各类人员工作职责权限,同时,建立院庭长权力清单和负面清单,明确院庭长行权边界,为审判团队监督管理打下基础。第二,建立有效奖惩机制。根据不同案件类型建立差异化的绩效考核机制,明确法官对团队辅助人员享有奖惩建议权,绩效考核奖金分配不与法官等级、行政职级挂钩,而是注重向一线倾斜,并适当拉开档次,切实调动团队办案积极性。第三,不断完善监督机制。明确院庭长监督"四类案件"的具体情形、发现机制、监管权限、监督方式,依托人工智能和大数据手段,加强案件流程管理和程序审批,确保有序放权、有效监督、科学管理、提升质效。

在推进审判团队建设中,北京法院注重加强党的建设,在新型审判团队建立党小组,确保办案单元党组织的全覆盖,建立市级财政统一保障的聘用制辅助人员招聘管理制度,实行随机分案为主的分案机制,健全繁简分流的诉讼分流机制,推广模块化审判和要素式审判方式,探索信息化应用和集约化管理等一系列与团队建设密切相关的综合配套举措,推进团队高效顺畅运行。2017年,全市法院审执工作实现收案数、结案数、结案率、法官人均结案数上升,未结案数、三年以上未结案数下降的"四升两降"突出业绩,同时,一审判决案件改判发回重审率等与审判质效密切相关的核心指标均平稳向好。

案例 ②

北京市西城区人民法院

依托模块化审判工作标准
打造法院知识管理和人才培养新模式

　　司法责任制改革对统一裁判尺度、提升审判质效提出了更高要求。北京市西城区人民法院通过建设"模块化审判工作标准",实现审判工作标准化、制度化、规范化,促进了法律适用统一,在加强审判权监督管理,提高法官司法能力,培养司法人才方面起到了良好作用。

　　一是化整为零,对审判工作进行精细划分,制定模块化审判工作标准。"模块化"是指将全部审判工作划分为一些可以单独命名的、具有相对独立性的工作单元,如送达、证据、法庭调查、裁判观点等,这些单元即为"模块",每个模块由工作任务、工作方法、评价标准三项内容构成,对审判中经常出现的实务问题,给出操作性强、标准明确的规范。如在"送达模块"中就涉及"被告接听电话通知后拒绝来院应诉怎么办""诉讼主体出现双重国籍怎么办"等问题,答案一方面来源于法律规定,另一方面来源于资深法官最有效、最标准的经验,这些模块横向覆盖了审判程序的各方面,纵向按照案由分类梳理,形成一张审判规范的网络,汇聚成为"模块化审判工作标准"。金融街人民法庭通过适用该标准,在全庭七名法官平均年龄不足35岁、连续两年结案逾万件情况下,审判质效综合得分均位居全市法院商事审判庭第一。该做法在全院推广,各庭室及院级层面推出了包括诉讼程序和审判实体的 45 个覆盖面广、实用性强的"模块化审判工作标准"，全院审判规范化程度不断加强，审判质效有效提升，近两年150余名员额法官每年结案近六万件，审判质效综合得分均位居北京市法院系统一类法院第二名。

二是加强成果应用，推动"模块化审判工作标准"与信息化深度融合，辅助法官办案。该院积极推动以模块化标准为内容的智能化办案系统建设，辅助法官办理案件。第一，为实现庞大精细的审判工作标准与审理案件所需信息的快速匹配，该院通过信息技术手段，科学设置检索"关键字"，使审判人员可以高效完成对某一具体模块下规范标准的搜索。第二，探索将模块标准嵌入案件信息化管理系统，通过系统智能识别案卷的文字材料和证据图片，实现向审判人员自动推送办案规范、参阅案例及法律条文。第三，在每类案件办理规范项下，搜集整理常见的、典型的争议情形，抽取核心要素，配之高水平的裁判文书作为标本，建立指导性案例及裁判文书数据库。第四，自主研发类型化案件裁判文书批量生成软件，通过导入批量案件信息数据表，实现了大批量案件裁判文书的自动化生成。采用上述工作机制后，该院金融街人民法庭每个审判团队年均结案超过1500件，以全院不到5%的员额法官，审结全院20%以上的案件。

三是搭建起法院知识管理平台，推动审判经验知识的积累、共享与交流。该院将审判经验按照"个人—团队—庭室—全院"的顺序进行逐级分享和检验。法官首先将个人的审判经验在审判团队中进行分享，审判团队通过专业法官会议等平台进行交流和讨论，之后由审委会和专家法官研讨论证，在院级层面形成最终的"模块化审判工作标准"。这一过程既是审判经验提炼升华的过程，也是经验知识学习交流的过程，"模块化审判工作标准"为法院的审判经验知识管理探索出一条路径。

四是注重司法人才梯次培养，优化司法人才成长路径。"模块化审判工作标准"在年轻法官成长和法院人才培养方面起到积极作用，克服了以往"师傅带徒弟"口传心授式的人才培养模式效率低下、标准不一、参差不齐等问题，提高了审判知识经验形成及传承的准确性和效率性。该院依托"模块化审判工作标准"，大力开展审判规范化、专业化建设，提出"新人打基础，中间以量变促质变,顶层谋求突破"的人才培养理念,打造了 99 人的人才培养梯队。青年干警勤奋学习并快速掌握标准、规范、实用的审判技能,成长速度显著提升,一大批新入额法官短时间内就能够熟练掌握通识性审判技能。

案例 ③

北京市大兴区人民法院

积极争取党委政府支持
探索建立诉讼志愿者制度

　　北京市大兴区人民法院按照深化司法体制综合配套改革要求，积极主动争取地方党委政府支持，探索建立司法诉讼志愿者岗位，将其作为增补审判辅助人员的一种特殊机制，有效缓解了人案矛盾。司法诉讼志愿者的管理、考核和保障机制为省级统管后如何健全完善地方党委政府对审判辅助事务的支持模式探索出一条新路。

　　大兴法院共有员额法官 102 名，除在编法官助理 80 名、聘用制书记员 73 名外，还包括 78 名司法诉讼志愿者，占全部审判辅助人员的 67.24%。该院 7 个派出法庭 27 名员额法官，共配备司法诉讼志愿者 31 名，基本实现"一人一辅"。实现这一配备模式的主要做法是：

　　一是积极协调拓宽人员增补渠道。在用足用好高院分配的辅助人员招录名额的同时，大兴法院科学制定招录标准，在充分考虑辖区内不同法庭案件特点、人员配比和社情民意差异基础上，统筹安排各人民法庭自主招录部分审判辅助人员，并推动相关人民法庭与所在地政府协商沟通，普遍建立规范化、常态化的司法诉讼志愿者制度。该制度严格遵循"政府招录、法官选用、财政出资、团队考核"原则，由法庭所在辖区政府发布招聘公告，用人法官面试决定人选，政府与所聘人员签订工作合同，并支付工资，由所在团队法官对其工作情况进行考核。

二是充分发挥志愿者"地缘优势"。各人民法庭招录的司法诉讼志愿者多为法庭辖区内居民，能够发挥"地缘优势"。在涉及征地拆迁纠纷、家庭内部分割拆迁利益的案件时，志愿者充分发挥熟悉社情民意、地方风俗的优势，配合法官开展调解工作，更有利于推动案结事了；在现场勘验、外出送达等司法事务中，志愿者发挥"向导"作用，大大提升了勘验、送达的事务效率；根据法庭解决的纠纷多发生在家庭内部和邻里之间的特点，志愿者作为"联络员"，负责前期沟通联络，加强与基层调解组织、妇联组织、司法所、派出所等部门的协调合作，有力推动矛盾纠纷多元化解。

三是定职明责确保人员使用规范。各法庭结合工作实际制定审判流程指引、工作职责规定，明确志愿者介入审判流程节点通常为开庭前和庭审后，规定在"一审一辅""一审一助一辅"情况下，司法诉讼志愿者工作职责包括安排开庭时间、传唤当事人等开庭前准备工作；案件材料整理、文书校核、归档等庭审善后工作；法官交办的其他事务性工作；等等。2016 年适用该制度以来，审判团队质效得到明显提高，法官年人均结案从 235.2 件上升至 317.8 件，增幅达 35.12%。

四是强化监督考核提升辅助效能。为确保志愿者作用切实发挥到位，该院规定法官对所在团队的司法诉讼志愿者享有任免权、指导权和考核权。法官通过庭内案件系统，对志愿者分配工作任务，并通过系统进行督办，日常工作情况作为绩效考核重要参考；制定工作考核办法，对司法诉讼志愿者工作进行量化评价，工作量和工作实效作为对司法诉讼志愿者奖励的重要依据。

五是多方争取提高人员职业保障。为确保司法诉讼志愿者能够安心稳定工作，大兴法院为志愿者提供等同院内在编人员的办公设备、工作环境、加班津贴；并通过多方争取，确保志愿者"五险"保障到位。2017 年大兴区政府拨付支持该院非在编人员经费共计 800 余万。各人民法庭所在地政府专项财政支持基本与辖区经济发展水平及人员学历相符，司法诉讼志愿者月基本工资 3400—5400 元不等，其中开发区法庭共有 11 名司法诉讼志愿者，月基本工资最低 4600 元，最高 5400 元，人均月基本工资达到 4964 元。

案例④

天津市河西区人民法院

创新集约化社会化工作模式
促进审判质效全面提升

天津市河西区人民法院是天津市委市政府驻地、中心城区法院,近年来,面临的案件压力逐年剧增。2015年、2016年、2017年受理案件分别为14932件、17865件和23182件,同比分别上升16%、19.6%和29.8%。2018年1—4月持续高位上升,受理9815件,同比上升17.1%。与案件高增量鲜明对比的是,天津河西法院目前在编人员238名,其中员额法官90名,聘任制人员144名,案多人少矛盾十分突出。司法责任制改革以来,天津河西法院立足自身实际,对接群众需求,探索创新集约化、社会化工作模式,促进审判质效不断提升,走出了一条化解人案矛盾的"突围之路"。2017年在法官人数减少43.6%的情况下,结案量同比增长39%,结案率同比增长4.2个百分点,未结案件同比减少8.4%,长期未结案件同比减少45.9%,平均审理天数同比减少5天,被改判发回率同比减少0.1个百分点。

一、推行集约化管理,坚持"内部挖潜"

天津河西法院将以往一些各审判庭分散工作、平行运转、线状管理的共性事务,从审判庭提取出来,采取"合并同类项"的方式集中处理,有效减轻审判庭工作负担,推动现有审判资源的结构性调整和转型升级,提高了工作效率。

一是诉前调解集中。该院先后组建物业供热、医疗事故、交通事故等 10 个有社会力量参与的诉前联合调解工作室,将 55% 的民事纠纷类型纳入诉前调解。但以前 10 个工作室分属不同的审判庭管理运行,导致重视程度、投入力量、程序流程等不尽相同,发展并不均衡。通过集约化管理,该院将 10 个工作室全部归由告申庭一个部门负责,推动人财物调配统一、流程设计统一、案件管理统一、办公场所统一,更好地为群众提供"一站式"服务。2017 年诉前调解解决纠纷近 1000 件。

二是直接送达集中。该院将辖区内直接送达事务统一交由法警大队送达组负责,审判庭法官将送达材料准备好后,移交法警大队,由送达组根据地点路线、紧急程度等,在 7 日内统一排期进行送达,再将送达回证、执法记录视频等送达结果交回审判庭法官,提高了送达效率,2017 年完成直接送达 669 次,送达成功率 56%。

三是财产保全集中。以往财产保全由审判庭法官自行实施,法官之间信息共享不畅,经常出现"多人同时跑一地"的重复劳动现象。改革后该院在执行局内组建"1 名员额法官+5 名法官助理+5 名书记员"的财产保全团队,配备专用车辆 2 辆,集中处理全院财产保全执行工作。审判庭法官对财产保全申请进行合法性审查出具裁定书后,只需将相关材料移送保全团队,由保全团队统一安排保全执行文书制作和外出执行,达到"一趟车,多办事"的目的。2017 年 3 月施行一年来,该保全团队执结案件 1464 件,人均结案 244 件,查封房产 1700 余套,查封车辆 300 余辆,冻结银行存款标的额近 5 亿元,基本实现本市范围内房屋查封收案次日执结,紧急情况案件收案当日执结。

四是简单案件集中。2017 年该院受理物业服务合同、信用卡纠纷共 3597 件,占民事案件总数的 25.6%,该院在告申庭内成立"3 名员额法官+1 名法官助理+6 名书记员"的特色速裁团队 2 个,统一负责类似简单案件审理,探索建立归口分案、要素式审判、裁判文书批量生成等简单案件快速处理机制,让简单案件驶入审理"快车道",该团队法官年人均结案达 700 余件。

五是批量案件集中。2017 年该院受理 2 件以上原、被告一方为相同当事人的串案 7997 件,占全院受理案件总数的 34.5%,其中 50 件以上的超过 20

批。该院出台《批量案件及关联案件审理指引》，将串案优先分配给同一法官或同一审判团队办理，数量较多的批量案件分配给不同审判团队后，建立"领办人"制度，统一负责庭前准备、首次示范开庭、起草模板文书、代表研讨案件、联系其他承办人等事项，努力实现多案连办，尺度统一。

二、推行社会化外包，实现"外部借力"

天津河西法院在立足自身找动力的同时，也充分认识到法官不能事事亲为，法院也不能大包大揽，通过购买社会化服务的方式，将法官、法院并不"在行"的事情，外包给社会上更加专业的企业进行，既做了审判压力的"减法"，又实现了工作质量的"加法"。

一是内控建设外包。该院聘请专业会计师事务所作为内控建设领导小组成员，全程参与。目前已制定风险评估、岗位轮换、财务部门岗位责任制、内部控制评价与监督等22项制度文件，编写涵盖预算业务、收支业务、采购业务、资产、合同、建设项目控制等10个部分的《内部控制体系使用手册》，并定期邀请事务所高级培训师对干警进行内控基础知识培训和指导，充分发挥专业机构的优势作用。

二是卷宗扫描外包。该院将纸质卷宗扫描事项外包给专业化公司进行，并为外包公司人员进驻法院办公提供必要条件，目前已累计完成1973年以后，26万余卷、近3500万页纸质卷宗电子录入工作，全面实现诉讼档案电子化管理。同时开发"诉讼档案管理系统"，当事人及委托代理人可凭有效证件在自助服务终端，自助查阅、打印卷宗材料，进一步满足群众司法需求。

三是司法公开外包。该院将审判执行工作摄影、录像、留存、归档，法院官方网站、微博、微信公众号等新媒体平台运营维护，PPT、H5、视频短片制作等司法公开事项外包给专业化公司进行，有效提高了公开的专业技术水平。

案例 ⑤

黑龙江省鸡西市鸡冠区人民法院

完善五项工作机制　提升案件当庭宣判率

黑龙江省鸡西市鸡冠区人民法院积极创新审判管理机制,巩固并深化司法改革成果,不断提升案件当庭宣判率,促进了司法公正。2017 年,全院诉讼案件受案 3814 件,结案 3609 件,结案率 94.63%;当庭宣判 2270 件,当庭宣判率 62.9%,其中,简易程序当庭宣判率 70.5%,普通程序当庭宣判率 37.29%,在全省法院系统名列前茅。

一是围绕案件繁简分流抓审判,破解制约当庭宣判瓶颈。综合考量案件类型、平均审理时间、当事人需求等因素,建立立案前的过滤、甄别和分流机制,将适合当庭宣判的各类案件分配至相应审判团队。对速裁、家事和简单案件分至简案速裁团队审理;对类型案件分配至类案专业团队审理;对疑难复杂案件优先分给院庭长或难案专家团队精审,实现"专业案件专业审、系列案件集中审、各类案件均衡审",为法官当庭宣判创造条件。建立《当庭宣判案件类型正负面清单》,对适用速裁程序审理的案件,除刑事附带民事诉讼案件外,一律当庭宣判;对事实清楚、证据充分、争议不大、责任明确,合议庭意见一致,能准确适用法律,当庭宣判后不会造成负面影响等适用简易程序审理的案件,一般应当当庭宣判;适用普通程序审理的案件逐步提高当庭宣判率;对不公开审理、重大疑难复杂和合议庭对证据有疑问等清单规定不宜当庭宣判的案件,则进行定期宣判。

— 231

二是围绕庭前会议抓审判,夯实当庭宣判基础。强化庭前会议功能,准确把握当事人诉讼主张的内容、数据计算的来源和法律依据,拟定详细的庭审提纲,在确保当事人充分举证的基础上征求当事人意见,缩短举证期限,集中解决核对当事人身份、组织交换证据目录、对无争议的证据进行认定、启动非法证据排除等程序性事项。对有争议的事实和证据,征求当事人意见后固定争议焦点作为庭审重点。利用庭前会议有针对性地开展释法析理和庭前调解工作,为案件当庭宣判奠定基础。同时,注重庭审实质化运行,强化当事人当庭举证、质证和法官当庭认证。归纳并围绕庭前会议中确定的争议焦点,对无异议事实证据要素当庭宣布确认,对有异议事实证据要素组织举证和质证。在作出裁判结果时,明确告知当事人裁判结果所依据的法律法规,辨法析理促进胜败皆服,确保定案证据出示在法庭,案件事实查明在法庭,诉辩意见发表在法庭,裁判结果形成在法庭,司法权威树立在法庭。2017 年,对 2670 件诉讼案件召开了庭前会议,当庭宣判 2270 件,占比 85.02%。通过强化庭审功能,呈现出当事人举证能力高、当庭宣判率高、服判息诉率高、二次开庭率低的"三高一低"良好局面。

三是围绕专业法官会议抓审判,提高疑难案件当庭宣判率。设立刑事、民商事、行政和执行 4 个专业法官会议,每两周定期召开一次,由主管院领导主持,所有重大、疑难、复杂案件和合议庭对法律适用、裁判标准及采取当庭宣判方式把握不准确的案件,均须上会研究讨论。参会法官发表的意见仅供办案法官和合议庭参考,如实记录并附卷,为合议庭正确理解、适用法律提供了参考意见,推动了裁判标准规范统一。

四是围绕保障机制抓审判,激发法官适用当庭宣判主动性。注重加强教育培训的针对性和实效性,开办"法官讲坛",选派专家型法官和优秀法官讲授提高当庭宣判率的办案经验;组织法官到先进法院、高等院校学习培训,并向全院干警分享学习体会,确保一人培训,全院受益;开展岗位练兵、庭审观摩和技能竞赛,加强法官对法律法规的理解与运用,不断增强法官法学理论功底、庭审驾驭能力和综合分析研判能力,克服法官当庭宣判不敢判、不想判、不愿判的心理障碍,提高当庭宣判的能力和水平。

　　五是围绕法官业务技能培训抓审判,提升当庭宣判质效。明确将当庭宣判率纳入审判质效考核,对不同领域、不同类型、不同程序审理的案件,合理制定各审判庭调解率与当庭宣判率考核指标,避免久调不判、人为干预。综合考量审理周期、案件质量、判后效果等多种因素,每月对各审判庭当庭宣判案件情况进行测算统计并全院通报,对表现突出的予以嘉奖,纳入法官业绩档案,作为评优评先参考依据。建立法官办案容错纠错机制,明确容错的条件和情形,对认定容错免责程序、结果运用范围、纠错措施等作出明确规定,将法官在案件当庭宣判中因规定不明确、先行先试出现的失误和错误同明知故犯的违纪违法行为区分开来,保护推进者、鼓励探索者、宽容失误者、纠正偏差者,最大限度激发提升当庭宣判率的内生动力。

案例 ⑥

上海市虹口区人民法院

"法官自主、全院集约、院庭长定向"
三位一体　构建审判监督
管理新机制

　　上海市虹口区人民法院积极推动制度创新，探索实行"法官自主管理、全院集约管理、院庭长定向管理"三位一体的审判监督管理新机制，取得了明显成效。

一、建立四个委员会，积极推进法官自主管理

　　该院积极探索法官自主管理模式，四个法官自主管理委员会由退休法官担任总顾问，分管院长担任总协调人，成员主体为资深法官，均由民主推选产生。目前已组建审判责任评定、庭审和文书评查、立审执兼顾、纪律作风等四个法官自主管理委员会。审判责任评定法官自主管理委员会负责对二审改判、发回重审及其他可能存在差错的案件进行审判责任认定；庭审和文书评查法官自主管理委员会负责裁判文书检查、庭审观摩及评查；立审执兼顾法官自主管理委员会负责对涉及立审执兼顾的案件和事项进行会商并提供咨询性意见；纪律作风法官自主管理委员会负责对法官履职时的纪律作风和行为规范进行监督和检查。2017年，四个委员会对164件案件进行责任评定，对161次庭审和1400余份裁判文书进行评查，就5项立审执兼顾事项召开协调会

议,开展审务督察 78 次。法官自主管理委员会尊重法官的意见并将其融入审判权力运行的管理、监督及审判责任的评定、落实过程之中,激发了法官参与审判管理的积极性和自觉性,进一步丰富完善新型审判监督管理机制。

二、按照三个阶段,有序推进全院集约管理

该院积极探索,按照从易到难、从边缘事务到核心事务、从部门事务到全院事务的顺序,稳步推进审判辅助事务集约化管理。试点阶段,建立审判执行辅助事务中心。率先创设审判执行辅助事务中心,将公告、调查、保全等辅助性事务从业务部门剥离,由中心予以集中管理和实施。推进阶段,成立执行集约化服务中心。在执行局挂牌成立执行集约化服务中心,根据"分权制衡、分段处置、集约执行、阳光运作"的定位,在执行局内部抽调干警组建服务团队。将执行非核心事务予以分流和集约处理,使执行法官能够集中精力于财产查控、处置等核心事务。深化阶段,探索全院辅助事务集约管理,进一步将集约化管理融入全院所有辅助事务管理之中。如集中部分文员专事全院庭审记录工作,其余文员担任法官事务助理,确保每一名法官都配备一名助理。率先推进电子卷宗随案同步生成和深度应用,深度整合线上线下资源,进一步提高集约化管理水平。

三、抓住三个重点,全面深化院庭长定向管理

该院将强化对"重点案、重点事、重点人"的定向管理,作为提高审判管理针对性的重要举措,以及对院庭长适应改革要求、转变管理方式的工作要求。一是管理排摸好"重点案"。建立以流程节点管理为主导的案件全流程管理模式,通过每个节点的精细管理进一步加快办案节奏。二是管理谋划好"重点事"。每年年初研究制定年度重点工作安排和各部门短板弱项清单,明确责任人和时间表,逐月跟踪,加强问效。既为院庭长管理提供有力抓手,也形成了不回避问题、努力推动问题解决的良好工作生态。三是管理关注好"重点人"。围绕人员分类分层管理建立了一系列重点工作机制和平台。建立队伍分析与需求征询机制。通过座谈会、问卷调查、个别访谈等形式汇总分析本

院队伍基本情况和主要诉求,形成队伍建设工作的任务清单。建立人员动态调整机制,每年在全院范围内开展一次人员配置优化调整,统筹考虑工作需要和个人专长、岗位意愿,确保人员配备与部门业务工作需要适配。

案例 ⑦

江苏省南京市鼓楼区人民法院

发挥科技优势
统筹共性事务　助推繁简分流

江苏省南京市鼓楼区法院坚持问题导向、需求导向,充分借助现代科技手段助推案件繁简分流、加速案件审理,满足人民群众多元化的司法需求。

一、运用现代信息技术,统筹管理共性审判辅助事务

一是借助"互联网+查控、担保",助力保全工作高效。在2014年初成立"诉讼保障中心",将全院具有共性的鉴定、评估、保全实施等审判辅助事务进行集约办理的基础上,该院于2017年又对保全工作流程进行了改革,由立案庭统一负责审核保全申请、出具保全裁定,将保全实施工作划入执行指挥中心集中实施。该院还与软件公司配合研发了一套能通过执行网络查控系统,自动查询当事人财产信息并自动反馈至审判系统的软件,提高保全工作的精准和高效。该院还在"网上诉讼服务中心"开放数据端口,实现了当事人在线申请,有资质的保险公司、担保公司审查后直接向法院出具线上保函的服务。

二是运用"互联网+送达",优化审判事务、解决送达难题。发挥"互联网+"优势,运用内外网交互的法院专递收发系统,将当事人的送达材料及送达地址导入集中送达平台内,经驻场邮政进行统筹处理。发挥"互联网+送达反馈"的优势,利用网闸等现代信息技术打通承办法官办案系统与送达物流

反馈信息之间的连接，保障邮寄送达的及时性与到位率。发挥"互联网+公告送达"的优势，用互联网公告的方式部分替代传统的登报公告方式，提高公告效率，加速审理进程。

二、研发智能办案系统，加速助推审判核心工作效率

一是搭建远程科技法庭系统，探索网络审判方式。该院与科技公司配合，最大限度地利用科技法庭，上线使用了一套互联网网上庭审系统，将原本局限在特定时间、特定地点、特定法庭内进行的事项，拓展到互联网这个大平台上，大大地提高了该院对于审判难度不高、证据认证不复杂等简单案件的审理效率。

二是研发智能办案系统，实现裁判文书自动生成。该院于 2015 年初以部分速裁案件为试点，与软件公司合作研发了一套基于法律语义分析技术，通过对起诉书、要素表、庭审笔录等各类前置数据进行智能判断分析后，按照文书样式要求，一键式生成判决书等各类裁判文书的人民法院裁判文书自动生成系统。从两年多的司法实践情况来看，该系统在一定程度上对原有要素式审理方式进行了升级与现代化改造，且依托计算机识别与文义分析技术，加速并推广了要素式审理的效率及广度，节省了法官草拟文书初稿的时间和精力，增加了要素式审判方式的实用性，对于提高简单类案审理效率成效显著。

三、深化信息化手段，智能解决执行难题

一是运用"互联网+定期查询、智能反馈"，动态管理执行终本。该院与软件公司配合，启用了一套终结本次执行程序案件管理系统，不仅可以在终本案件结案时对案件重点环节进行智能检测，且能对历史上长期累积的终本案件进行动态智能管控及回访，定期对系统内被执行人的财产状态进行查控反馈，让终本案件不再长期沉睡。

二是建立"一案一账号"，高效便捷移转案件执行。为实现对执行案款的规范、高效、精细化管理，该院于 2016 年初启用"一案一账号"案款管理系统，一个案件对应一个虚拟子账号，虚拟账号内的案款都可以与具体案件自动匹

配,执行员、当事人第一时间都能收到审判系统发出的提示信息,最大限度地方便办案人员和当事人了解执行款的动态。

四、加速推进机制创新,持续拓展分流成效

一是开辟实体+线上"司法服务超市",为当事人提供更多选择、更优服务、更高效率的多元化纠纷化解路径。现阶段该院已与南京市医疗纠纷调解委员会贯通了"医患纠纷调解、司法确认网上运行系统",对经医调委调解成功的案件进行线上司法确认。下一阶段,还将一起研发数据共享平台,实现医患纠纷调解不成纠纷的数据对接和一键式网上立案。启用"道路交通数据一体化处理平台"、"物业纠纷前置调解及司法确认平台"和"在线调解"平台,将当事人自行和解、行政调解、人民调解各项机制有机衔接、相互协调,实现解纷主体多元化、解纷方式社会化、解纷人员专业化,最大限度地节约社会资源。

二是研发"预诊"系统,为当事人提供纠纷化解指引。与数据公司联合开发"纠纷预诊系统",通过对行业调解、行政调解、人民调解、法院调解、法院裁判结果的大数据分析,为群众提供纠纷化解不同途径结果的预判,引导当事人适时选择合适的纠纷解决途径、调解方案,进一步增强社会矛盾综合治理的能力和水平。

案例 ⑧

江苏省苏州市中级人民法院

建立实习律师充实审判辅助力量机制
完善配套司法伦理规范

为贯彻落实全国司法体制改革推进会提出的"探索建立法学专业学生、实习律师到法院、检察院实习，担任司法辅助人员制度"的要求，江苏省苏州市两级法院积极探索实习律师进法院实习制度，通过加强与司法局、律协等单位的沟通，从实习律师的报名选拔、指派接收、实习指导、执业考核、廉政风险防范等方面不断深化制度创新。2016年10月以来，苏州两级法院先后接收实习律师69人，一定程度上缓解了法院案多人少的压力，有效促进了法官和律师法律职业共同体的构建。

一、以沟通为抓手，打通保障制度落地"三关口"

为确保实习律师进法院实习制度平稳推进，积极与司法局、律协、财政部门等进行沟通，争取他们的理解和支持，创造制度落地生根的内外部环境。

一是严把"入口关"。经过协商，市律师协会负责实习律师的公开招录工作。经过严格招录程序，确保选送政治素质强、业务素质高、作风扎实的实习律师到法院实习。律师协会还根据人选情况，确定每批次的联络员，定期了解实习律师的表现情况。在进入法院实习前，律师协会召开实习律师会议，对实习律师到法院实习提出要求。

二是完善"制度关"。积极与律协协商,逐步完善制度,努力解决实习律师遇到的困难。针对实习律师必须代理 10 个以上案件的问题,经与市律协协商,市律协计划进行单独考核,将法院实习期间的经办案件进行折抵。

三是筑牢"保障关"。为确保实习律师能够安心稳定在法院实习,法院积极争取财政部门的支持,为实习律师提供必要的办公设备、良好的工作环境、必要的交通和生活补贴,以保障其生活和工作需要。

二、以制度为核心,建立"六位一体"综合管理模式

先后出台《关于建立实习律师到法院实习制度的实施意见(试行)》《关于实习律师、法学专业学生在院实习的有关规定》等文件,结合工作实际制定定员制、定岗制、导师制、补助制、考核制、问责制等六项制度,做到"严进严出""严管厚爱",确保实习律师队伍不出问题。

一是确定岗位职责。法院为每个实习律师指定一位庭长或资深法官担任指导老师,结对指导学习工作。实习期暂定 6 个月,全日制上班。实习律师前三个月主要从事应诉材料等法律文书的送达、庭审记录和案卷装订等书记员工作,以深入熟悉法院工作流程。后三个月可以协助法官与当事人进行谈话、调解乃至从事制作简易法律文书等法官助理工作,以提高法律实践能力。

二是加强管理落实。法院通过建立临时档案、指定导师、加强考核、座谈了解等方式,切实担负管理责任。法院在实习期间为实习律师指定导师,由所在业务庭和导师对实习律师在实习期间工作进行指导和管理,实习期满会对实习律师进行考核,就实习表现(完成工作量情况、其他综合业绩情况、作风纪律情况)进行全面客观评价。每次实习期满,法院政工部门还与律师协会联合召开实习律师座谈会,听取实习律师的意见建议。

三是明确纪律红线。法院在实习律师进入法院时为每位实习律师发放纪律须知,明确实习律师必须遵守的审判执行和廉政纪律等各项规章制度,特别是遵守审判保密要求,如有违反将依法依规追究责任。明确对实习律师执行严格的回避:进法院前在所在律所代理的案件不再办理,进法院后涉及所在律所的案件主动回避,不得承担该案的审判辅助工作。还将实习律师名单交本

院监察部门备案，加强廉政监督，一旦发现有违反廉政等纪律的，立即终止在法院的实习工作。

三、以"亲清"为原则，推进法律职业共同体建设

法院对实习律师和指定导师提出了"悉心指导、虚心学习、用心工作、真心对待"十六字工作要求，让两者在工作过程中形成"亲清"新型法官与律师关系，推进法律职业共同体的深层次发展。

一是构建法官与律师"双赢"机制。实习律师进法院充实审判辅助力量，参与审判辅助工作，减少法官的事务性工作，帮助法院提升审判质效，从而一定程度上缓解了案多人少的矛盾。同时，实习律师协助法官办理大量案件，快速积累经验，熟悉审判流程，提升律师执业技能，并增进对法官及其工作的理解尊重。据初步统计，一年多来，69名实习律师协助法官累积办理案件6000多件，最多的一位达到212件。

二是构建法律职业共同体与社会民众"多赢"机制。实习律师进法院，增进两者的了解和互信，有利于构建互相尊重、互相支持、互相监督、正当交往、良性互动的"亲清"新型法官与律师关系，有助于案件纠纷的处理和社会矛盾的化解。据不完全统计，在最初批次的实习律师转正为律师代理的案件中，案件的调解率更高，当事人的信访缠讼概率更小，对司法公信力提升也起到了一定积极作用。

案例 ⑨

浙江省宁波市中级人民法院

依托微信小程序
打造移动电子诉讼新模式

宁波移动电子诉讼平台是一款能让群众用手机打官司、法官用手机办案的微信小程序。这项工作于 2017 年 10 月 8 日自余姚法院起步，于 2018 年 1 月 2 日在宁波两级法院全面推开。2018 年 1 月 11 日，最高法院确定宁波中院为"移动电子诉讼试点"。试点 5 个月来，宁波两级法院在该平台上流转的案件达到 55620 件，其中民商事案件 39256 件，执行案件 16364 件。目前最高人民法院组建的全国项目组正在宁波移动电子诉讼平台的基础上作深度开发，加快建设可向全国法院推广的移动电子诉讼平台。

一是实现诉讼规则新优化。宁波中院积极探索移动电子诉讼规则，制定移动电子诉讼规程，共 9 章 75 条，涵盖了从立案、送达、证据交换、庭前准备、调解到归档的全部诉讼流程。先行先试的规则主要有三方面：1. 拓展电子签名的适用范围到诉讼领域，可以签收诉讼文书、调解协议等，电子签名与线下签名具有同等效力。2. 简化诉讼流程，当事人可以拍照上传起诉状和证据，除当事人对证据有异议、涉及身份关系，证据原件不再一律要求提供；当事人可在指定期限内按提示自行进行证据交换和质证，已开展证据交换 1103 件次。3. 广泛运用电子送达，经当事人同意，采用微信等电子方式送达诉讼文书，提升送达效率。

二是实现提速增效新举措。移动电子诉讼平台提供了一种线上线下高度融合的办案模式，让法官用最少的时间和精力从事琐碎的程序性、事务性工作，专注于办案的重点环节；缓解了送达、执行等工作中的痛点，大幅压缩各环节流转用时，提高了办案效率。如多环节一键微信送达，既减少工作量，又提升快捷性，已电子送达 27860 件次。审理环节，尤其便于补充性的询问、调查或二次开庭，加快了审理节奏。2018 年以来，宁波两级法院法官人均结案增幅明显，如慈溪增加 20.65 件、宁海增加 32.08 件、海曙增加 40.53 件。

三是实现司法便民新飞跃。移动电子诉讼平台与现有的各种审判、执行系统对接，诉讼流程全面贯通，基本实现"一入口全链条"办理，为当事人提供便捷的"一站式"移动诉讼服务，打官司"最多跑一次"成为可能，让当事人省时省力省钱。一部分案件可实现"零在途时间"和"零差旅费支出"，尤其对于市外、省外甚至国外的当事人，节省了大量的时间成本和费用成本。目前已微信立案 20312 件，跨国跨区域在线申请撤诉 2435 件、在线签订调解协议 4104 件。

四是实现多元化解新平台。充分利用微信社交媒体"跨域链接、跨界融合"的理念和优势，建立由政法委统筹，法院主导，官方解纷资源和非官方解纷资源互通互联、共治共享，涵盖矛盾排查、预防、化解、财产查控等多环节的"网上大调解""网上大协同"新格局。目前移动电子诉讼平台已与宁波市在线矛盾纠纷多元化解平台对接，已引入 534 名人民调解员、2415 名律师、近 30 个行业调解组织等。统一平台连接多方，加上沟通协商不受时间、场域局限，大大增加了调解成功的可能性。

五是实现司法公开新维度。移动电子诉讼平台进一步拓宽了司法公开的范围，提升了公开的便捷性，将成为移动端司法公开的主窗口。当事人参与诉讼和法官办案的每个环节、每个活动均在平台上全程留痕，无论审判流程、庭审视频、裁判文书、执行过程，当事人可随时在线查阅，可全程见证审判、见证执行。还可有效解决当事人与法官之间的信息不对称问题。比如在执行领域，执行法官可通过发送照片、视频、定位等，及时告知当事人执行节点信息，还可以直播执行过程，让当事人看得见、感受到公平正义，增进相互间的理解信任。

六是实现监督保障新延伸。移动电子诉讼平台全程留痕，使每个诉讼活动都有迹可循、都可倒查。实时智能化监管和质量评查，使监督无时不在、无处不在，倒逼法官规范办案，保障法官依法履职。移动电子诉讼平台促进办案全程电子化加快实现，提供更丰富的案情数据，为大数据分析和智能化办案提供基础保障，能够进一步优化提升裁判文书自动生成和类案推送功能，有利于实时发现"同案不同判"的案件，促进解决裁判规则不统一的问题。

浙江省丽水市中级人民法院

深化分调裁机制改革　助推纠纷多元化解

2018 年,浙江省丽水市中级人民法院在全省率先出台"分调裁"实施意见,深入推进"案件繁简分流+调解+速裁"机制改革,实现矛盾纠纷多元化解。第一季度全市法院诉前纠纷化解成功案件 1806 件,诉前纠纷化解率为17.97%,居全省第三,同比增长 9.06%;全市法院立案调撤率 46.68%。

一、丽水中院推行"分调裁"机制改革的主要做法

打造速裁新团队。丽水中院于 2017 年 5 月进行审判团队改革,成立速裁团队,承担分流、调解、速裁等职能,办理简单的一、二审民商事案件,分流后的其他相对复杂案件(即繁案)交由第一、二、三、四民事审判团队办理,速裁团队在前端、民商事各审判团队在后端。同时,速裁团队在消化简单案件时,多用调解、速裁的方式化解纠纷,与诉讼服务中心现有的立案、调解等职能密切相关,为方便工作衔接,将速裁团队设在诉讼服务中心。在全院各审判团队精选骨干力量,将具有丰富民商事审判经验的 3 名员额法官、5 名法官助理和 6名书记员转入速裁团队。由 1 名资深员额法官带 1—2 名年轻法官助理和书记员,做好传帮带,确保团队案件繁简分流工作又快又准,大大提升了简单案件的调撤率。

探索分案新模式。为保证案件分流的效率,案件繁简分流工作由速裁团

队承担,所有中院受理的一、二审民商事案件经立案后,交由诉裁团队分流,由该团队1名员额法官和1名法官助理专门负责分案,并要求在三个工作日内完成。目前该模式运行顺利,杜绝由于繁简案标准不统一造成相互扯皮现象。明确分流后留在速裁团队办理的案件量不少于50%。2018年1—5月,丽水中院共完成十六批次分案,分流案件806件,其中分流至速裁团队办理430件,分流至繁案组(即其他审判团队)办理376件,分流比例达53.35%。细化正反向分案标准,根据案件事实、法律适用、社会影响等因素来确定,正向标准(即可确认为简案的):A、没有新的事实、证据或者理由的;B、事实和法律适用的争议在3项以内,或者事实清楚适用法律存在争议,而该争议的法律规定在全市司法实践中是明确的;C、对于程序性审查的案件,如申请撤销仲裁裁决案件(经济型仲裁、劳动仲裁);D、裁定驳回起诉的案件;E、申请确认外国法院判决效力的案件;F、认为可以采用速裁方式的其他案件。反向标准(即可确认为繁案的):A、新类型案件;B、与破产有关的案件;C、上级人民法院发回重审的案件;D、再审案件;E、社会影响大、引起社会舆论高度关注的案件;F、其他重大疑难复杂案件。

构建调解新格局。积极借助社会各界力量,努力构建"大调解"纠纷解决机制,丽水中院在诉讼服务中心设立了包括行政争议、劳动争议、知产纠纷、金融纠纷、家事纠纷、涉侨纠纷、律师调解、保险行业调解、商会调解、仲裁公证等10个调解工作室,与市司法局、市律协、市工商联、市金融办等共建单位联合聘任120名特邀调解员,诉前、诉中全流程参与调解。充分利用多元化调解平台,将专职调解、特邀调解、律师调解相结合,充分发挥员额法官专职调解和特邀调解、律师调解的作用,最大限度实现诉前矛盾纠纷化解。

二、全市法院统筹推进"分调裁"改革的主要做法

一是明确时间节点。2017年9月以来,丽水中院多次召集全市法院院长、业务骨干召开"分调裁"工作研究部署会,并制定任务清单和时间倒查表,建立《"分调裁"改革工作推进情况台账》。2018年,整合全市法院业务骨干成立专题调研组,起草《关于深入推进"分调裁"机制改革的实施意见》,各基

层法院按要求于3月底前完成组建。人员配置方面,各基层法院员额法官、法官助理、书记员基本达到1∶1∶1人员配备比例。部分法院在原有的繁案、简案组外,还设置了诉调对接组,主要办理诉前可调解的案件。

二是建立督查通报制度。2018年4月开始,丽水中院速裁团队对全市法院"分调裁"工作进行月通报,对各基层法院每月的繁简案分流基础数据、简案审理情况及诉前调解等情况进行通报,实行动态管理。

三是探索相匹配分案模式。各基层法院在参考中院分案模式基础上,针对各自收结案的数量及特点制定相匹配的分案模式。部分法院在刑事、执行等条线开始探索符合其工作特征的繁简分流模式。同时,各基层法院均设置了简转繁程序,在简案审理过程中如发现属于繁案,可以转为繁案进行审理,但对于允许转换的案件规定了上限比例。

案例 ⑪

福建省厦门市翔安区人民法院

管理、培训与研究并重
打造司法辅助人才培养高地

福建省厦门市翔安区人民法院积极探索人员分类管理改革,念好"管、培、研"三字诀,建设素质高、能力强、业务精的司法辅助人员队伍。

一、立足"管",推进辅助人员分块管理

自 2017 年 6 月 26 日成立"公正云审判辅助中心"以来,不断充实司法辅助人员队伍,推进司法辅助事务专业化、精细化、集约化管理,让法官和法院工作人员从烦琐的事务性工作中脱离出来,专注于审判主业。自 2017 年 6 月以来,审判辅助中心开展集约送达 3209 件,排期开庭 1599 个,集约查询被执行人信息 14.13 万次,材料流转 155 份,电子卷宗同步生成 7304 件,对促进该院审判质效提升发挥了重要的作用。

一是防范风险重监督。政治处负责辅助人员的管理、调配、培训及考核等人事管理工作,加强辅助人员所在部门的日常管理,根据工作表现情况提出考核意见。落实带教法官、导师的监督管理责任,定期开展廉政风险教育,签订廉政承诺书,加强保密意识培养,培养司法辅助人员过硬作风。

二是分类管理集约化。改变各庭室自行承担、标准不一、人员分散等问题,由审判辅助中心统一承接司法辅助事务,实施集约化管理,构建以业务

环节为单位、模块化、流水线作业的流程化管理模式,分类设置送达、查控、记录等司法辅助小组,推动司法辅助事务由粗放式管理转变为集约化管理。

三是人员构成多样性。拓展司法辅助人员构成,以开放式架构多渠道吸纳司法辅助力量,充实司法辅助人员队伍。目前共有聘用制书记员、公证处工作人员、购买社会服务人员、厦门城市职业学院实习生等70余名司法辅助人员从事司法辅助事务。

二、着眼"培",加强辅助人才规范培养

与厦门城市职业学院、鹭江公证处签署《"司法辅助人才"培养战略合作协议》,设立"司法辅助实习基地",打破传统法律人才的培养模式,整合法院、公证机构、院校及社会优秀资源,通过协同创新联合培养,培养高素质、技能型的适用性司法辅助人才。

一是定制化培养方式。实习基地采用开设定制化课程的订单班人才培养方式,由厦门城市职业学院通过宣讲会、简历审核、学校推荐、面试考核等层层遴选,择优选拔首批14名学生到翔安法院开始为期3个月的全日制在岗实习实训。培训内容既涉及职业素养、行为规范、法律基础知识等理论教学,又涵盖送达、调解、调查、记录、归档、保全、执行等多项实务技能。

二是合作化培养模式。通过协同创新联合培养模式,共同参与人才培养方案的制定、教学改革、教材编写等工作,选派资深员额法官、公证人员、软件工程师担任兼职教师,讲授相关法律及司法实务课程,发挥翔安法院的审判实践和专业人才优势、鹭江公证处的公证法律服务、法信"公正云"的法律信息化实践举措及创新经验,依托厦门城市职业学院法律实务教育培养平台,走一条基础理论、实践经验、行业信息化"三合一"的司法辅助人才培养模式。

三是规范化培养机制。设立实习导师和实习清单制度,细化实习生培养、管理和评价机制,选派法官、法官助理担任实习导师,对实习学生提供帮助和指导,实习学生在审判辅助和司法行政等多部门进行轮岗学习。

三、突出"研",注重辅助事务专业研究

与厦门城市职业学院、鹭江公证处共同设立"司法辅助研究中心",共建司法辅助科研合作平台,对司法辅助人员性质、定位、职责、发展等方面开展理论研究,为司法人事管理改革提共理论支撑。研究团队由业务能力强的审判人员、公证人员、软件工程师及高校教师组成,通过开展理论讲座、实务培训、申报调研项目和课题研究等方式共同推动理论研究。研究中心在司法辅助实践、公证法律服务、法律信息化、诉讼与公证协同创新等相关领域开展理论研究,借助公证处对法律应用信息化的优势,通过对司法辅助事务流程"解剖式"分工细化、环节切割、管控论证,探索打造司法辅助事务集约管理智能平台。注重理论与实践相结合,紧紧围绕司法辅助事务实践,边做边研边学,通过实践发现问题,分析问题,切实用实践检验改革成效。

山东省济南市市中区人民法院

六项措施打破庭室界限
优化分案机制实现提质增效

山东省济南市市中区人民法院以收案量最大的民商事审判领域为突破口,通过案件难易区分、审判团队确定、明确办案系数、分案技术支持、绩效考评辅助、法官全程参与六项措施,民商事分案打破庭室界限,全面实现了"小定向""大随机"。

一是区分案件难易。在对近三年民商事案件作详细统计的基础上,经全体民商事法官投票,从常见的 200 多个案由中,选出建设工程纠纷、医疗事故及医疗损害赔偿纠纷、公司及破产纠纷、劳动争议纠纷、交通事故损害赔偿纠纷 5 类较难案件,物业合同纠纷、电信合同纠纷 2 类相对简单的案件。对这些公认的较难和较容易案件,全部先剥离出来由专业团队进行审理,定向分案。此外,按照改革要求,对家事案件定向分案,并在入额的院庭领导之间轮流分配发回重审、再审案件和新型疑难复杂案件,其余案件,全部纳入随机分案。

二是确定审判团队。对选出的较难案件和较容易案件,评估案件年度受理数量,成立相应数量的专业团队。确定成立 1 个分调裁团队,负责处理物业、电信以及其他可以速裁的案件;2 个劳动争议审理团队,2 个交通事故损害赔偿纠纷审理团队,1 个公司纠纷暨破产案件团队,1 个建设工程及医疗纠纷团队。另外,按照家事审判改革要求,确定 3 个家事审判团队。共计 10 个专业团队。该院入额法官共42人，分布在民商事上的入额法官34人，该34人10人承担专业团队，定向分案；其余24人是普通团队，随机分案。

三是明确办案系数。团队性质和数量定好后，必须确定专业团队和普通团队之间的办案系数。对较难、较易和纳入随机分案的普通案件三者之间的办案系数进行了区分，根据上述案件的平均年度受理数量，除以各自团队的法官数量，结合法官的年度办案饱和度得出。整个办案系数的确定，简洁、高效，且得到一致认可。由此，确定了处理5类较难案件的专业团队，每年结案不能少于110件；处理电信、物业纠纷等简单案件的分调裁团队，每年结案不能低于1100件；其他普通团队，每年结案不能低于210件。三类团队之间的系数比例为1∶1.9∶10。系数确定后，所有团队全部由法官直选，无人选择的团队由院里结合法官原审理案件情况、各自专业特长等予以指定。

四是分案技术支持。立案庭根据专业团队、普通团队的分工，结合普通法官100%、院长10%、入额的其他院领导35%、庭长65%的办案比例要求，将专业团队办理的案件，定向分立给专业团队审理；对普通团队办理的案件，根据办理民商事普通案件法官的姓氏笔画随机分立，不准任何人选案、要案。传统的庭室概念被打破，案件不再到庭，而是直接分立到法官个人，所有法官均是个人办案，办案类型除专业类案件外，均随机分立。为保持法官工作量的均衡，确保分案公平，规定一次立案，最多不能分立给一个法官超过5件成批案件。专业团队若因案件本身少而完不成年度最低结案数量的，由立案庭按上述办案系数比例从普通案件中补足。

五是设定绩效考评。制定了绩效考核办法，通过绩效考核，保障分案机制运行。按照6∶2∶1∶1的权重比例，重点考核办案数量，同时兼顾质量、效果和调研工作情况。办案数量的考核，严格按照专业团队和普通团队之间确定的系数进行，少办一件、多办一件案件，均会体现在考核结果上。同时，鼓励在完成本团队办案数量基础上，多办案，跨团队办案，会有相应的加分。

六是法官全程参与。在推行"小定向""大随机"分案过程中，法官全程参与，每一个环节均尊重法官的意愿和选择。例如，确定哪些案件为较难处理，哪些案件为较容易处理的案件，尊重了法官意愿；确定专业团队和普通团队之间的系数比例,经过了全体法官同意;组建团队时,法官可以自主选择专业团队还是普通团队,可以选择书记员、助理,团队组建自愿结合一次性成功率97%;工作磨合中,法官也可以申请对辅助人员进行调整;确定绩效考核时,征求了法官的意见,并根据法官意见,进行了调整。正是由于法官的全程参与,才使得"小定向""大随机"分案机制高效、顺畅运行。该院已连续3年收结案件数量、法官人均办案数量在济南市名列前茅,各项审判指标走在全市前列。

案例 ⑬

河南省登封市人民法院

创新繁简分流"五分法"
助推案件良性循环

近年来,河南省登封市人民法院认真落实最高人民法院关于繁简分流机制改革的部署,立足基层法院实际,根据本院案件类型和诉讼结构,创新推出"前置、简案、类案、争议、执行"繁简分流"五分法",构建立体、动态、分层过滤、定制式的案件分流新机制,初步实现了"简案快审、繁案精审"的改革目标。

一、前置分流,实现社会化调解

一是设置前置程序。出台《"五类案件"前置程序细则》和《鉴定、公告类案件前置程序细则》,当事人提起诉讼后,人民法院立案受理前,对道路交通事故人身损害赔偿、物业纠纷、婚姻家庭纠纷,标的额在30万元以下的买卖、借款合同纠纷等五类案件,实行前置委派调解;对所有涉及鉴定、公告的案件,探索鉴定、公告前置程序,严格加以规范。

二是建立线上、线下多元化调解平台。在院机关成立"封调禹顺"调解中心,在各乡(镇)区、街道建立"封调禹顺"调解分中心,在村委、社区建立工作站,三级调解平台实现视频联网,对身处不同乡镇、社区的当事人实行视频调解,并实现对所有调解平台的监督管理,最大限度方便当事人,最大限度实现规范化调解。

三是诉前调解与诉中调解无缝对接。利用诉调对接平台,采用调解员和辅助人员"AB角捆绑"的方式:A角是调解员,主要负责通知当事人、主持填写送达地址确认书、开展诉前调解等工作;B角是审判团队的辅助人员(法官助理或书记员),主要负责协助、指导调解员开展调解工作,对调解员主持达成的调解协议出具司法确认书,并对调解员的调解成效、日常表现进行考核评价,考核结果与调解员的补贴挂钩。一个月内调解不成功的,及时立案后自动转入B角所在的审判团队。员额法官经审查认为仍有调解可能性的,可以委托驻院特邀调解员再次调解。2017年以来共前置分流案件4423件,其中委派调解成功率达70%,立案后委托调解成功率达28.86%,极大减少了法院受理和审理案件的数量。

二、简案分流,实现便捷高效

一是建立繁简案件分流甄选机制。制定了《简单案件立案识别分流标准》《类案立案识别分流标准》《争议案件立案识别分流标准》,根据案件案由、标的额范围及当事人因素,将事实清楚、单一给付金钱案件定为简单案件,将家事、交通、劳动争议、环境资源、破产等特定案由的案件定为类案,将争议较大、新类型、集团性案件定为争议案件,统一了三类案件识别标准。自主开发智能分案系统,自动抓取诉讼请求和证据等关键信息进行智能识别分流,并与人工甄选相结合,将简案、类案、争议三类案件分别分流到速裁团队、类案团队和普通团队(院庭长团队)审理,案件卷宗自动生成二维码,用"J""L""Z"三个字母进行标识为简案、类案和争议案件。

二是建立简案速裁机制。将符合条件的刑事、民事和行政简单案件直接分流到速裁团队进行审理,按照1:2:2或者1:1:2比例为速裁法官配备法官助理、书记员,并为每个速裁团队配备专用法庭,实行网上立案、网上送达,采用"门诊式"办案,出具表格式、令状式、要素式文书,实现了集中立案、移送、排期、开庭、宣判,办案质效大幅度提高,2017年以来民事速裁案件平均审理周期10.27天,刑事速裁案件平均审理周期1.38天,行政速裁案件平均审理周期 13.28 天。对标的额 30 万元以下、经当事人同意的案件分流到速裁团队审理,民事速裁适用率 63.56%。利用公检法综合办案系统和远程庭审,实现被告人在看守所、公诉人在检察院、法官在法庭"面对面交流",刑事速裁适用率达到 66.54%。对事实清楚、争议不大的政府信息公开、行政处罚、行政非诉执行等案件适用速裁程序审理,适用率达 73.81%。

三是建立简案转换分流机制。为了防止速裁案件回流普通程序,影响效率,创设速裁团队与普通团队"结对子"衔接制度,每一个速裁团队对应一个普通团队。速裁团队在审理中发现不符合速裁条件或属于复杂案件的,由主管院长审核后将案件直接转入结对普通团队审理,案件不再回流立案庭分案,实现案件一次性分流。

三、类案分流,促进类案同判

着眼于审判的专业化和法官自由裁量权的规范化,将家事、未成年、道路交通事故、劳动争议、环境资源保护等频发性案件分流到专业化审判团队,实现批量裁判,促进类案同判。在审判辅助系统嵌入类案快速查询和智能推送功能,发挥在辅助量刑决策、规范裁判尺度、统一法律适用等方面的重要作用。审管办定期对审委会、专业法官会议讨论研究的类案、评查案件发现的问题进行总结,提炼裁判思路、裁判标准、审理要点,形成裁判指引和类案参考,及时发送员额法官参考。

四、争议分流,实现繁案精审

对重大、疑难、复杂、新类型、涉及群体性纠纷或社会舆论关注的案件,分流到经验丰富的审判团队和院庭长团队审理。出台庭前会议实施细则,规定法官助理负责固定争议焦点、交换证据目录、主持庭前调解、办理委托鉴定、审查诉讼请求变更等程序性事项。推行"争点式"审理模式,实现审判全程聚焦争点、当事人陈述争点、法庭调查查明争点、法庭辩论辨明争点、法庭调解调和争点、案件评议评判争点、裁判文书回应争点。

五、执行分流，破解执行难题

依托最高人民法院"总对总"查控系统，立案时全部交由快执团队先行"四查"，进行首次分流，对经裁定诉讼保全、查控银行有存款、涉刑事罚金、5万元以下小标的民事及行为执行等五类案件，由快执团队执行。在对上述案件执行过程中，发现存在重大复杂案件或者长期未结案件的，根据财产变现周期长短和难易程度，进行二次分流。2017年以来，执行案件存量下降了21%，截至2018年4月，实际执结率达54.03%，实际到位率达32.57%。

案例⑭

广东省高级人民法院

严选严管严控严要求
实现员额动态管控良性运转

　　根据中央部署,在广东省委领导和最高法院的指导下,广东法院严格遵循顶层设计要求,充分发挥党委的政治把关、组织部门的政策把关和各级法院党组的用人把关作用,将法官管理和干部管理相结合,积极稳妥推进法官员额制改革。全省法院已遴选入额法官7246名,法官人数由占中央政法编61%降至35%,全部配置在审判岗位,法官单独职务序列改革和工资制度改革等配套措施全部落实,员额管理调整、考核、退出等长效机制逐步完善,法官队伍的正规化、专业化、职业化水平有了明显是高。重点突出了"六个严格"。

一、严格"以案定额",实现人案匹配

　　广东是全国案件大省,政法专项编制数较少、地区发展不平衡等突出问题长期存在。在员额分配上,不搞员额比例"一刀切",而是在全省法院核定的员额总数内,分类核算不同地区、不同审级法院刑事、民事、行政等法官办案基数,以此作为核定法官员额的主要依据,兼顾考虑地域等其他因素,最终确定各地区的法官员额。办案任务重的广州、深圳、佛山、中山、东莞等珠三角5市的案件总量占全省65%,法官配备超过编制总数的50%;案件量相对较少的粤东西北地区8个地市,法官员额比例按不高于30%配备。"以案定额、全省

统筹"的员额分配方法使各地区员额数与案件量基本匹配,符合广东法院实际。

二、严格标准程序,遴选优秀人才

广东法官员额制改革实行全省"六统一":统一部署推进、统一选任标准、统一选任程序、统一组织笔试、统一专业评审、统一研究决定,确保将政治素质过硬、业务水平较高、司法经验丰富、能独立办案和承担审判责任的优秀人才遴选入额。包括各级法院副院长在内的领导干部,与普通法官按照统一标准和程序参加遴选;原办案骨干调入非办案部门5年以上的,需回到办案岗位参与办案满1年方可入额;对非审判部门符合条件的人选,要在调整至办案岗位后方可确认入额。对不符合遴选条件、长期不在办案岗位工作、办案能力不能胜任入额法官要求或因违纪严重损害司法公信力的,一律不予入额。综合行政部门入额人员未按要求调整岗位的,不得享受法官职级、工资、绩效奖金等法官职业保障待遇,全省468名入额法官调整至一线办案岗位,1105名院庭长和1531名审判员因不符合条件、岗位等要求未入额,3人因违纪没有入额。为进一步拓宽法官选任渠道,广东法院率先探索了两项改革:一是首次在全省基层法院开展从法官助理中遴选初任法官,共从416人报名者中差额遴选产生197名初任法官人选;二是首次从广州、深圳等法院拿出6个四级高级法官或一级法官职位,面向律师和法学专家等进行公开选拔,共有30人报名,最后遴选出6名优秀法官人选。

三、严格领导办案,突出示范引领

明确各级法院院庭领导办案的数量要求,各级法院院领导和审委会专职委员可编入审判团队,庭领导均编入固定合议庭并担任审判长,为院庭长配备必要的法官助理和书记员,辅助院庭长办案。院庭长重点办理重大、疑难、复杂、新类型和在法律适用方面具有普遍指导意义的案件,办案的同时注重总结审判经验、统一裁判尺度,将示范引领作用落到实处。2016年全省法院入额院庭长共办结各类案件48.9万件,同比上升30.2%;2017年前10月共办结各类案件 36.6 万件,占法官办结案件总量的 38.1%,同比上升 25.3%。省法院院长、副院长均担任审判长直接参与重大案件审理,取得良好社会效果。

四、严格团队组建,落实司法责任

全省法院以入额法官为核心组建团队 4934 个。基层法院多组建集中审理简单案件的独任制审判团队,中级以上法院主要组建合议制审判团队,部分法院还探索组建专门办理某类案件的专业型审判团队。审判团队中的法官助理、书记员按与入额法官数 1∶1∶1 的比例实行全省总量控制,根据各地案件量、财力水平等进行调配,编制内人员不足的以劳动合同制人员补充,并推动省有关部门联合出台《广东省劳动合同制司法辅助人员管理暂行规定》《广东省法院检察院系统劳动合同制司法辅助人员配备管理办法》,从省级层面规范劳动合同制司法辅助人员的配备数量、招聘管理、培训考核、薪酬待遇、经费保障等问题。全省法院共配备了 9350 名劳动合同制司法辅助人员,经费保障标准按不低于当地同级公务员的 70% 执行。出台落实司法责任制的实施意见及 20 余项配套制度,明确院庭长、审判长及各类人员职责权限,形成了权责明晰、权责统一、监督到位的新型审判权运行体系,入额法官办案量以 20% 左右的比例逐年提高,广州、深圳、佛山、东莞等市基层法院独任制审判团队年均结案超过 300 件。

五、严格履职保障,兑现改革红利

按照中央改革要求,顺利完成对全省法官的职务套改和入额法官单独职务序列等级的确定,5769 名符合条件的入额法官等级得到晋升,珠海、惠州、清远、韶关、汕尾、云浮、江门、梅州、佛山、河源、肇庆等 11 个地市完成了管理权限内法官等级的择优选升工作。省委组织部确定了专门法院、副省级市所属区法院和开发区法院法官单独职务序列等级设置和择优选升等级比例,全省法院一级高级、二级高级法官的择优选升流程等,已明确选升工作将在省委组织部指导下全面试行。2016 年 12 月前,全省法院各类人员新的工资待遇在全国率先落实。严格执行关于防止法院外部干预办案和内部人员过问案件的相关规定,干预和过问案件现象得到有效遏制,全省法院 5 名干警因违规过问案件受到纪律处分和组织处理。

六、严格规范管理,构建长效机制

着力构建员额动态调整、绩效考核和退出管理三项规范机制。在员额动态调整上,全省预留 10% 的法官员额数进行统筹调配,市县法院也可在初次核定员额比例 10% 内,经省法院同意后进行适当调整。省法院出台全省性指导意见,对法官落实司法责任制要求以及办案数量、办案质量、办案效率、办案效果、职业素养和纪律作风等情况进行考核。制定《广东法院员额法官岗位配置和员额调整管理暂行办法》,将员额退出与干部管理、绩效考核和违法审判责任追究等工作挂钩,及时将因退休、辞职、辞退、开除、调离本单位或审判执行岗位、绩效考核不合格、违法违纪等原因不符合入额的人员退出员额。目前全省法院共 277 名入额法官退出员额,其中因个人能力不够、身体健康等原因 31 人,轮岗到院内行政部门的 31 人,违法违纪的 9 人,退休、调离法院系统的 206 人。

经过改革,一是法官队伍素质明显提升。该省法院遴选确认的 7246 名入额法官中,绝大部分是长期在审判一线参加办案的优秀庭长和审判员,1435名为在审判一线表现突出的优秀助审员;45 岁以下 4302 人,占比 59.4%;全部为本科以上学历;具有 10 年以上法律工作经历的占 80.4%。二是人员结构更加合理。全省法院中央政法编人员中,入额法官占 35%,审判辅助人员占51%,司法行政人员占 14%,实现了法官比例合理、一线法官增加、辅助人员增加、办案力量增加的目标。三是审判质效稳定向好。审判资源配置更加合理,审判一线力量增加 17.3%。2017 年前 10 月,全省法院入额法官共办结案件96 万件,同比增长 25.9%;人均办结 143.6 件,同比增长 25.9%。四是保障机制更加完备。法官办案主体地位和责任制得到有效落实,直接由法官、合议庭裁判的案件比例达 90% 以上;法官单独职务序列改革和工资制度改革全面落地,职级晋升的天花板被打破;法院内外干预过问案件的现象得到有效遏制;法官职业吸引力增强,出现了改革前调离的法官要求调回法院的现象。

案例 ⑮

广东省佛山市中级人民法院

完善审判监督管理和廉政风险防控链条
全面落实司法责任制

为全面落实司法责任制改革,广东省佛山法院建立健全新型审判管理监督机制,正确处理充分放权和有效监管的关系,不断提升管理监督的科学化、规范化、精细化水平。2017 年,全市法院新收和办结案件分别为 182951 件和 182334 件,同比增长 8.7%和 10.4%,结收比为 99.7%;入额法官人均结案 281 件;作为案件质量核心指标的一审判决发改率为 3.99%,持续低位运行。

一、明晰职责,落实司法责任

一是充分放权。出台《完善司法责任制改革试点具体实施方案》《关于深化审判权运行机制改革落实司法责任制的实施意见(试行)》等规定,细化审判职权配置,落实法官办案主体责任。

二是监管有据。出台《关于规范院庭领导审判管理和监督职责的若干规定(试行)》,以列举清单的方式,明确院庭领导分层行使宏观指导审判、制定规章制度、优化工作机制、统一裁判尺度、行使案中监督权等 10 余项管理监督职责。

三是责任到位。院庭领导履行监管职责的情况,纳入个人绩效考核并占 20%—40%的权重,怠于履职或不当履职造成严重后果的承担相应责任。

二、完善机制，强化审判管理

一是建立审判绩效考核机制。以三类人员为基础，分别出台绩效考核办法，通过合理设置不同类型、不同层级人员在管理、业绩和作风等项目中差别化的考核指标及权重标准，实施分类分层考核，提高绩效考评的科学化、精准化水平。

二是健全案件质量评价机制。强化案件质效评查，以常规、重点和专项评查三种方式实现对员额法官案件评查全覆盖，并及时通报评查结果，列明问题清单，督促落实整改。同时，强化将结果运用，评查情况记入法官档案，并与绩效考核挂钩。

三是统一裁判标准。持续深化审判委员会制度改革，有效发挥专业法官会议作用，不断完善劳动争议、交通事故等类案裁判文书标准化说理机制，着力加强专业化审判庭和审判团队建设，有效避免"同案不同判"问题，确保案件质量稳中向好。

三、加强联动，形成监督合力

出台《关于建立监察室与审判管理办公室联动监督工作机制的意见》，凝聚内部监督合力，防止审判监督与纪律监督两条线、两张皮。

一是案件异常情况互通。对3次以上扣除审限、不符合案件报结条件、弄虚作假报结等异常审判流程情况，以及案件评查认定的瑕疵案件和问题案件等特殊案件，审管办及时通报监察室，监察室视情况进行核查。

二是信访举报线索共享。监察室收到信访举报，将相关线索提供给审管办，审管办将其作为案件质量重点评查对象。2017年，市中院审管办对监察室提出的11件案件启动案件重点评查程序，并及时反馈评查结果。

三是联合开展审务督察。审管办和监察室针对审判质效、信息公开、文书上网，以及鉴定、评估、拍卖等司法活动中存在的突出问题，联合开展审务督察，形成督查合力，提升督查实效。

四、把握关键,提高监管实效

一是定期信访线索分析。每季度由院长召集纪检监察部门同志召开信访举报分析会,深入分析研判信访举报反映的突出问题,并协调相关职能部门督促处理。2017 年,检控类举报同比下降幅度达到 59%;反映强烈的执行投诉同比下降 36%。

二是加强重大敏感案件风险防控。及时总结办案经验,制定《刑事重大敏感案件审理标准化操作规程》,以及重大敏感案件依法处理、舆论引导、社会面管控"三同步"等规定,健全重大敏感案件风险防范及处置机制,形成可复制可推广的标准化办案操作程序。

三是打造全链条廉政风险防控体系。全面排查法院党务政务、审判执行、综合事务、司法行政等全部工作环节和各类人员的廉政风险点,共锁定风险点 200 个,并列出责任清单,明确防空措施,进一步织密廉政风险防控网络。

五、全程留痕,确保监管有序

一是事前留痕。院庭领导行使案中监督权,应在事前填写《审判管理监督流程登记表》,明确监督依据及监督要求,并将登记表及相关案件材料转交审管办或部门内勤登记备案。院长行使案中监督权,由审管办将登记表报送相关案件的分管院领导、庭长,由其出具书面意见。

二是事中留痕。合议庭或承办法官将案件进展情况或评议结果形成书面报告,报庭长审批后提交审管办登记备案。审管办完成登记备案后,逐级报送分管院领导及院长审批。

三是事后留痕。院庭领导行使管理监督职责的处理结果在办公办案平台上全程留痕,相关案件登记表正本存入案件附卷备查,副本交由审管办登记备案。2017 年,全市法院院庭长依职权对 100 件案件行使案中监督权并按规定留痕。

案例⑯

海南省海口市中级人民法院
院庭长办案监督两不误　示范引领提质效

　　2016 年 7 月以来，海口中院在落实司法责任制的过程中，主动适应司改后审判权运行的新需要，陆续出台了《关于规范院庭（局）长行使审判监督权和审判管理权的规定》《院庭长办理重大疑难复杂案件工作规程》等制度，充分发挥院庭长的职能作用，确保审判执行工作运行态势总体平稳并趋优向好。

一、院庭长回归办案一线，办大案要案常态化

　　为避免院庭长办案流于形式，更好发挥审判业务优势，该院出台了《院庭长办理重大疑难复杂案件工作规程》。

　　一是规定院庭长在办案类型上的"3+X"基本原则，即"再审案件全部办、重审案件部分办、一审案件重点办（3）"+"上级监督的案件指定办（X）"。具体来说，按审判监督程序审理的再审案件，一律由院庭长（即审委会委员）组成合议庭办理；上级法院发回重审、指令审理的案件原则上由相关业务部门的庭长办理；一审案件中的重点案件主要交由院庭长办理。除了上述三类重点案件外，对上级领导机关正式行文监督的案件以及全国、省、市人大代表和政协委员直接提出监督意见和建议的案件，明确由相关业务部门的分管院领导或庭长办理。2017 年的 33 件再审案件全部由院庭长办理。

　　二是办案数量上设定"五个不低于"的硬性指标。其中，院长、副院长、庭

长年主审案件数不低于上一年度法官人均办案数的 5%、30%、50%。同时建立院庭长办案情况通报制度,定期通报院领导办案数量、办案类型等指标。2017 年,该院院庭长办案 4448 件,人均办案 127 件,是司改前的 4.3 倍,占案件总数 42.16%,较司改前提升了 27.61 个百分点,结案率达 96.72%。院庭长办案不但数量多,而且实现了制度化、常态化。

三是在办案实质上提出"三个亲自"的标准要求。即院庭长办案必须"亲自阅卷,亲自主持庭审,亲自撰写裁判文书",集审理者和裁判者于一体,切实做到"谁审理谁裁判,谁裁判谁负责"。杜绝院庭长以听取汇报、书面审查、签发裁判文书的方式代替办案的情况,避免院庭长办案流于形式。2017 年院庭长所办案件 4448 件,均满足了"三个亲自"的标准。

四是强化院庭长参审机制,充分发挥院庭长作为资深法官的"传、帮、带"作用。院庭长轮流与不同法官组成合议庭审理案件,帮助法官更好地掌握庭审技能。组织年轻法官观摩院庭长的庭审,由院庭长对庭审重点难点进行讲解,面对面培训,真正起到传帮带作用。2017 年该院院庭长参审案件 2556 件,占全年收案总数的 24.23%,充分发挥精英法官的业务专长。

二、规范院庭长监督管理,放权不放任、监督不缺位

在严格落实司法责任制改革要求的前提下,该院按照司法规律要求,科学规范院庭长的审判监督管理职责,通过监督管理保质量、要效率、促公正。

一是建立案件报备和随机抽查制度,要求法官对六类重点案件(即涉及群体性纠纷,可能影响社会稳定的;疑难、复杂且在社会上有重大影响的;上级法院及党委、人大督办的;当事人信访投诉或媒体炒作,院领导关注的;与本院或者上级法院的类案判决可能发生冲突的;有关单位或者个人反映法官有违法审判行为的案件)必须向院庭长进行报备,防止监督职能的弱化和缺失。坚持监督管理全程留痕,院庭长填写《院(庭)长监督案件登记表》或《案件备案登记表》,监督过程入卷备查。仅 2017 年,提请院庭长报备监督各类案件 789 件,其中提请专业法官会议讨论案件 43 件,提请审委会讨论案件 117 件。普通法官对重大疑难案件积极主动向院庭长报备,自觉接受监督和指导的意

识也在不断加强。

二是把院庭长履行审判监督管理的情况纳入院庭长业绩考评内容。平时由审务办进行统计、通报和督促，院长亲自约谈办案质效监管不力的分管副院长、庭长，使其时刻不忘履职尽责，并在审判执行中自觉纠正落实。

三是在案件流程管理中抓重点、重点抓。在立案环节实行"四报告"制度，由立案庭对案件进行初步筛选和评估，及时向院长、分管副院长、相关业务庭庭长和上级部门报告；案件移送业务庭后，由庭长对新收案件的起诉书等作简要了解，判断和确定需要重点监督的案件；案件审理过程中，由纪检监察部门及时将投诉案件情况向院庭长报告，并作为院庭长监督的重点。

四是强化院庭长经常性庭审巡查机制。院庭长每年旁听不少于 10 件案件的庭审，依托智慧法院信息化，在所有院庭长办公室安装庭审录播系统，随时调看所分管部门的庭审情况，并由审务办将发现的问题及时进行汇总通报，另行整改落实。2017 年，院庭长共旁听庭审或调看庭审录像 1500 余件次。

五是强化院庭长在案件质量评查中的核心作用。增加各专职委员负责领导和组织其分管或协管业务口案件评查的工作职责。在每一次评查任务中，院庭长都率先垂范，亲自评查、亲自讲评。2017 年该院开展了 3 次常规案件质量评查和 10 次专项评查，共评查案件 6211 件。对评查出来的问题及相关责任人员不姑息、不护短。2017 年对评查中发现的超审限案件的 4 名责任法官进行了处理。

案例 ⑰

四川省宜宾市中级人民法院

放权到位　控权有效
构建全院全员全程审判监督管理体系

四川省宜宾市中级人民法院坚持问题导向，积极探索、主动作为，创新出台体系化的《全院全员全程审判监督管理办法》，进一步明确各类人员的审判监督管理职责，强化层级管理和条线管理，构建起了审判团队自律管理、院庭长主责管理、审管办专门管理、政工纪检等综合部门协同管理的"大审判管理格局"，实现审判管理模式从微观到宏观、从个案到类案、从事后到全程，以及司法权责从分离到统一、重点案件管理从随意性到规范化的全方位转变。

一、全院参与，强化监管主体的监督管理职责

一是明确院庭长主责管理。以层级管理和条线管理为重要抓手，从"点、线、面"三个层次确定院庭长监管职责。"点"上对"四类案件"实体问题进行事中监督，"线"上依照法定职权对各类案件程序性事项审核审批，"面"上对本部门或分管范围内的审判工作进行监督管理，统筹监管审判质效。

二是加强审判团队自律管理。规范团队构建、团队运行、专业法官会议、审委会会议等，严格法官办案程序意识，充分发挥审判团队的自我管理功能。

三是坚持审管办专责管理。以动态跟踪和静默监管相结合，通过开展审判流程管理、案件质量评查、审判质效评估、审判态势分析等工作，为院庭长监

管与决策提出意见和建议，发挥专职管理作用。

四是深化职能部门协同管理。将政工纪检等部门纳入监管职能部门，明确其在舆情监控、纪律监督、绩效考核、案例指导、司法辅助事务等方面的监督管理职责，充分发挥协同监管作用。

二、全程监督，全面加强对审判权运行的监督制约

一是推行案件分流管理。科学制定简案与繁案的区分标准，量化案件难易系数，确保繁简程度不同的案件在立案关口实现分流。建立繁简分流机制、大要案甄别过滤机制，优化审判资源配置，实现简案快审、繁案精审。针对涉众涉稳等重大敏感案件实行立案负面清单式管理，实行立、审、执联动，有效衔接风险稳控工作。

二是加强静默化流程监管。依托审判流程管理系统，将案件各程序环节全部纳入监督范围。加强案件流程节点管控和审限管理，杜绝审判环节随意扣减审限、中止、延期及超审限等问题。2017年以来，该院未出现过一起审判环节随意扣审限、随意延期、随意中止等隐性超审限问题。

三是加强审判质效监管。院庭长通过召开片区会议、到辖区法院巡查、听取情况汇报、处理信访投诉案件等方式，加强分管部门或条线的宏观管理和指导。2017年以来审判质效明显提升。

四是加强类案管理与指导。建立类案及关联案件检索机制，通过特定类型个案监督、召开审判业务会议、总结审判经验、分析改判发回案件、听取辖区法院意见等方式，总结交流审判经验，规范和统一裁判标准和尺度。在完善类案参考、裁判指引等基础上，通过案件评查、审委会会议和专业法官会议等途径，积极挖掘具有指导、参考意义的典型案例，发布案例指导。

五是加强案件评查监督。完善评查机制，深入开展裁判文书、案件质量、庭审评查活动，实现评查工作的制度化和常态化。采取网上评查与纸质评查、交叉评查与邀请评查、常规评查与重点评查相结合的方式，确保评查对象和内容覆盖到全院每一名员额法官。

六是深入推进司法公开。出台《宜宾市中级人民法院关于推进司法公开

四大平台建设的实施意见》,2017 年以来,全市法院公开裁判文书 73015 份,实现除特殊案件外生效案件裁判文书 100%公开。

三、全员覆盖,完善审判业绩考核和责任追究机制

一是优化法官考评机制。将员额法官和审判辅助人员纳入审判监督管理范围。成立法官考评委员会,建立法官绩效考评体系和业绩档案。考核评价结果列入法官业绩档案,作为法官审判职务、职级晋升和评先评优的重要依据。

二是加强审判权日常监督。审管办、纪检监察部门充分发挥各自职能作用,加强对审判、执行工作的日常监督。2017 年以来,全院共发布审判监督情况通报 35 期,质效评估情况分析 12 期,司法公开情况通报 21 期。

三是加强法官队伍管理。政治部依托法官绩效考核体系,实时对员额法官办案情况进行跟踪、警示,建立员额法官常态化遴选和退出机制,保障一线审判力量的相对稳定。

四是落实办案过错责任追究。纪检监察部门加大对违法办案、拖延办案、枉法裁判等问题的查处力度,确有违反法律、法规情形的,严格依照有关规定对责任人员进行违纪违法责任追究。

四、重点突出,实现"四类案件"的具体化和精准监管

以筠连县法院为改革试点单位,强化"四类案件"监督管理,规范院庭长监督管理职责,并在全市法院全面推开。

一是权力清单化。制定《宜宾市中级人民法院"四类案件"监督管理办法》,准确界定"四类案件",实现对"群体性"案件的界定本地化、疑难复杂案件的范围具体化、类案冲突案件的情形固定化、违法审判案件的含义明确化,明确院庭长对个案监管的类型和范围。

二是行权组织化。院庭长审判监督管理活动以权责清单为行权边界,对"四类案件"实行标签管理,对监管案件的审理过程或者评议结果有异议的,只能决定将案件提交专业法官会议或审委会讨论,不得直接改变合议庭的

意见。

三是管理平台化。将承办法官和院庭长,审管办、研究室、办公室和纪检监察、立案诉讼等部门作为启动"四类案件"监管程序的主体,畅通"四类案件"发现途径,系统全程记录,全程留痕监管。

案例 18

陕西省高级人民法院

科学调整编制
加强员额统筹　促进人案均衡

2018年以来,陕西高院坚持和完善"全省统筹、差别分类、以案测员、动态调整"的员额和编制配置原则,协调省编办完成了全省法院政法专项编制调整工作,为解决全省法院人案不均结构性矛盾奠定了坚实基础。

科学论证,确定调整原则。省法院党组针对全省法院人案配置不均问题高度重视,在组织相关部门开展全面深入调研的基础上,及时协调省编办研究解决办法,共同确定了全省法院编制调整的基本原则:一是不超总量。全省中、基层人民法院中央政法专项编制数恒定不增不减,只能在现有编制范围内根据空编及机构改革缩编情况进行调整,调整后使用编制不能超过现有编制总数。二是同级调整。采取"中级法院之间调整平衡,基层法院之间调整平衡"的方法进行调整,目的是达到调配合理、兼顾稳妥、促进审判的目标要求。三是相对稳定。为了保证全省法院队伍建设持续发展和相对稳定,确定此次增加或缩减编制数5名(含5名)以内的法院人员编制不作调整,以保证这些法院自身建设所需的人员增补。

严密设计,确定调整方法。此次编制调整是对以案定员配置员额法官原则的完善和推进,根据员额数倒推测算出编制数,实现对全省法院编制数进行合理配置。具体方法是:一是以员测编。根据某法院近三年来的平均收、结案数及法官拟定办案数测算出该法院的员额数,再根据员额数倒推出编制数。公式是:倒推编制数=员额数÷倒推率。其中,中级法院倒推率定为38%,基层法院倒推率为42%。确定倒推编制数与现有编制数之差为编制调整数,大于现有编制数为调进,小于现有编制数为调出。二是编制调出。为了保证既能够拿出可用于此次调整的编制,又能够兼顾调出法院人员的正常补充而不致队伍断层,确定在调出空缺编制时,若现有编制与倒推编制数数差大于6名以上,此次调整编制数原则上以现有编制数与倒推编制数之差的50%掌握。三是编制调进。根据倒推编制数及非政法编制人员占用政法编制情况计算出调编率,再根据具体调进法院的编制人员情况进行合理的分配,即以"2017空缺编制调出总数÷(全部调进单位编制差数之和-全部调进编制单位非政法编制人数)"得出的调编率进行平均分配。

统筹兼顾,确定调整建议。按照同级法院调整的原则,分别确定中级法院、基层法院拟调整名额,提出具体调整建议。一是关于中级法院的编制调整。坚持中级人民法院编制总数不变的原则,拟对西安市、榆林市、延安市等三个案多人少矛盾突出的中院增加编制数,对宝鸡、渭南等6个有空编的中级人民法院减少编制数,不足以补充的从2015年机构改革时上收缩减10%的编制中解决。二是关于基层人民法院编制调整。坚持基层人民法院编制总数不变的原则,拟对西安市雁塔区、未央区、长安区等17个案多人少矛盾突出的基层法院增加编制数,对西安市蓝田县人民法院、周至县人民法院等52个基层法院减少编制数,编制数仍不足的从2015年机构改革时上收缩减10%的编制中解决。其余基层法院此次不作编制调整,维持原有编制不变。三是及时报请审批和下发执行。在严格执行编制管理有关规定和与省编办沟通协调的基础上,省高院党组经过认真讨论审议通过了调整编制方案,并及时报请省编办审核,现下发全省各中、基层法院执行。

案例 **19**

甘肃省高级人民法院

推进聘用制书记员制度改革
配齐配强审判辅助力量

近三年来，甘肃三级法院受理案件数量以平均每年 24.88% 的增幅不断攀升。但现有中央政法专项编制内书记员严重不足，制约了司法责任制改革举措的落实。甘肃高院党组系统谋划、精心组织，在省人社厅、省财政厅的大力支持下，从 2017 年 6 月份启动聘用制书记员管理制度改革工作，先后分两批招聘聘用制书记员 3312 名，实现了全省法院员额法官和书记员 1∶1 配备。同时，加强对聘用制书记员的教育培训和管理监督，推动建立了一支人员相对稳定、职业素养较高、年龄学历层次合理、充满生机活力的书记员队伍。

一、高站位谋划，全方位配套。一是健全工作机制。高院积极争取省人社厅、省财政厅等部门的支持，于 2017 年 6 月成立了全省法院公开招聘聘用制书记员工作领导小组，切实加强组织领导，并在高院政治部下设办公室，负责公开招聘日常事务。各中级法院也协调当地人社、财政等部门，成立相应的组织领导机构。二是制定实施方案。印发了《全省法院公开招聘聘用制书记员工作实施方案》，确定招聘工作由高院统一组织实施，明确了聘用范围、招聘计划、聘用条件、聘用程序、组织领导和相关要求等，为公开招聘工作提供了基本遵循。三是出台配套措施。配套制定了《全省法院公开招聘聘用制书记员笔试工作实施方案》《笔试考场规则》《笔试考生违纪处理规定》《全省法院公开招聘聘用制书记员面试工作实施方案》等制度，有效保证了招聘工作科学、规范运行。

二、"两步走"实施，"八道关"选拔。在招聘步骤上，第一步是对各级法院业已聘用在岗人员进行招聘过渡。即从全省各级法院 2017 年 5 月 30 日前已经具有劳动关系且在书记员岗位工作的人员中择优招聘，最终聘用 1680 名。对于淘汰的 723 名临聘书记员，专门下发通知，要求各级法院妥善做好转岗安置工作。第二步是根据在岗聘用书记员数量，按照与入额法官 1∶1 的标准确定实际缺额人数，在省人社厅网站发布公告，面向社会公开招聘。在聘用条件上，要求具有良好的政治素质、专业能力和职业操守，年龄在 18 周岁以上 35 周岁以下，学历为大专及以上，掌握书记员岗位必需的业务技能。在聘用程序上，参照公务员招录程序，严格按照网上报名、资格审核、笔试等八道程序进行招聘，完成时限严格遵照高院制作的《全省法院招聘聘用制书记员工作进度表》。此次公开招聘报名人数达 53757 人，通过资格审核 52618 人，参加笔试 41633 人，报考比例达到 25.5∶1。最终 1632 名业务水平好、综合素质过硬的书记员通过选拔，有效补充和优化了全省法院聘用制书记员队伍结构。

三、高标准管理，深层次保障。积极探索司法体制改革背景下聘用制书记员管理的有效措施，高院于 2017 年 9 月联合省人社厅、省财政厅制定印发了《甘肃法院聘用制书记员管理办法（试行）》。在入职上岗方面，新聘用书记员由高院统一组织岗前培训后，由各用人法院组织入职培训，培训考核合格的准予上岗，不合格的暂缓到岗，由各法院自行培训合格后再到岗。并确定试用期 6 个月，试用期满后由用人法院考核后决定是否聘用。在教育培训方面，高院先后于 2017 年 10 月和 2018 年 3 月两次举行全省聘用制书记员培训班，结合全省法院审判执行工作实际和书记员岗位职责，安排了法学理论、书记员业务知识、裁判文书上网公开、廉政教育、交流研讨等多项培训内容。在合同签订方面，为确保聘用制书记员队伍的总体稳定，首次签订五年服务期劳动合同，固定期限合同期满后，根据工作需要和考核情况续签劳动合同。同时对用人法院应当、可以解除劳动关系和聘用合同终止的情形进行明确规定。在日常管理方面，各用人法院负责聘用制书记员的日常管理和考核，考核结果分为优秀、合格、基本合格和不合格四个等次,作为晋级、奖惩和解除劳动关系的依据。在级别晋升方面,实行分级管理,设置"三级九等",并与薪酬挂钩,根据规定年限和考核结果晋升等次.从制度层面打通了书记员级别晋升和工资增长渠道。在经费保障方面,高院积极与省人社厅、省财政厅等部门沟通衔接,将全省法院聘用制书记员保障经费纳入省级财政预算,由省级财政足额保障,人财物统管实施前保障经费列入所在市县财政分级预算,有效解除聘用制书记员的后顾之忧,保障了聘用制书记员队伍的总体稳定。

案例 ⑳

青海省泽库县人民法院

统筹内设机构改革和
审判团队建设 提升办案效能

青海省泽库县人民法院通过推进内设机构改革、强化繁简分流、尝试辅助事务外包等综合配套机制改革,盘活用足现有力量,实现了审判团队的扁平化管理、常态化运行、科学化考核,在最大程度释放团队潜能的同时,确保司法责任制落到实处。

一、以差异管理为指导,推进审判团队组建运行科学化

一是该院根据案件难易程度,确定多元化团队组建模式。在对各业务庭案件数量、难易程度、人员结构进行深入调研分析的基础上,以现有部门和人员为基础,以审判效率和专业为主要考量要素,组建差异化审判团队3个。第一审判团队,配置员额法官1名,法官助理2名,书记员1名。负责立案登记,申请再审、管辖权异议、财产保全案件(限诉前保全和情况紧急的诉讼保全)的审查、上诉卷宗移送和取回及其他事务性工作;负责诉前调解,司法确认、小额诉讼程序和该团队认为适宜由其审理的其他简单民商事案件与批量民商事案件。同时,在该审判团队设立信访室,负责该院涉诉信访各类事务的处理。第二审判团队,配置员额法官5名,法官助理7名,书记员5名,组成形式为"5+7+5"。独任审理或随机组成合议庭,主要负责民事、刑事、行政案件、再

审、发回重审和执行异议案件的审理。第三执行团队,配置员额法官 2 名,法官助理 2 名,执行员 2 名,书记员 1 名,司法警察 3 名,组成形式为"2+2+2+1+3",主要负责执行案件的实施及裁决。在团队人员配备上,根据办案时间和数量将法官助理分为高级助理和初级助理,根据员额法官资历和承办案件类型,进行合理搭配。

二是以内设机构改革为契机,弱化审判庭对团队的影响。该院通过内设机构改革,将原 8 个内设机构减至 5 个,将一些业务类型相近、人员匹配性高、紧密协同性好、存在业绩竞争的部门合并。审判庭设置更多地侧重流程监管督促,审判团队的人员由院里统筹调整,审判案件的种类、数量由审判管理部门动态调整,使法院扁平化管理成为现实。

三是以院庭长办案为推动,强化审判团队主体地位。该院院庭长全部编入审判团队,带头办理疑难复杂案件。在省高院规定的办案数量基础上提高正、副庭长办案指标,要求庭长个人承办案件数量达到本庭平均收案数的 60%。

四是以个性化的业绩考评,调动审判团队成员积极性。该院将审判团队作为整体进行绩效考核。考核办法以近三年的办案数量为基础设定目标值,综合考虑团队人数、审判职务等因素,为员额法官、法官助理、执行员、书记员分别设定对应系数。综合考量办案质量、效率、效果及司法标准化落实情况最终确定考核成绩。差异化设定考核满分值和加减分项,适当拉开档次,使考核标准向一线团队倾斜,激发工作热情。

二、以要素式审判为探索,推进审判团队办案高效化

一是要素提炼去冗。该院针对特定类型案件提炼表格式审判要素。比如针对房屋买卖合同纠纷,从房屋情况、买卖合同签订和履行情况、变更解除情况等方面提炼要素 21 个;针对房屋租赁合同纠纷,从合同形式、费用给付、装修装饰、转租约定等方面提炼要素 16 个。让法官助理通过运用《要素表》,提高庭前准备工作质量,通过庭前会议明确诉辩方向。

二是审理过程减负。该院法官在庭审时对照《要素表》提炼争议焦点,围

绕要素展开审理,有效节省开庭时间,减轻工作量。此外,通过信息化等方式识别要素填写,一键生成判决书初稿,减轻团队工作负担。

三是类案审理加速。该院结合法官员额制改革,将相对固定、特色鲜明的家事、交通事故、劳动争议、合同纠纷等案子安排指定的审判团队,做到类案同审、多案连审。

三、以辅助事务外包为依托,推进审判团队办案专业化

一是创新电话送达举措。该院在青海率先启用"电话录音+公证"送达系统,通过电话告知开庭时间及地点、举证期限、领取诉讼文书等事项,通话内容全程录音,自动保存在公证机关存储平台,具有法律认可的证据效力。该系统启用以来,一次性送达成功率达77%,审判团队工作量减少30%,送达成本下降55%。

二是辅助事项集中办理。该院针对案件类型化突出,审判团队外出调查的对象、内容、路线等相对集中和重合的特点,将辅助性事务实行专门组织、集中办理,最大限度减少重复劳动,实现"1+1>2"。通过辅助性事务科学分流再集中,调查团队"一趟车,多办事",缩短了总体调查时间,进一步为团队减负。

三是服务外包扩大应用。实行电子档案和电子卷宗的录入扫描工作集中外包,进一步释放人力资源,提升司法效能。

最高人民法院发布
第一批涉互联网典型案例

案例①

重庆市阿里巴巴小额贷款有限公司诉
陈壮群小额借款合同纠纷案

💬 | 基本案情 |

2015 年 7 月 25 日,重庆市阿里巴巴小额贷款有限公司(以下简称阿里小贷公司)与陈壮群在线签订《网商贷贷款合同》,约定借款及相关双方权利义务。其中,合同特别约定:对于因合同争议引起的纠纷,司法机关可以通过手机短信或电子邮件等现代通讯方式送达法律文书;陈壮群指定接收法律文书的手机号码或电子邮箱为合同签约时输入支付宝密码的支付宝账户绑定的手机号码或电子邮箱;陈壮群同意司法机关采取一种或多种送达方式送达法律文书,送达时间以上述送达方式中最先送达的为准;陈壮群确认上述送达方式适用于各个司法阶段,包括但不限于一审、二审、再审、执行以及督促程序;陈壮群保证送达地址准确、有效,如果提供的地址不确切,或者不及时告知变更后的地址,使法律文书无法送达或未及时送达,自行承担由此可能产生的法律后果。合同签订后,阿里小贷公司发放贷款,但陈壮群未依约还款付息,故阿里小贷公司提起诉讼。

审理过程中,法院通过 12368 诉讼服务平台,向被告陈壮群支付宝账户绑定的手机号码发送应诉通知书、举证通知书、开庭传票等诉讼文书,平台系统显示发送成功。陈壮群无正当理由拒不到庭参加诉讼,法院依法缺席审理。

裁判结果

杭州铁路运输法院(现为杭州互联网法院)于 2017 年 6 月 25 日作出(2017)浙 8601 民初 943 号民事判决:陈壮群返还阿里小贷公司借款本金并支付利息、罚息、律师费等共计 587158.25 元。一审宣判并送达后,原、被告均未提出上诉,该判决已发生法律效力。

典型意义

"送达难"一直是困扰审判工作的问题之一,严重影响司法效率,降低了司法公信。司法实践中,许多"送达难"问题产生的根源是受送达人躲避诉讼、拒不配合法院送达。在此种情况下,依靠诉中填写送达地址确认书,显然无法解决"送达难"问题。诉前约定送达符合双方当事人利益,应该被送达地址确认制度所吸收,丰富送达地址确认制度形式,与诉中填写送达地址确认书相互补充,成为高效解决"送达难"的有效形式。

本案中,当事人在签订合同时经合意约定了因合同纠纷成讼后,可使用电子送达方式及电子送达地址、可适用的程序范围、地址变更方式、因过错导致文书未送达的法律后果等内容,内容明确、具体,双方对送达条款均能够预见诉讼后产生的法律后果,该约定具有《送达地址确认书》的实质要件,具有相当于《送达地址确认书》的效力。诉前约定送达条款虽然与在诉中由法院引导填写、统一的印制格式等形式不尽相符,但是只要其满足了实质要件,能够在保障当事人诉权的前提下有效解决送达难题,是一种更便捷、高效的送达。因此,本案例确认,当事人在诉前相关合同中对电子送达方式、电子送达地址及法律后果做出明确、具体约定的,该约定具有相当于《送达地址确认书》的效力。人民法院在诉讼过程中可以直接适用电子送达方式向诉前约定的电子送达地址送达除判决书、裁定书、调解书以外的诉讼文书。

案例 ②

徐瑞云诉敬子桥、浙江淘宝网络
有限公司网络购物合同纠纷案

| 基本案情 |

徐瑞云在敬子桥经营的淘宝网络交易平台网店中购买了俄罗斯进口奶粉。根据《进出口食品安全管理办法》的规定,对向我国境内出口食品的境外食品生产企业实施注册制度。经查询我国国家认证认可监督管理委员会发布的《进口食品境外生产企业注册专栏》,在"进口乳品境外生产企业注册名单"中未查见"俄罗斯",敬子桥也无法提供进口食品应具备的全部检验检疫等资料。徐瑞云认为敬子桥销售的前述食品系未经检验检疫的食品,同时,淘宝公司作为网络服务提供者未对进入其平台销售的商品进行审核,对交易服务平台的监管存在过错,故诉至法院,请求:1. 判令被告敬子桥向原告退还货款5043.50 元;2. 判令被告敬子桥向原告赔偿50435 元;3. 判令被告浙江淘宝网络有限公司对被告敬子桥的上述赔偿承担连带责任。

| 裁判结果 |

上海铁路运输法院于 2017 年 9 月 11 日作出(2017)沪 7101 民初 318 号民事判决,判令被告敬子桥退还原告徐瑞云货款 5043.50 元及赔偿 50435 元等。一审判决后,双方当事人均未上诉,本案判决现已生效。

📖 | 典型意义 |

　　食品安全关涉人民群众的生命与健康,对于社会稳定、经济发展具有重大影响。近些年,食品安全领域由于重大食品安全事故频发,严重危害到公众健康,对构建和谐社会造成威胁,使我国面临着极为严峻的食品安全问题。随着贸易全球化和我国经济社会的发展,进口食品已经成为我国消费者重要的食品来源,尤其是通过网络销售,大量种类繁多的进口食品送到了消费者手中。进口食品安全问题,同样不能忽视,必须符合我国食品安全国家标准,经营者违反国家食品安全规定销售进口食品的,应当承担相应的法律责任。本案例即明确,进口食品应当符合我国食品安全国家标准,经国家出入境检验检疫机构依照进出口商品检验相关法律、行政法规的规定检验合格,按照国家出入境检验检疫部门的要求随附合格证明材料。被告敬子桥作为经营者必须要保证食品来源的安全。本案中,被告敬子桥通过网络销售的俄罗斯进口奶粉不是我国目前准入的食品,且被告敬子桥也无法提供进口货物的相关报关单据、入境货物检验检疫证明、产品检验检疫卫生证书、海关发放的通关证明等进口食品所应具备的资料,故认定涉案奶粉属于不符合食品安全标准的食品。因被告敬子桥销售明知是不符合食品安全标准的食品,原告要求退还货款并支付价款十倍的赔偿金,于法有据,本院予以支持。被告浙江淘宝网络有限公司对被告敬子桥的主体信息、经营资质进行了审核,并在原告徐瑞云维权时提供了销售者的真实名称、地址和有效联系方式,涉案商品也已及时下架处理,其已经履行了注意义务,不应承担连带赔偿责任。

案例 ③

浙江淘宝网络有限公司诉许文强等
网络服务合同纠纷案

基本案情

2009 年,许文强在淘宝网注册,开设网店销售酒类产品,其在注册时与浙江淘宝网络有限公司(以下简称淘宝公司)签署了《淘宝平台服务协议》,约定:不得在淘宝平台上销售/提供侵犯他人知识产权或其他合法权益的商品/服务。然而在 2014 年 11 月至 2015 年 9 月间,许文强在淘宝平台上销售五粮液假酒,之后被四川省宜宾五粮液集团有限公司以商标权受到侵害为由提起诉讼,法院判决其赔偿五粮液公司经济损失及合理开支 7 万元。同时,淘宝公司认为许文强及其作为股东设立的一人有限公司上海舜鸣贸易有限公司(以下简称舜鸣公司)违反了服务协议。

淘宝公司诉称,许文强网店售假行为违反服务协议约定,给淘宝网声誉造成巨大负面影响,淘宝公司为打击售假行为,投入大量人力物力,产生相应损失,要求许文强及其公司赔偿损失及律师费等共计 12 万余元。

许文强和舜鸣公司辩称,许文强已承担相关赔偿责任,未侵犯淘宝公司的经济利益和商誉。出售假冒五粮液的行为已经受到了淘宝公司的相应处罚,不应再被起诉要求赔偿。舜鸣公司不应对其参与经营之前的销售行为承担责任。

裁判结果

上海市松江区人民法院于 2017 年 9 月 21 日做出（2017）沪 0117 民初 7706 号民事判决：一、许文强于判决生效之日起十日内赔偿淘宝公司损失 2000 元；二、许文强于判决生效之日起十日内赔偿淘宝公司合理支出 13000 元；三、驳回淘宝公司其余诉讼请求。宣判后，淘宝公司和许文强提出上诉。上海市第一中级人民法院于 2018 年 1 月 16 日做出（2017）沪 01 民终 13085 号民事判决：一、维持上海市松江区人民法院（2017）沪 0117 民初 7706 号民事判决第三项；二、变更上海市松江区人民法院（2017）沪 0117 民初 7706 号民事判决第一项为上诉人许文强于本判决生效之日起十日内赔偿上诉人浙江淘宝网络有限公司损失 20000 元；三、变更上海市松江区人民法院（2017）沪 0117 民初 7706 号民事判决第二项为上诉人许文强于本判决生效之日起十日内赔偿上诉人浙江淘宝网络有限公司合理支出 23000 元。

典型意义

随着"互联网+"的兴起，电商产业飞速发展，但同时也出现了诸多亟待解决的问题，尤以普遍存在的造假售假问题最为严重。囿于网络行为的隐蔽性、举证的艰难性、技术的复杂性，电商平台自身采取的净化措施就十分重要。

本案认定淘宝公司与许文强之间存在有效的协议，许文强的售假行为违反了协议约定。本案所涉服务协议均约定，用户不得在淘宝平台上销售或发布侵犯他人知识产权或其他合法权益的商品或服务信息。许文强作为淘宝用户，应恪守约定，履行自身义务。已有生效判决认定，许文强通过开设的"强升名酒坊"店铺，销售假冒的五粮液，侵害五粮液公司对"五粮液"注册商标享有的使用权。由此可见，许文强的售假行为已经违反了与淘宝公司之间的约定。许文强在淘宝网上出售假冒五粮液的行为不仅损害了与商品相关权利人的合法权益，而且降低了消费者对淘宝网的信赖和社会公众对淘宝网的良好评价。许文强在使用淘宝平台服务时，应当预见售假行为对商品权利人、消费者以及淘宝公司可能产生的损害。商誉是经营者本身以及经营者提供商品或服务过程中形成的一种积极社会评价。商誉可以体现在商品、商标、企业名称上，能够在生产经营中变现为实际的商业利润，具有显著的财产属性。因此，淘宝公司要求赔偿商誉等损失的主张具有相应的依据。电商平台经营者和平台内签约经营者均有依法规范经营的义务，许文强在淘宝网上销售假冒的五粮液，不仅应当承担对消费者的赔偿义务，也应当依约承担对电商平台的违约责任，电商平台经营者也有权依法追究平台售假商家的违约责任。从另外一个角度看，打假和净化网络购物环境也是第三方交易平台经营者的责任，符合其长远经营利益，有利于维护消费者合法权益，维护公平竞争的市场秩序。

案例 ④

王兵诉汪帆、周洁、上海舞泡网络科技有限公司网络店铺转让合同纠纷案

| 基本案情 |

2014 年 4 月 9 日,受让方王兵与出让方周洁、居间方上海舞泡网络科技有限公司(以下简称舞泡公司)签订《网络店铺转让合同》,约定周洁将支付宝认证名称为汪帆的"至诚开拓"淘宝店转让给王兵等内容。王兵通过舞泡公司支付转让费 20000 元;舞泡公司扣除 2000 元佣金后实际转交周洁 18000元。"至诚开拓"淘宝店的账户名为 2912361468@qq.com,经实名认证的经营者为汪帆,周洁为代管人。2015 年 12 月 3 日,汪帆找回了系争店铺的密码,系争店铺处于汪帆控制之下。2016 年 7 月,王兵诉至法院,请求判令汪帆、周洁支付违约金 6000 元;退回保证金 11830 元;双倍退还已收的转让费用 40000元;支付赔偿金 100000 元;共同承担本案诉讼费。

二审审理中,周洁、舞泡公司均认可舞泡公司从王兵交付的 20000 元中扣除了 2000 元,系周洁应向舞泡公司支付的佣金。同时,汪帆表示其因自身经营的需要,欲从周洁处取回系争网络店铺,但是周洁不愿交还,故汪帆自己找回了系争网络店铺。

| 裁判结果 |

上海市闵行区人民法院于 2017 年 4 月 28 日作出(2016)沪 0112 民初

20679 号民事判决:一、周洁于判决生效之日起十日内支付王兵 20000 元;二、周洁、汪帆于判决生效之日起十日内支付王兵 3970 元;三、驳回王兵的其余诉讼请求。宣判后,王兵、汪帆、周洁向上海市第一中级人民法院提出上诉。上海市第一中级人民法院于 2017 年 9 月 15 日作出(2017)沪 01 民终 8862 号二审判决:驳回上诉,维持原判。

📖 | 典型意义 |

网络店铺的私自转让现实中大量存在,因此产生的纠纷亦有不断进入诉讼的趋势。该案涉及网络店铺转让究竟系转让什么、转让的法律效力如何等问题,理论界和实务界并无相对统一之见解。本案例明确了涉网络店铺转让纠纷相应的裁判规则,具有一定的典型性和指导价值。

本案中,汪帆系通过与淘宝平台签订服务协议并经实名认证,取得系争网络店铺之经营权。服务协议内容经双方认可,且不存在违反法律行政法规强制性规定、损害社会公共利益等情形,故汪帆与淘宝平台间形成合法有效的合同关系。现周洁在汪帆认可之情况下,与王兵、舞泡公司签署网络店铺转让合同,实际上系将汪帆与淘宝平台间合同关系项下的权利义务一并转让给王兵。根据《中华人民共和国合同法》第八十八条、第八十九条之规定,当事人一方将自己在合同中的权利和义务一并转让给第三方的,须经对方当事人的同意。现周洁虽有汪帆之认可但未征得淘宝平台同意,私自转让系争网络店铺,该转让行为不发生法律效力。故王兵以合同约定内容为据,要求周洁等支付违约金、双倍返还转让费之主张,缺乏依据。而根据《中华人民共和国合同法》第四十二条规定,当事人在订立合同过程中有违背诚实信用原则的行为,给对方造成损失的,应当承担损害赔偿责任。周洁在汪帆认可情况下,将系争店铺让与王兵,现转让行为未生效,且店铺已被汪帆找回并实际控制,周洁理应就王兵因此而产生之损失承担赔偿责任。

该案通过对网络店铺店主与网络平台经营方之间法律关系的厘清,对实际普遍存在的网络店铺私自转让行为,从法律上作出了妥当评价,有利于网络平台经营方更好地实施管理、提供服务、控制网络交易风险,促进电子商务的进一步健康、有序发展。

案例 ⑤

庞理鹏诉中国东方航空股份有限公司、
北京趣拿信息技术有限公司隐私权纠纷案

💬 | 基本案情 |

2014 年 10 月 11 日,庞理鹏委托鲁超通过北京趣拿信息技术有限公司（以下简称趣拿公司）下辖网站去哪儿网平台（www.qunar.com）订购了中国东方航空股份有限公司（以下简称东航）机票 1 张,所选机票代理商为长沙星旅票务代理公司（以下简称星旅公司）。去哪儿网订单详情页面显示该订单登记的乘机人信息为庞理鹏姓名及身份证号,联系人信息、报销信息均为鲁超及其尾号 ＊＊58 的手机号。2014 年 10 月 13 日,庞理鹏尾号 ＊＊49 手机号收到来源不明号码发来短信称由于机械故障,其所预订航班已经取消。该号码来源不明,且未向鲁超发送类似短信。鲁超拨打东航客服电话进行核实,客服人员确认该次航班正常,并提示庞理鹏收到的短信应属诈骗短信。2014 年 10 月 14 日,东航客服电话向庞理鹏手机号码发送通知短信,告知该航班时刻调整。当晚 19:43,鲁超再次拨打东航客服电话确认航班时刻,被告知该航班已取消。庭审中,鲁超证明其代庞理鹏购买本案机票并沟通后续事宜,认可购买本案机票时未留存庞理鹏手机号。东航称庞理鹏可能为东航常旅客,故东航掌握庞理鹏此前留存的号码。庞理鹏诉至法院,主张趣拿公司和东航泄露的隐私信息包括其姓名、尾号 ＊＊49 手机号及行程安排（包括起落时间、地点、航班信息）,要求趣拿公司和东航承担连带责任。

📑 | 裁判结果 |

北京市海淀区人民法院于 2016 年 1 月 20 日作出（2015）海民初字第 10634 号民事判决：驳回庞理鹏的全部诉讼请求。庞理鹏向北京市第一中级人民法院提出上诉。北京市第一中级人民法院于 2017 年 3 月 27 日作出（2017）京 01 民终 509 号民事判决：一、撤销北京市海淀区人民法院（2015）海民初字第 10634 号民事判决；二、北京趣拿信息技术有限公司于本判决生效后十日内在其官方网站首页以公告形式向庞理鹏赔礼道歉，赔礼道歉公告的持续时间为连续三天；三、中国东方航空股份有限公司于本判决生效后十日内在其官方网站首页以公告形式向庞理鹏赔礼道歉，赔礼道歉公告的持续时间为连续三天；四、驳回庞理鹏的其他诉讼请求。

📖 | 典型意义 |

随着科技的飞速发展和信息的快速传播，现实生活中出现大量关于个人信息保护的问题，个人信息的不当扩散与不当利用已经逐渐发展成为危害公民民事权利的一个社会性问题。本案是由网络购票引发的涉及航空公司、网络购票平台侵犯公民隐私权的纠纷，各方当事人立场鲜明，涉及的焦点问题具有代表性和典型性。公民的姓名、电话号码及行程安排等事项属于个人信息。在大数据时代，信息的收集和匹配成本越来越低，原来单个的、孤立的、可以公示的个人信息一旦被收集、提取和综合，就完全可以与特定的个人相匹配，从而形成某一特定个人详细准确的整体信息。此时，这些全方位、系统性的整体信息，就不再是单个的可以任意公示的个人信息，这些整体信息一旦被泄露扩散，任何人都将没有自己的私人空间，个人的隐私将遭受威胁。因此，基于合理事由掌握上述整体信息的组织或个人应积极地、谨慎地采取有效措施防止信息泄露。任何人未经权利人的允许，都不得扩散和不当利用能够指向特定个人的整体信息，而整体信息也因包含了隐私而整体上成为隐私信息，可以通过隐私权纠纷而寻求救济。

本案中，庞理鹏被泄露的信息包括姓名、尾号＊＊49 手机号、行程安排等,其行程安排无疑属于私人活动信息,应该属于隐私信息,可以通过本案的隐私权纠纷主张救济。从收集证据的资金、技术等成本上看,作为普通人的庞理鹏根本不具备对东航、趣拿公司内部数据信息管理是否存在漏洞等情况进行举证证明的能力。因此,客观上,法律不能也不应要求庞理鹏证明必定是东航或趣拿公司泄露了其隐私信息。东航和趣拿公司均未证明涉案信息泄漏归因于他人,或黑客攻击,抑或是庞理鹏本人。法院在排除其他泄露隐私信息可能性的前提下,结合本案证据认定上述两公司存在过错。东航和趣拿公司作为各自行业的知名企业,一方面因其经营性质掌握了大量的个人信息,另一方面亦有相应的能力保护好消费者的个人信息免受泄露,这既是其社会责任,也是其应尽的法律义务。本案泄露事件的发生,是由于航空公司、网络购票平台疏于防范导致的结果,因而可以认定其具有过错,应承担侵权责任。综上所述,本案的审理对个人信息保护以及隐私权侵权的认定进行了充分论证,兼顾了隐私权保护及信息传播的衡平。

案例 ⑥

谢鑫诉深圳市懒人在线科技有限公司、杭州创策科技有限公司等侵害作品信息网络传播权纠纷案

基本案情

谢鑫享有《72变小女生》文字作品著作权。后发现深圳市懒人在线科技有限公司(以下简称懒人公司)在其经营的"懒人听书"网,通过信息网络向公众提供涉案作品的有声读物。谢鑫从懒人公司提交的文件中发现懒人公司是经过杭州创策科技有限公司(以下简称创策公司)、杭州思变科技有限公司(以下简称思变公司)、北京朝花夕拾文化发展有限公司(以下简称朝花夕拾公司)的层层授权后提供听书服务的。谢鑫以四公司为共同被告提起诉讼,要求停止侵权,连带赔偿损失。

法院经审理查明:谢鑫曾于2013年将涉案作品的"信息网络传播权及其转授权以及制作、复制和销售电子出版物的权利"授权创策公司。2014年,创策公司向思变公司出具授权书,明确写明授权思变公司将涉案作品制成有声读物,并自行或再许可他方行使音频格式作品的信息网络传播权。2015年,思变公司授权朝花夕拾公司将涉案作品的信息网络传播权转授权给懒人公司在其"懒人听书"平台上使用。同年,懒人公司与朝花夕拾公司签订合同,约定朝花夕拾公司将涉案作品有声读物许可懒人公司在其平台上使用。

案件审理过程中,谢鑫确认被控侵权行为已经停止。思变公司确认涉案

有声读物系由其制作,在制作过程中未改变原作文字内容。思变公司与朝花夕拾公司均确认在向下游授权时对上游授权文件的审查系通过审查扫描件的形式进行。创策公司主张其从谢鑫处所取得"改编权"授权包含将涉案作品制作成音频制品的权利。

裁判结果

杭州铁路运输法院(现为杭州互联网法院)于 2017 年 6 月 19 日作出(2016)浙 8601 民初 354 号判决,认定侵权成立,判令懒人公司、创策公司、思变公司、朝花夕拾公司共同赔偿谢鑫经济损失及为制止侵权行为所支付的合理开支共计人民币 6100 元。谢鑫不服提起上诉,浙江省杭州市中级人民法院经审理后于 2017 年 9 月 25 日作出(2017)浙 01 民终 5386 号民事判决:驳回上诉,维持原判。

典型意义

"听书""有声读物"是近年新兴的一种文化消费方式,产业价值巨大。但制作、在线提供有声读物在著作权法上如何定性,经营者应当取得著作权人怎样授权,未经许可制作有声读物所侵害的是作者的复制权还是改编权等等问题,法律条文上无直接规定,理论界和实务界也有不同认识。这种局面可能使得业界法律界限不清,无所适从,不利于行业合法有序的经营发展。

本案争议焦点有三:其一,作品均以形成外在的独创性表达为其前提要件,对作品的改编应以改变作品之表达,且该改变具有独创性为前提。对于文字作品而言,文字表述是其作品的表达所在,改编文字作品应以文字内容发生改变为前提。将文字作品制成有声读物需要经过三个步骤:朗读、录音、后期制作。三个步骤均只改变了作品的形式或载体,无一改变了文字作品的表达或内容,因而不涉及对文字作品的改编,有声读物只是以录音制品存在的复制件。其二,根据著作权法保护著作权人权益的本意,凡未经著作权人明确授予的权利仍应保留在著作权人手中。授权作为一种合同行为,以双方当事人达成合意为前提。一项行为是否在著作权人授权范围之内,需要探明著作权人授权时的真实意思表示。本案中结合合同上下文及签约时的时间环境,不应认定在线提供有声读物属谢鑫授权范围之内。其三,上游"授权方"缺乏有效权利而向下授权他人实施受专有权利控制的行为,自身对此存在过错且行为实际发生的,所有上游授权方均构成侵权,与直接侵权人承担连带责任。

在当前立法和司法有关有声读物具体规则存在空白,而行业发展又亟须明确规则的背景下,本案裁判为行业主体提供了清晰的指引,对于充分发挥司法助推文化产业健康发展具有积极作用。

案例 ⑦

尚客圈（北京）文化传播有限公司诉
为你读诗（北京）科技有限公司、
首善（北京）文化产业有限公司擅自
使用知名服务特有名称纠纷案

基本案情

2013 年 6 月,尚客圈（北京）文化传播有限公司（以下简称尚客圈公司）联合北京青年报社等发起"为你读诗"公益诗歌艺术活动；同时尚客圈公司创建微信公众号"为你读诗",每天以配乐加朗读的形式推送一期读诗作品,同时以视频的形式展现所朗诵内容的字幕。另外,每期读诗作品中还配有图文,包括对诗歌及作者、朗诵者的介绍,所诵读诗歌的文字内容等。截至 2014 年 9 月 16 日,尚客圈公司共发布 473 期节目,诗歌朗读者含各行业精英与明星。因参与诗歌朗诵者的名人效应,自 2013 年 7 月至 2014 年 9 月,新华网、网易读书频道、光明网、《北京青年报》、《人民日报》（海外版）、新浪网、中国新闻网等媒体对参与朗诵诗歌者的朗诵活动以及微信公众号"为你读诗"进行了报道。截至本案起诉,微信公众号"为你读诗"的关注者数量显示已达 136 万余人,热门作品显示日均阅读和点播量超 10 万次。微信公众号"为你读诗"中作品在腾讯视频栏目下显示累积播放量超过 1 亿次。2014 年 9 月 16 日,首善（北京）音乐创意有限公司在苹果应用商店推出为你读诗 APP,其于 2015 年 6 月 23 日更名为为你读诗（北京）科技有限公司（以下简称为你读诗公

司)。2015年1月1日,首善(北京)文化产业有限公司(以下简称首善文化公司)创建名为"为你读诗官方客户端"的微信公众号。为你读诗APP的功能包括诗歌朗诵录制、配音、上传分享及收听他人的诗歌朗诵作品。"为你读诗官方客户端"的微信公众号主要用于发布相关信息。尚客圈公司诉至法院,请求法院判令为你读诗公司立即撤销在苹果应用商店、安卓市场中发布的为你读诗APP或停止在该APP上使用为你读诗的名称、变更公司名称、不得在公司名称中使用"为你读诗"作为字号,变更为你读诗APP软件的著作权登记名称、不得在软件著作权登记中将其软件名称登记为为你读诗;判令被告首善文化公司立即撤销微信公众号为你读诗客户端或停止在该公众号中使用为你读诗的名称、注销为你读诗客户端的新浪微博账号或停止在该新浪微博账号中使用为你读诗的名称;判令二被告立即停止擅自使用为你读诗名称的不正当竞争行为、赔偿经济损失。

裁判结果

北京市朝阳区人民法院作出(2015)朝民(知)初字第46540号民事判决:一、被告为你读诗(北京)科技有限公司立即停止在其涉案手机软件名称上使用为你读诗字样;二、被告为你读诗(北京)科技有限公司立即停止在其企业名称中使用为你读诗字样;三、被告首善(北京)文化产业有限公司立即停止在其涉案微信公众号名称中使用为你读诗字样;四、被告为你读诗(北京)科技有限公司、首善(北京)文化产业有限公司于本判决生效之日起七日内连带赔偿原告尚客圈(北京)文化传播有限公司损失人民币二十万元整;五、驳回原告尚客圈(北京)文化传播有限公司其他诉讼请求。一审宣判后,为你读诗公司和首善文化公司提出上诉。北京知识产权法院作出(2016)京73民终75号民事判决:驳回上诉,维持原判。

典型意义

本案的焦点问题涉及知名微信公众号名称的不正当竞争保护,由于移动互联网络具有受众范围广、传播速度快等特点，故其产业经营特点、竞争方式有别于传统产业。对于涉互联网不正当竞争纠纷案件的处理，既要准确理解、适用法律，也要充分了解特定产业的特点。对于互联网环境下的竞争纠纷，要结合网络本身所具有的特点，充分考量互联网软件产品或服务的模式创新以及市场主体的劳动付出，通过司法裁判，促进和规范市场竞争秩序。

法院生效判决认为，首先，为你读诗公司、首善文化公司与尚客圈公司具有竞争关系。为你读诗公司、首善文化公司与尚客圈公司提供的服务都是以移动客户端如手机为载体，服务对象都是移动平台用户，服务内容都是与诗歌有关的主题，故为你读诗公司和首善文化公司与尚客圈公司提供的是类似的服务，构成竞争关系，应受反不正当竞争法的调整。其次，尚客圈公司的微信公众号"为你读诗"构成知名服务特有的名称。根据查明的事实可以认定在被控侵权行为发生时，尚客圈公司的"为你读诗"微信公众号服务在我国已具有一定的市场知名度，属于相关公众所知悉的服务。最后，为你读诗公司和首善文化公司的被诉行为构成不正当竞争。根据相关法律规定，所述混淆或误认是指发生混淆或者误认的可能性，而不需要实际发生混淆或误认，且不以实际发生损害后果为前提。为你读诗 APP 和"为你读诗"微信公众号的名称完全相同，二者均是以移动客户端如手机为载体，且"为你读诗"微信公众号提供的核心服务为朗诵诗歌供订阅者收听，可完全被为你读诗 APP 提供的服务所涵盖，上述情形使得相关公众在接受为你读诗 APP、"为你读诗官方客户端"微信公众号的服务时，容易认为该服务系由尚客圈公司提供，从而产生混淆或误认。

案例 ⑧

南京尚居装饰工程有限公司诉
南京飞日强装饰工程有限公司
著作权侵权、虚假宣传纠纷案

基本案情

原告南京尚居装饰工程有限公司（以下简称尚居公司）诉称，尚居公司成立于2005年，历经12年的发展，已成为在南京及周边地区具有较高专业化、规模化、品牌化和产业化的装饰企业。2017年，尚居公司发现同为装饰企业的南京飞日强装饰工程有限公司（以下简称飞日强公司）经营的网站从色彩、文字、图片、编排体例等方面抄袭了尚居公司网站的主要内容。此外，飞日强公司还将尚居公司的荣誉作为自己的荣誉广而告之，属于虚假宣传。故尚居公司请求法院判令飞日强公司立即删除侵犯尚居公司著作权及构成不正当竞争的网页内容并赔偿经济损失。

被告飞日强公司辩称，原告涉案网站的独创性不高，不足以构成著作权法意义上的作品，请求法院驳回原告诉请。

法院经审理查明，被告网站多处编排设计与原告网站存在相同或相似。首先，被告网站首页的页面布局，其公司LOGO显示位置和联系电话与原告基本一致，网页中部亦在相同位置使用与原告相同的图片及宣传文字，图片及文字在页面中排列方式与原告内容完全相同。主页部分的主题设置，其基本模块及下拉菜单内容与原告网站基本一致，仅将"品牌动态"变更为"最新活动"，主页背景图使用位置及文字描述与原告构成相同。其次，通过点击各主题进行浏览，被告网页呈现内容的方式及相应内容的编排位置均与原告网站相应版块构成相同或近似，部分网页内容包括文字、图片使用方式及排列位置、次序与原告完全一致。最后，被告在资质荣誉部分使用的"2013 年中国家居网络总评网年度人物"、"365 家居宝十佳网络客服"、"2009 长三角风尚设计装饰企业"等荣誉照片与原告亦完全相同。

裁判结果

南京铁路运输法院于 2017 年 9 月 18 日作出（2017）苏 8602 民初 564 号民事判决：被告南京飞日强装饰工程有限公司立即删除其网站侵害原告南京尚居装饰工程有限公司著作权及构成虚假宣传的网页内容；被告赔偿原告经济损失（含合理费用）共计人民币 220000 元。

典型意义

随着"互联网+"模式的普及发展，越来越多的企业意识到依托电子平台或互联网宣传吸引优质资源和消费群体的重要性，而网站如同企业的电子名片，是企业向消费者传递服务信息及品质的高效途径，消费者可以足不出户地通过浏览网站来了解企业的业务特色、服务理念及信誉信息等。随之而来的是，企业网站被竞争对手"抄袭"现象也层出不穷。网站抄袭行为会使权利人通过网站布局、文案所呈现的独特视觉感受淡化，误导消费者，损害网站运营企业的经济利益。但如何对网站进行法律保护，网站是否构成著作权法意义上的作品，法律并无明确规定，这给司法实践造成了一定困扰。本案裁判认为，网站通过撰写源代码将文字、图片、声音等组合成多媒体并通过计算机输出设备进行展示，当网站版面的素材选取、表现形式及内容编排等达到一定独创性要求，网站整体可作为汇编作品进行保护。网站设计者通过创作构思将多种元素信息进行整合与排列，以营造丰富的视觉体验，网站版面设计过程本身亦是一种劳动创造，其特异性体现在对多媒体信息的选择与编排。精心挑选的内容、素材经过编排整合形成的网站版面表现形式符合汇编作品的概念与特征。著作权是为了保护在文学、艺术、科学领域做出了创造性劳动的人的利益,当网站设计达到一定独创性要求,应当依著作权法对权利人的合法权益进行保护。被告公司网站与原告网站高度近似的部分属于原告独创性的对内容的选择、整理与编排部分,故被告网站侵犯了原告著作权。

另外,经营者在市场交易中,应遵循自愿、平等、公平、诚实信用的原则,遵守公认的商业道德。经营者不得利用广告或者其他方法,对商品与服务质量、制作成分、性能、提供者等作引人误解的虚假宣传。网站页面能够起到一定区分和识别市场主体的作用,被告在其网站上擅自使用与原告相同的宣传用语、专属荣誉等,显然与实际情况不符。本案原、被告均属装饰企业,业务范围高度近似、注册地均在江苏省南京市,潜在顾客群存在交叉,两者存在竞争关系。被告上述行为实质破坏了正常的市场经营秩序,使得消费者对被告企业真实经营规模、信誉产生误解,本质上构成虚假宣传、不正当竞争,侵害了原告正常的商业利益。

案例 9

中国平安财产保险股份有限公司 广东分公司诉吴春田、北京亿心宜 行汽车技术开发服务有限公司保险 人代位求偿权纠纷案

基本案情

中国平安财产保险股份有限公司广东分公司（以下简称平安保险公司）承保王司政名下车辆。保险期间内，王司政因饮酒不能驾驶，遂通过"e 代驾"网络平台向北京亿心宜行汽车技术开发服务有限公司（以下简称亿心公司）请求有偿代驾服务，亿心公司接受后指派了吴春田提供代驾服务。王司政签署了由吴春田提供的《委托代驾服务协议》，王司政在委托方署名，吴春田、亿心公司在被委托方签名和签章。吴春田提供代驾服务时发生交通事故，据交警部门作出的事故认定书，吴春田负事故全部责任。此次交通事故，经平安保险公司定损并向王司政赔付了保险金 159194 元。王司政承诺将已获赔部分的追偿权转给平安保险公司。平安保险公司遂将吴春田、亿心公司起诉至法院，要求连带赔偿平安保险公司经济损失 159194 元。

裁判结果

广州市荔湾区人民法院作出（2016）粤 0103 民初 5327 号民事判决：一、北京亿心宜行汽车技术开发服务有限公司、吴春田共同于判决发生法律效力之

日起十日内向中国平安财产保险股份有限公司广东分公司支付赔偿款124834元。二、驳回中国平安财产保险股份有限公司广东分公司的其他诉讼请求。广州市中级人民法院于2017年10月11日作出（2017）粤01民终13837号民事判决：一、撤销广州市荔湾区人民法院（2016）粤0103民初5327号民事判决第二项；二、变更广州市荔湾区人民法院（2016）粤0103民初5327号民事判决第一项为：北京乙心宜行汽车技术开发服务有限公司于判决发生法律效力之日起十日内向中国平安财产保险股份有限公司广东分公司支付赔偿款124834元；三、驳回中国平安财产保险股份有限公司广东分公司的其他诉讼请求。

📖 ｜典型意义｜

随着网络时代的兴起，通过网约代驾平台请求有偿代驾服务越来越常见，而在代驾服务期间发生事故进而引发纠纷的情形也时有发生。提供有偿网约代驾服务的主体并不具有车损险被保险人地位，代驾过程中发生事故造成车损，代驾司机负有责任的，保险人向被保险人赔偿后，有权在赔偿金额范围内行使代位求偿权。本案的处理，对厘清车主、网约代驾平台及保险人的责任，维护广大车主的切身利益和规范网络代驾行业的健康发展都具有积极的意义。不同于日常生活中亲朋借车或友情代驾行为，本案中代驾人系有偿提供代驾服务，并非为被保险人利益所为，对保险标的车辆也不存在占有利益，因此代驾人不能成为涉案保险合同的被保险人。代驾人作为第三人在提供有偿服务的过程中造成投保车辆受损并负全责，对被保险人的财产构成侵权，被保险人有权请求赔偿，保险公司亦可代位行使求偿权。

案例 ⑩

深圳市玩家文化传播有限公司
申请强制执行案

📧 | 基本案情 |

申请执行人深圳市玩家文化传播有限公司与广州畅悦网络科技有限公司系列案,广州市越秀区人民法院(以下简称执行法院)依据已经发生法律效力的民事判决,向被执行人广州畅悦网络科技有限公司发出执行通知书,责令被执行人履行上述法律文书确定的义务,被执行人未履行义务。执行法院除查明并扣划被执行人名下的少量银行存款外,未发现有其他可供执行的财产,同时该公司法定代表人亦下落不明。执行法院向申请执行人告知上述案件执行情况后,申请执行人向法院提出被执行人有三个网站均在正常运营,其中一个网页中有广告投放公告,每天广告费为 2 万元到 32 万元不等。执行法院依法作出执行裁定书及协助执行通知书,对该网络域名进行查封,查封期限为两年。相关域名被禁止登录后,法官接到被执行人主动来电,询问履行义务途径,随后将全额款项打入法院账户。

📂 | 裁判结果 |

广东省广州市越秀区人民法院(2017)粤 0104 执 6507—6526 号执行系列案全部执行完毕。

📖 | **典型意义** |

当前,互联网经济高度活跃,在日益频发的互联网纠纷中,案件执行往往具有难度大、范围广、实体财产难以掌握的特点,需要创新高效、快捷的执行手段。本案中,法院经核实发现,被执行人所拥有的网页中有广告投放公告,广告费用较高,且在该网页内确有广告投放。该网络域名已在国家管理部门注册登记,权利人具有专有使用权。同时,法院对本案的执行已穷尽查询银行财产、房管、车管、工商登记、搜查等传统执行措施,但仍无可供执行财产。法院可依法将网络域名作为补充方式采取强制措施,向有关单位发出协助执行通知书进行查封,以使被执行人主动履行法定义务。

最高人民法院发布
十件海事诉讼典型案例

案例 1　浙江隆达不锈钢有限公司诉 A.P.穆勒—马士基有限公司（A.P.Moller-Maersk A/S）海上货物运输合同纠纷案

案例 2　中国人民财产保险股份有限公司航运保险运营中心与泰州三福船舶工程有限公司船舶建造保险合同纠纷案

案例 3　广州海德国际货运代理有限公司与福建英达华工贸有限公司海上货物运输合同纠纷案

案例 4　招商局物流集团（天津）有限公司与以星综合航运有限公司、合肥索尔特化工有限公司海上货物运输合同纠纷案

案例 5　厦门力鹏船运有限公司等与中海发展股份有限公司货轮公司船舶碰撞损害责任纠纷案

案例 6　艾伦·门多萨·塔布雷（Allan Mendoza Tablate）涉外海上交通肇事案

案例 7　联盟多式联运有限合伙公司（Soyuz Trans Link Llp）与深圳运达物流供应链服务有限公司海事强制令案

案例 8　温州海事局申请认定财产无主案

案例 9　哈皮那船舶公司（Ha-pina Owning Company Limited）与江苏天元船舶进出口有限公司、江苏新扬子造船有限公司和扬子鑫福造船有限公司船舶建造合同纠纷案

案例 10　大宇造船海洋株式会社（Daewoo Shipbuilding & Marine Engineering Co.,Ltd）诉西达克凌公司（C Duckling Corporation）船舶抵押合同纠纷案

案例 ①

浙江隆达不锈钢有限公司诉 A.P.穆勒—马士基有限公司（A.P.Moller-Maersk A/S）海上货物运输合同纠纷案

📋 | 基本案情 |

2014 年 6 月,隆达公司由中国宁波港出口一批不锈钢产品至斯里兰卡科伦坡港。隆达公司通过货运代理人向马士基公司订舱,涉案货物于同年 6 月 28 日出运。2014 年 7 月 9 日,隆达公司通过货运代理人向马士基公司发邮件称,发现货物运错目的地要求改港或者退运。马士基公司于同日回复,因距货物抵达目的港不足 2 天,无法安排改港,如需退运则需与目的港确认后回复。次日,隆达公司的货运代理人询问货物是否可以原船带回。马士基公司当日回复"原船退回不具有操作性,货物在目的港卸货后,需要由现在的收货人在目的港清关后,再向当地海关申请退运。海关批准后,才可以安排退运事宜"。涉案货物于 2014 年 7 月 12 日左右到达目的港。2015 年 5 月 19 日,隆达公司向马士基公司发邮件表示已按马士基公司要求申请退运,马士基公司随后告知隆达公司涉案货物已被拍卖。隆达公司向宁波海事法院提起诉讼,请求判令马士基公司赔偿其货物损失及相应利息。

📑 | 裁判结果 |

宁波海事法院一审判决驳回隆达公司的诉讼请求,隆达公司提起上诉,浙江省高级人民法院二审判决撤销一审判决,改判马士基公司赔偿隆达公司50%的货物损失及利息。马士基公司不服二审判决,向最高人民法院申请再审。

最高人民法院再审认为:依据合同法第三百零八条的规定,海上货物运输合同的托运人享有请求变更合同的权利,同时也应遵循公平原则确定各方的权利和义务。如果变更运输合同难以实现或者将严重影响承运人正常营运,承运人可以拒绝托运人改港或者退运的请求,但应当及时通知托运人不能执行的原因。涉案运输方式为国际班轮运输,货物于 2014 年 7 月 12 日左右到达目的港,隆达公司于 7 月 9 日要求马士基公司改港或者退运,在距离船舶到达目的港不足 2 天时间的情形下,马士基公司主张由于航程等原因无法安排改港、原船退回不具有操作性,客观合理。一审判决支持马士基公司的上述主张,符合公平原则,予以维持。隆达公司明知目的港无人提货而未采取措施处理,致使货物被海关拍卖,其举证也不足以证明马士基公司未尽到谨慎管货义务,二审法院判决马士基公司承担涉案货物一半的损失,缺乏事实依据,适用法律不当,应予纠正。

📖 | 典型意义 |

合同法第三百零八条是否适用于海上货物运输合同,一直是理论研究与审判实务中争议很大的问题。本案再审判决紧紧围绕案件事实,依据合同法之公平原则,合理平衡海上货物运输合同各方当事人之利益,确定了合同法第三百零八条适用于海上货物运输合同的一般规则,统一了相关纠纷的裁判尺度,为我国正在进行的海商法修订工作提供司法经验。再审改判支持了外方当事人的抗辩,表明人民法院严格适用法律,平等保护境内外当事人的合法权利,彰显我国良好的法治环境和营商环境。

案例 ②

中国人民财产保险股份有限公司航运保险运营中心与泰州三福船舶工程有限公司船舶建造保险合同纠纷案

基本案情

　　三福公司与波兰赫密恩公司于 2008 年 4 月 28 日签订了造船合同，同日三福公司、赫密恩公司与设计方上海佳豪公司签订该船舶建造的技术规格书，约定船舶达到干舷吃水 8.25 米时，载重吨大约为 16900 吨。三福公司于 2011 年 5 月 14 日为该艘船舶的建造向人保航运中心投保船舶建造险，人保航运中心于 5 月 17 日向三福公司签发保险单。涉案保险单背面印制的保险条款第三条列明保险责任范围包括"保险船舶任何部分因设计错误而引起的损失"，第四条列明的除外责任包括"建造合同规定的罚款以及由于拒收和其他原因造成的间接损失"。涉案船舶基本建成前进行的空船测试显示：空船重量为 6790 吨，吃水 8.25 米时载重吨为 15968.60 吨，比设计合同的约定少 931.40 吨。三福公司发现上述问题后，于 2012 年 3 月 10 日与赫密恩公司签订备忘录协商同意降价 286 万美元。此后，三福公司通过增加船舶干舷吃水 0.2 米将船舶载重吨增加至 16593.90 吨，于 2012 年 3 月 16 日向赫密恩公司实际交付船舶。三福公司于 2012 年 7 月 9 日就上述降价损失向人保航运中心提出保险索赔被拒，遂于 11 月 26 日提起诉讼。

📄 | 裁判结果 |

上海海事法院一审认为,三福公司因船舶吃水设计错误所遭受的经济损失人民币 18038878 元属于船舶建造险的承保范围,判决人保航运中心赔偿该损失及其利息。上海市高级人民法院二审基本同意一审判决意见,但认为一审判决没有扣除保险单约定的免赔额人民币 14 万元不当,遂在此基础上相应改判。人保航运中心不服二审判决,向最高人民法院申请再审。

最高人民法院再审认为:(一)海商法规定的船舶原则上应限于基本建成而具有航海能力的船舶,船舶建造险所承保的船舶是否属于该法规定的船舶,需要根据其是否具有航海能力分阶段相应认定。在三福公司投保当时造船材料尚未移上船台,远未建成为海商法一般意义上的船舶,且涉案保险事故及其原因发生在船舶基本建成前的建造与设计阶段,本案纠纷不应适用海商法的规定。一、二审法院适用海商法关于海上保险的规定作出判决错误,应予纠正。(二)对保险条款首先应当按照通常理解予以解释,涉案保险条款规定"本公司对保险船舶的下列损失、责任和费用,负责赔偿",以船舶指代船舶所有人、经营人或者建造人等相关利益主体,"损失和费用"是指被保险人的"损失和费用"。在没有特别限定情况下通常可以理解为包含有形物理损害(损坏)和无形的经济损失。(三)船舶建造保险单已经明确以造船合同文本为基础,应根据保险单和保险条款确定保险责任范围。被保险人与船舶买方在造船合同约定之外另行协商赔偿,超出保险合同当事人订立合同时的合理预期,保险人有权拒绝赔付。遂改判人保航运中心赔偿三福公司损失人民币5640640.45 元及其利息。

📖 | 典型意义 |

中国作为造船大国,多年来持有造船订单和实际造船总载重吨位居全球第一。本案涉及船舶建造险的法律适用、保险条款的解释,以及船舶设计错误、损失赔偿数额认定等一系列比较复杂的法律适用和海事专门技术问题。航运和保险业特别关注,将本案再审作为依法解决类案的一个示范性诉讼。

最高人民法院再审判决通过通俗阐明专业技术问题和抽丝剥茧的法律论证，逐一厘清了船舶建造险的法律适用规则、保险条款的解释方法、船舶设计错误及有关损失的认定依据，积极回应了船舶建造业与保险业长期争执不休的法律热点问题，对指导全国法院公正审理同类纠纷案件、规范相关市场主体的履约行为、促进航运保险业稳定健康发展，均具有积极作用。

案例 ③

广州海德国际货运代理有限公司与
福建英达华工贸有限公司
海上货物运输合同纠纷案

基本案情

英达华公司委托海德公司运输一批照明设备至哥伦比亚。海德公司的授权代表向英达华公司签发了无船承运人提单,记载托运人为英达华公司,收货人为哥伦比亚国家电气进口有限公司,装货港为中国盐田港,卸货港为哥伦比亚布埃纳文图拉,船名和航次为"圣塔卡琳娜(Santacatarina)"轮429E 航次,运费到付,运输方式为场到场(CY-CY)。货物运抵目的港后,涉案 2 个集装箱分别于 2014 年 11 月 26 日、12 月 9 日空箱调度到中国上海。英达华公司仍持有涉案提单,且未收回全部货款。英达华公司向广州海事法院起诉主张海德公司无单放货,请求判令海德公司赔偿英达华公司货款及运杂费损失。海德公司抗辩称其并未向收货人交付货物,涉案货物系因在卸货港海关保税仓库超期存放,而被哥伦比亚海关依据法律规定作为弃货处理,海德公司依法无须承担责任。

裁判结果

广州海事法院一审认为,海德公司抗辩涉案货物因超过法律规定期限无人提货而被目的港海关作弃货处理,但其提交的哥伦比亚税务海关局的文件无原件核对,亦未办理公证认证手续,对该组证据不予采信。判决海德公司构成无单放货,赔偿英达华公司货款损失 93622.3 美元及其利息。海德公司不服,提起上诉,并提交了经认证的哥伦比亚税务海关局出具的相关文件作为证据。广东省高级人民法院二审认为,根据海德公司二审补充提交的证据,可以认定涉案货物在目的港因超过存储期限无人提取而被海关当局作为弃货处理,承运人海德公司依法可以免除交付货物责任。二审改判驳回英达华公司的诉讼请求。

📖 | 典型意义 |

本案为典型的海上货物运输合同货物交付纠纷,具有以下典型意义:第一,涉案货物运输的目的港在哥伦比亚,证明货物交付需要调取域外证据,难度较大。二审法院依法审查采信域外证据,认定海德公司不构成无单放货,判决驳回英达华公司的诉讼请求,实现了程序公正与实体公正的统一。第二,该案具有国际贸易商业风险提示意义,有利于促使国内出口商提升风险防范意识。境外买方未按时付款赎单,卖方在积极处理贸易纠纷的同时,也不能忽视自己作为提单持有人在海上货物运输合同中的权利与义务。不适当地将贸易风险转嫁到运输领域,可能导致"钱货两空",损失难以弥补。

案例 ④

招商局物流集团（天津）有限公司与以星综合航运有限公司、合肥索尔特化工有限公司海上货物运输合同纠纷案

基本案情

以色列以星航运公司与我国招商物流公司签订的订舱协议约定，招商物流公司委托以星航运公司作为其在天津的进出口货物运输承运人；若货物在目的港无人提取，招商物流公司将与托运人对因此给以星航运公司所造成的一切责任、后果和费用承担连带责任。2014年8月，招商物流公司委托以星航运公司将一个20尺集装箱货物从天津新港运至乌克兰敖德萨港。以星航运公司签发了托运人为索尔特公司的指示提单，提单载明了集装箱的免费使用期与超期收费标准。货物到港后，一直没有收货人持正本提单提货。后货物在目的港被销毁，以星航运公司为此支付了目的港产生的销毁费用、堆存费、装卸费等。以星航运公司提起本案诉讼，请求判令招商物流公司、索尔特公司连带赔偿其目的港各项费用及集装箱超期使用费等经济损失20310美元及利息。案件审理中，以星航运公司与招商物流公司均主张适用中国法律处理本案合同争议。

裁判结果

天津海事法院一审判令招商物流公司赔偿以星航运公司在目的港支付的

货物处置费用及按照购置成本基础计算的集装箱超期使用费共计66152.52元人民币及利息,驳回以星航运公司的其他诉讼请求。招商物流公司不服一审判决,提起上诉。

天津市高级人民法院二审认为:涉案提单系以星航运公司基于招商物流公司按照订舱协议提出的订舱要求所签发,虽提单记载托运人并非招商物流公司,但以星航运公司仍有权按照由订舱所形成的运输合同法律关系向订舱的托运人主张权利,当货物在目的港无人提货时,以星航运公司有权向合同相对方招商物流公司主张相应权利。承运人留置货物仅为其主张债权的方式之一,不留置货物并不影响承运人向托运人主张相关费用的权利。就货物销毁费用、堆存费、装卸费等损失,以星航运公司提交的在乌克兰目的港形成的相关证据经过公证认证,可相互印证。遂判决驳回上诉,维持原判。二审终审后,招商物流公司主动履行了判决确定的义务。

📖 | 典型意义 |

本案系一起发生在"一带一路"沿线国家,因目的港无人提货引起的海上货物运输合同纠纷。具有以下典型意义:一是明确了目的港无人提货给承运人造成损失的责任主体。在卸货港无人提取货物的情况下,承运人有权基于海上货物运输合同关系,向合同相对方托运人主张相应权利。二是明确了海商法第八十七条、第八十八条规定的承运人留置权并非其向托运人索赔的前置条件。留置货物仅为承运人主张债权的方式之一,承运人不留置货物并不影响其向托运人主张相关费用的权利。三是不把公证认证作为判断域外证据证明力的唯一标准,而是结合具体案情、域外证据种类、待证事实、可否与其他证据相互印证等因素,运用经验法则与逻辑推理,对域外证据进行综合认定,充分展示了"一带一路"建设背景下人民法院涉外商事海事审判的应有水平。

案例 ⑤

厦门力鹏船运有限公司等与中海
发展股份有限公司货轮公司
船舶碰撞损害责任纠纷案

📑 | 基本案情 |

力鹏公司所属"力鹏1"轮与中海公司所属"碧华山"轮发生碰撞,造成"力鹏1"轮船体右倾,之后因舱内集装箱系固不当发生倒塌,致使"力鹏1"轮右倾角度不断增大,加之被拖轮从左侧顶推往浅水区坐浅,最终导致沉没。海事部门作出调查报告认定"碧华山"轮与"力鹏1"轮对碰撞事故分别承担事故主次责任。力鹏公司及"力鹏1"轮船舶保险人提起本案诉讼,请求判令"碧华山"轮承担80%的事故赔偿责任,并从"碧华山"轮海事赔偿责任限制基金中优先受偿等。中海公司抗辩认为,"力鹏1"轮沉没的最主要原因不是碰撞事故,而是该轮船舶结构缺陷、积载不当、货物系固不当、船员打压载水时操作错误等原因,故"力鹏1"轮应承担70%碰撞责任,"碧华山"轮对"力鹏1"轮沉没导致的损失不承担责任。中海公司反诉请求判令力鹏公司赔偿损失并从"力鹏1"轮海事赔偿责任限制基金中受偿。

📋 | 裁判结果 |

厦门海事法院一审认为,综合全案证据可以认定,"碧华山"轮和"力鹏1"轮就碰撞事故本身应分别承担60%、40%责任,但"力鹏1"轮沉没除碰撞所致右倾之外，还加入了该轮本身集装箱系固不当等因素，故就"力鹏1"轮沉没而言，"碧华山"轮与"力鹏1"轮应分别承担40%、60%的责任，海事赔偿限额适用于本、反诉请求相互抵销后的差额。据此判决中海公司分别向力鹏公司及"力鹏1"轮船舶保险人赔偿人民币2843556元和5355402元及相应利息。双方当事人均不服一审判决，提起上诉。福建省高级人民法院二审判决"碧华山"轮与"力鹏1"轮就碰撞和沉没均应分别承担60%、40%责任。中海公司不服二审判决向最高人民法院申请再审。

最高人民法院再审认为，力鹏公司没有对"力鹏1"轮舱内集装箱进行防止倒塌的固定，该行为具有过错且对该轮沉没具有原因力。一审判决据此减轻中海公司对"力鹏1"轮沉没的损害赔偿责任，并酌定力鹏公司与中海公司分别对"力鹏1"轮沉没损失承担60%、40%的责任，并无不当。再审判决撤销二审判决，维持一审判决。

📖 | 典型意义 |

本案系典型的船舶碰撞及沉没事故引发的纠纷。就船舶碰撞与沉没的责任比例，双方当事人争议较大，并在业界引起较大关注。本案具有两方面的典型意义：第一，本案从大量涉及航海、船舶驾驶、货物配载、集装箱系固等专业而复杂的证据材料中抽丝剥茧，全面分析"力鹏1"轮沉没的原因力，经过充分论证，判定集装箱系固不当造成船舶右倾角度加大是该轮最终沉没的原因之一，从而将"碧华山"轮因碰撞事故所应承担的过错责任比例区分于其因"力鹏1"轮沉没所应承担的过错责任比例。这样处理既符合技术规范的要求，也符合法律的相关规定。第二，本案碰撞双方互负赔偿责任，均设立了海事赔偿责任限制基金，在认定双方损失后，根据"先抵销，后受偿"的原则，先将双方损失相互抵销，再到对方所设基金中受偿，符合海商法的规定。

案例 **6**

艾伦·门多萨·塔布雷(Allan Mendoza Tablate)涉外海上交通肇事案

基本案情

艾伦系马耳他籍"卡塔利娜(Catalina)"轮二副。2016年5月,"卡塔利娜"轮从中国连云港空载驶往印度尼西亚。艾伦值班驾驶"卡塔利娜"轮途经浙江象山沿海水域时,在海面起雾、能见度不良、渔区航行的情况下,艾伦违反海上交通安全的相关规定,未保持正规瞭望、采取有效的雾航措施、使用安全航速行驶,未能对当时局面和碰撞危险作出充分估计并及早采取有效的避让行为,导致"卡塔利娜"轮与"鲁荣渔58398"轮发生碰撞,造成"鲁荣渔58398"轮扣翻、沉没,船员张某等十四人死亡,船员王某某等五人失踪的重大交通事故,宁波海事局认定"卡塔利娜'轮应承担本起事故的主要责任。"卡塔利娜"轮所有人波尔萨利船运有限公司(Borsari Shipping Company Ltd)共赔偿死亡和失踪人员近亲属人民币2245万元,被害人姜某某等的近亲属出具了谅解书。

裁判结果

宁波海事法院一审认为,艾伦在驾驶船舶过程中,违反海上交通运输管理法规,与捕捞渔船发生碰撞,致使渔船扣翻、沉没,造成十四名船员死亡、五名船员失踪,应负事故的主要责任,其行为已构成交通肇事罪,情节特别恶劣,应当依法惩处。公诉机关指控的犯罪事实清楚，证据确实、充分，指控罪名成立。鉴于艾伦案发后自首，真诚认罪、悔罪，"卡塔利娜"轮船舶所有人积极赔偿被害人近亲属经济损失，部分被害人近亲属表示谅解等，依法可对其从轻处罚。判决艾伦犯交通肇事罪，判处有期徒刑三年六个月。一审宣判后，被告人艾伦服判，没有提出上诉。

典型意义

本案是海事法院试点管辖的第一宗海事刑事案件，是落实深化人民法院司法体制改革要求的重要内容和具体措施。该案的顺利审结，开启了我国海事审判"三审合一"新篇章，为探索以民商事案件为主，合理涵盖其他领域案件的海事管辖制度改革作出了积极贡献。审判实践表明，海事法院管辖海事刑事案件，不仅具有可行性，而且更能发挥海事法院的专业优势，有利于海事刑事、海事行政、海事民商事相关案件的协调处理，也有利于涉海法律法规的统一实施。

案例 ⑦

联盟多式联运有限合伙公司（Soyuz Trans Link Llp）与深圳运达物流供应链服务有限公司海事强制令案

基本案情

日本联盟公司为运输一批民生热电设施，委托运达公司办理从日本横滨港经海运至我国江苏省连云港，再继续通过铁路运输运抵哈萨克斯坦的货运代理事宜。货物自日本横滨港运往我国江苏省连云港后，按计划应继续通过铁路运输运抵哈萨克斯坦共和国。运达公司以联盟公司的关联企业案外人 Soyuz Trans Link（Dubai）欠付其费用为由，拒绝安排后续货物运输事宜，致使货物长期滞留连云港。联盟公司向运达公司支付货运代理费，并发函解除双方之间的合同。之后，联盟公司以保障其合法权益，避免损失进一步扩大为由，向上海海事法院提出海事强制令申请，请求责令运达公司向其交付涉案货物。

裁判结果

上海海事法院审理认为，根据本案证据，运达公司系安排涉案货物运输的货运代理人。货物经海上运输抵达连云港后，运达公司并未按计划办理铁路运输事宜。联盟公司向运达公司支付了货运代理费，并主张解除双方之间的货运代理合同。运达公司无正当理由，拒绝将货物交付联盟公司，违反合同约定及相关法律规定。货物已在连云港滞留半年,为避免损失进一步扩大,联盟公司向上海海事法院申请海事强制令,符合相关法律规定,上海海事法院裁定予以准许,并责令运达公司立即向联盟公司交付涉案货物。

📖 | 典型意义 |

本案为具有涉外因素的海事强制令案件,双方当事人在履行涉及欧亚班列的海陆联运货运代理合同中产生了纠纷,因涉及多个国家,国际影响较大。本案的处理充分体现了海事强制令制度保护当事人合法权益、避免损失扩大的制度功能。涉案货物是保障哈萨克斯坦共和国居民供电及冬季取暖的重要设备,在连云港滞留近半年,如不能及时运输出境,将按照海关规定被处以罚款、强制退运甚至罚没。上海海事法院及时作出海事强制令,使"一带一路"沿线国家企业与人民的合法权益得到中国法院的及时救济。哈萨克斯坦共和国驻华大使馆向上海海事法院发来致谢外交照会。

案例 ⑧

温州海事局申请认定财产无主案

基本案情

2016 年 10 月 20 日,温州海事局接到报警,在瓯越大桥下游发现一艘船舶搁浅。经查,该船装载有燃料油,无证书或标识,也无船员在船。经救助,温州海事局于当天将船舶脱浅后转移至船坞内,船上油品转驳存放。经进一步调查,未找到该船船东或船员,遇险船舶也无任何证书或身份标识,船舶所有权情况无法证实,也无任何人主张权利。温州海事局遂向宁波海事法院申请认定财产无主。

裁判结果

宁波海事法院立案受理后,发出财产认领公告。因认定财产无主公告期为 1 年,船舶及船载油品长期存放,将持续发生保管费用,造成财产贬损,温州海事局申请提前拍卖无名船舶及船载油品,保留所得款项。宁波海事法院裁定予以准许,无名船舶及油品各以人民币 10.7 万元和 62.4 万元拍卖成交。涉案无名船舶由买受人买受后 在温州海事局的监督下被拆解处理。公告期满后,因无人认领,宁波海事法院依法作出判决,认定涉案船舶及船载油品为无主财产,拍卖所得价款在扣除公告、评估以及保存、拍卖费用后,余款收归国家所有。

📖 | 典型意义 |

本案具有以下典型意义:第一,为依法及时处置无人认领船舶和船载货物提供了可行办法,为有效解决无人认领、无人管控船舶及船载货物处置难、保管难等问题,提供了一条可行的司法途径。第二,为打击海上走私等非法行为提供司法保障。近年来,我国沿海地区油品、冻品等走私猖獗,一些走私分子为逃避打击而弃船弃货,船舶因权属不明而难以处置,制约了海上执法行动的有效开展。通过申请认定财产无主程序,提前处置无人认领船舶及船载货物,并在海事部门监督下进行拆解,可以有效避免上述法律风险,堵住船舶和货物再次流入市场的漏洞。第三,能动司法,及时处置无主财产,避免保管费用和风险持续增加。根据海事诉讼特别程序法关于诉讼中拍卖船舶和船载货物的规定,在公告期间裁定提前拍卖无名船舶及船载油品,减轻了执法部门因保管和处置船舶及船载货物而带来的财政负担。

案例 ⑨

哈皮那船舶公司（Harpina Owning Company Limited）与江苏天元船舶进出口有限公司、江苏新扬子造船有限公司和扬子鑫福造船有限公司船舶建造合同纠纷案

基本案情

2013 年底至 2014 年 6 月份，希腊卡迪夫海事有限公司（Cardiff Marine Inc.）以其设立的包括哈皮那公司在内的六家单船公司名义，与扬子江船业（控股）有限公司旗下的天元公司、新扬子公司、扬子公司等分别签订六份船舶建造协议。双方除第一艘舱舶正常交接外，其余五艘船舶均存在争议。2017 年 3 月 1 日，哈皮那公司司武汉海事法院申请海事强制令，要求三被申请人立即交付"世外桃源"轮。同月 16 日，哈皮那公司又向伦敦海事仲裁委员会提出仲裁。此外，围绕其他几艘船舶的建造合同，相关各方还有 3 起在伦敦海事仲裁委员会进行的仲裁，以及 1 起在英国法院进行的诉讼。

裁判结果

在武汉海事法院的主持下，双方当事人达成和解：哈皮那公司等支付涉案款项、扬子江公司交付涉案船舶；哈皮那公司永久性地撤销英国伦敦仲裁并负担全部仲裁费用；双方当事人就本和解协议所涉事项不可撤销地相互放弃主张。为保证调解协议的顺利履行，武汉海事法院于调解协议达成当日即制作

调解书并送达双方当事人，双方当事人都按期履行了各自义务。本案调解协议达成并履行后，卡迪夫海事有限公司和扬子江船业（控股）有限公司等相关当事人，按照本案调解模式，就其他船舶建造合同项下的纠纷，也分别达成调解协议并实际履行。

📖 | 典型意义 |

本案系在国际航运市场持续走低背景下发生的涉外船舶建造合同纠纷，具有如下典型意义：第一，践行多元纠纷解决机制，维护各方当事人的合法权益。本案纠纷涉及多国当事人，通过一般诉讼程序解决耗时费力，执行难度大，武汉海事法院从提高效率、降低成本的角度出发，确立了调解方案，引导当事人理性面对和解决纠纷。调解结案，不仅使哈皮那公司及早将20万吨级的"世外桃源"轮投入运营，也避免了天元公司等可能面临的船舶营运损失索赔。第二，涉案纠纷的顺利调解解决，为卡迪夫公司和扬子江公司之间的诸多国际仲裁和诉讼，提供了可资借鉴的处理思路，在当事人都可接受的利益平衡点上，借鉴中国调解经验，最终解决了一系列国际纠纷。

案例 ⑩

大宇造船海洋株式会社（Daewoo Shipbuilding & Marine Engineering Co.,Ltd）诉西达克凌公司（C Duckling Corporation）船舶抵押合同纠纷案

基本案情

大宇造船与利比里亚 JE 公司签订《船舶建造合同》，JE 公司为买方，大宇造船为建造方。履约过程中，买方变更为马绍尔群岛的西象公司，巴拿马的西达克凌公司作为船舶所有人，加入履行买方义务。大宇造船与西象公司、西达克凌公司签订《补充协议》，约定西象公司承担第一笔 3000 万美元的付款义务，西达克凌公司承担第二笔 1800 万美元的付款义务。三方随后在英国伦敦签订抵押合同，约定西达克凌公司以其所有的"金鹅"轮（M/V Glory Comfort）分别为付款义务及产生的相关费用提供第一、第二优先受偿抵押担保，并在巴拿马办理了船舶抵押登记。因西象公司、西达克凌公司未能如约付款，大宇造船在英国伦敦提起仲裁，仲裁庭裁决西象公司、西达克凌公司继续履行付款义务，该仲裁裁决已被青岛海事法院裁定予以承认。因"金鹅"轮另案被青岛海事法院扣押并拍卖，大宇造船进行了债权登记并提起确权诉讼，请求确认其对"金鹅"轮享有 580 万美元的第一优先受偿抵押权。

📇 | 裁判结果 |

青岛海事法院经确权诉讼程序审理后认为,依照海商法第二百六十九条、第二百七十一条的规定,涉案船舶抵押合同以及船舶抵押权均应适用巴拿马法律。根据巴拿马法律的相关规定,双方当事人签订了抵押合同并办理了抵押登记,大宇造船享有船舶抵押权。相关主债权已被伦敦仲裁裁决予以确认,且该仲裁裁决已由青岛海事法院裁定予以承认。青岛海事法院终审判决大宇造船对西达克凌公司所有的"金鹅"轮享有 580 万美元的第一优先船舶抵押权,可自"金鹅"轮的拍卖价款中依法受偿。

📖 | 典型意义 |

本案是海事诉讼特别程序法第一百一十六条规定的确权诉讼案件,由海事法院一审终审,当事人不得提起上诉。案件涉及来自韩国、利比里亚、巴拿马、马绍尔群岛等多个国家的当事人,抵押合同签订于英国伦敦,主债权涉及伦敦仲裁裁决的承认与执行。青岛海事法院根据我国海商法第十四章有关涉外关系法律适用的相关规定,依照船旗国法律认定船舶抵押权的效力,确认了在国外设立的船舶抵押权的优先受偿效力。本案的成功处理,显示出中国法院依法查明适用外国法律的能力和水平,树立了我国海事司法公平公正的国际形象。

行政诉讼附带审查规范性文件典型案例

案例 ①

徐云英诉山东省五莲县社会医疗保险事业处不予报销医疗费用案

💬 | 基本案情 |

徐云英的丈夫刘焕喜患肺癌晚期并发脑转移,先后于 2014 年 4 月 8 日、2014 年 6 月 3 日两次入住淄博万杰肿瘤医院治疗,2014 年 7 月 8 日医治无效去世。在淄博万杰肿瘤医院住院治疗期间,产生医疗费用 105014.48 元。2014 年 7 月 21 日,徐云英申请五莲县社会医疗保险事业处给予办理新农合医疗费用报销。五莲县社会医疗保险事业处于 2015 年 1 月 12 日作出《五莲县社会医疗保险事业处关于对申请人徐云英合作医疗报销申请的书面答复》(以下简称《书面答复》),依据五莲县卫生局、五莲县财政局莲卫字〔2014〕2号《2014 年五莲县新型农村合作医疗管理工作实施办法》(以下简称《实施办法》)第五条第二款的规定,认为刘焕喜就诊的医疗机构不属于政府举办的医疗机构,决定不予报销。徐云英认为五莲县社会医疗保险事业处不予报销所依据的政策规定不符合省、市相应政策规定的精神,侵犯其合法权益,为此向五莲县人民政府提出行政复议申请。五莲县人民政府认为五莲县社会医疗保险事业处的《书面答复》符合规定,于 2015 年 4 月 13 日作出莲政复决字〔2015〕1 号行政复议决定维持五莲县社会医疗保险事业处作出的《书面答复》。徐云英起诉请求人民法院撤销五莲县社会医疗保险事业处作出的《书面答复》,同时,对五莲县社会医疗保险事业处所依据规范性文件的合法性进行审查。

裁判结果

山东省日照市中级人民法院二审认为,案涉《实施办法》第五条第二款规定"参合农民到市外就医,必须到政府举办的公立医疗机构",该款规定对行政相对人的权利作出了限缩性规定,不符合上位法规范性文件的相关规定,不能作为认定行政行为合法的依据,《书面答复》应予撤销。对于徐云英的新型农村合作医疗费用依据上位规范性文件的规定应否报销,需由五莲县社会医疗保险事业处重新审查并作出处理。据此,二审法院撤销山东省五莲县人民法院一审判决;撤销五莲县社会医疗保险事业处作出的《书面答复》;并责令五莲县社会医疗保险事业处于判决生效之日起 60 日内对徐云英的申请重新审查并作出处理。

典型意义

修改后的行政诉讼法第五十三条增加了对规范性文件进行附带审查的条款。规范性文件的制定应以上位法为依据,与上位法相冲突的条款不具有合法性,不能作为认定行政行为合法的依据。本案涉及的上位依据包括:《山东省新型农村合作医疗定点医疗机构暂行管理规定》第十二条规定:"参合农民在山东省行政区域内非新农合定点医疗机构就医的费用不得纳入新农合基金补偿。"山东省卫生厅、民政厅、财政厅、农业厅《关于巩固和发展新型农村合作医疗制度的实施意见》规定:"完善省内新农合定点医疗机构互认制度,凡经市级以上卫生行政部门确定并报省卫生行政部门备案的三级以上新农合定点医疗机构,在全省范围内互认;统筹地区根据参合农民就医流向,通过签订协议互认一、二级新农合定点医疗机构,享受当地规定的同级别新农合定点医疗机构补偿比例。"《实施办法》第五条第二款关于"参合农民到市外就医,必须到政府举办的公立医疗机构"的规定,限缩了行政相对人选择就医的权利,不符合上位依据的相关规定,不能作为认定涉案行政行为合法的依据。

案例 ②

方才女诉浙江省淳安县公安局
治安管理行政处罚一案

📧 | 基本案情 |

2015 年 1 月,浙江省淳安县公安局城区派出所(以下简称城区派出所)和淳安县公安消防大队(以下简称淳安消防大队)曾多次对方才女经营的坐落于淳安县千岛湖镇龙门路 53 弄 11 号出租房进行消防检查。同年 2 月 11 日,城区派出所和淳安消防大队再次对方才女的出租房进行消防检查。同年 2 月 13 日,城区派出所向方才女发出责令限期改正通知书,责令其改正消防安全违法行为。同日,淳安消防大队也向方才女发出责令限期改正通知书,其中认定的消防安全违法行为与淳安县公安局认定的基本相同,并责令方才女于 2015 年 3 月 11 日前改正。3 月 13 日,城区派出所和淳安消防大队民警对涉案出租房进行复查,发现方才女对"四、五、六、七层缺少一部疏散楼梯,未按要求配置逃生用口罩、报警哨、手电筒、逃生绳等"违法行为未予改正。同年 3 月 16 日,城区派出所决定立案调查,次日,城区派出所民警向方才女告知拟处罚的事实、理由和依据。同日,淳安县公安局作出淳公行罚决字[2015]第 1—0001 号《行政处罚决定书》(以下简称被诉处罚决定),认定方才女的行为构成违反安全规定致使场所有发生安全事故危险的违法行为,根据《中华人民共和国治安管理处罚法》(以下简称《治安管理处罚法》)第三十九条的规定,对其决定行政拘留三日,并送淳安县拘留所执行。方才女不服诉至法院请求撤销被诉处罚决定,并对被诉处罚决定作出所依据的规范性文件,即行政程序中适用的《浙江省居住出租房屋消防安全要求》(以下简称《消防安全要求》)《关于解决消防监督执法工作若干问题的批复》(以下简称《消防执法问题批复》)和《关于居住出租房屋消防安全整治中若干问题的法律适用意见(试行)》(以下简称《消防安全法律适用意见》)合法性进行一并审查。

裁判结果

浙江省淳安县人民法院一审认为,方才女的出租房屋虽被确定为征迁范围,但其在征迁程序中仍用于出租,且出租房内未按要求配置逃生用口罩、报警哨、手电筒、逃生绳等消防设施。淳安县公安局根据《消防安全要求》《消防执法问题批复》和《消防安全法律适用意见》的规定,认定方才女的行为构成违反安全规定致使场所有发生安全事故危险的违法事实清楚。《消防安全要求》《消防执法问题批复》和《消防安全法律适用意见》均属于合法的规范性文件,淳安县公安局在行政程序中应参照适用。据此,一审判决驳回方才女的诉讼请求。方才女不服提出上诉。杭州市中级人民法院二审认为,根据对《消防安全要求》《消防执法问题批复》和《消防安全法律适用意见》的审查,淳安县公安局认定案涉居住出租房屋为《治安管理处罚法》第三十九条规定的"其他供社会公众活动的场所",定性准确。方才女提供的证据以及询问笔录均显示其负责案涉出租房屋日常管理,系案涉出租房屋的经营管理人员,依法应对案涉出租经营的房屋消防安全承担责任。方才女要求撤销被诉处罚决定的诉讼请求不能成立,依法应予驳回。据此,二审判决驳回上诉,维持原判。

典型意义

本案争议的焦点在于,当事人申请附带审查的《消防安全要求》《消防执法问题批复》和《消防安全法律适用意见》是否对《治安管理处罚法》第三十九条规定的"其他供社会公众活动的场所"进行了扩大解释。《治安管理处罚法》第三十九条适用的对象是"旅馆、饭店、影剧院、娱乐场、运动场、展览馆或者其他供社会公众活动的场所的经营管理人员"。本案中，人民法院通过对案涉规范性文件条文的审查，明确了对居住的出租房屋能否视为"其他供社会公众活动的场所"这一法律适用问题。由于"其他供社会公众活动的场所"为不确定法律概念，其内容与范围并不固定。本案中，居住的出租房物理上将毗邻的多幢、多间（套）房屋集中用于向不特定多数人出租，并且承租人具有较高的流动性，已与一般的居住房屋只关涉公民私人领域有质的区别，已经构成了与旅馆类似的具有一定开放性的公共活动场所。对于此类场所的经营管理人员，在出租获利的同时理应承担更高的消防安全管理责任。因此，《消防安全要求》《消防执法问题批复》和《消防安全法律适用意见》所规定的内容并不与《治安管理处罚法》第三十九条之规定相抵触。

案例③

袁西北诉江西省于都县人民政府物价行政征收一案

📑 | 基本案情 |

袁西北的住房属江西省于都县中心城区规划范围。江西省于都县人民政府(以下简称于都县政府)委托于都县自来水公司,根据袁西北户从2010年2月1日起至2015年11月的自来水使用情况,征收了袁西北户的污水处理费共计1273.2元。袁西北以于都县政府对其征收污水处理费违法为由,诉至法院,请求于都县政府全部退还已征收的污水处理费;依法对《于都县城市污水处理费征收工作实施方案》(以下简称《实施方案》)的合法性进行审查。

📌 | 裁判结果 |

江西省高级人民法院二审认为,《中华人民共和国水污染防治法》第四十四条第三款、第四款规定,城镇污水集中处理设施的运营单位按照国家规定向排污者提供污水处理的有偿服务,收取污水处理费用,保证污水集中处理设施的正常运行。城镇污水集中处理设施的污水处理收费、管理以及使用的具体办法,由国务院规定。国务院《城镇排水与污水处理条例》第三十二条规定,排水单位和个人应当按照国家有关规定缴纳污水处理费。中华人民共和国财政部、中华人民共和国国家发展和改革委员会《污水处理费征收使用管理办法》(以下简称《管理办法》)第八条规定,向城镇排水与污水处理设施排放污水、废水的单位和个人应当缴纳污水处理费。江西省发改委赣发改收费字〔2010〕135号《关于统一调整全省城市污水处理费征收标准的通知》及赣州市物价局赣市价费字〔2010〕15号《关于核定于都县城市污水处理费征收标准的批复》确定的征收范围均明确是"在城市污水集中处理规划区范围内向城市排污管网和污水集中处理设施排放达标污水的所有用水单位和个人"。但《实施方案》所确定的污水处理费征收范围却扩大至"于都县中心城区规划区范围内所有使用城市供水的企业、单位和个人"，违反法律法规规章及上级行政机关规范性文件规定，不能作为于都县政府征收袁西北污水处理费的合法性依据。在袁西北未向城市排污管网和污水集中处理设施排放污水的情况下，于都县政府向其征收污水处理费没有事实和法律依据，应予返还。故判决撤销于都县政府征收袁西北城市污水处理费的行为，责令于都县政府于判决生效之日起三十日内向袁西北返还1273.2元污水处理费。此后，江西省高级人民法院向于都县政府发送司法建议，建议其对涉案规范性文件的相关条款予以修改。

典型意义

本案所涉及的污水处理费征收，根据法律法规的规定，其范围由征收对象和征收对象实施的行为确定。征收对象为城市污水集中处理规划区范围所有用水单位和个人，且征收对象需实施向城市排污管网和污水集中处理设施排放污水的行为。但《实施方案》所确定的污水处理费征收范围却扩大至"于都县中心城区规划区范围内所有使用城市供水的企业、单位和个人"，违反法律法规规章及上级行政机关规范性文件规定。在《管理办法》第八条明确规定了征收范围后，于都县政府在其制定的规范性文件中扩大征收范围没有法律依据，应予修改。根据《最高人民法院关于适用〈中华人民共和国行政诉讼法〉的解释》第一百四十九条之规定，规范性文件不合法的，人民法院可以向规范性文件的制定机关提出司法建议。司法建议作为法律赋予人民法院的一项重要职责，是充分发挥审判职能的重要方式。人民法院在规范性文件附带审查后向有关机关发出司法建议，可以促进执法质量、扩展审判效果。

案例④

大昌三昶（上海）商贸有限公司诉
北京市丰台区食品药品监督
管理局行政处罚案

📖｜案情介绍｜

2015年1月，刘振杰通过"12331"投诉北京市丰台区丰台北路79号华堂商场一层超市销售的进口食品吉百利巧克力饼干中英文营养成分表数值不一致，要求进行调查，并提供了购物小票及涉案产品外包装，产品外包装显示涉案产品的中国经销商为大昌三昶（上海）商贸有限公司（以下简称大昌公司）。

2015年2月2日，北京市丰台区食品药品监督管理局（以下简称丰台食药局）对华糖洋华堂商业有限公司华堂商场丰台北路店（以下简称华堂丰北路店）进行现场检查，于2015年2月9日予以立案。2015年5月11日，丰台食药局作出（京丰）食药监食罚［2015］270020号《行政处罚决定书》（以下简称被诉处罚决定书）及责令改正通知书并送达华堂丰北路店。被诉处罚决定书认为华堂丰北路店经营上述食品营养成分表中的中英文数值不一致，不符合GB28050-2011《食品安全国家标准预包装食品营养标签通则》（以下简称《通则》）3.2的规定，属于经营标签标注不符合食品安全标准规定的行为，违反了原《中华人民共和国食品安全法》（以下简称原《食品安全法》）第四十二条第一款第九项的规定。依据原《食品安全法》第八十六条第一款第二项的规定，决定给予华堂丰北路店没收违法所得153.6元，罚款8000元的行政处罚。

大昌公司认为《通则》3.2项违背了原《食品安全法》的立法目的，超越了食品安全的适用范围以及食品安全的定义范畴。食品营养成分要求作为食品安全标准的内容仅仅涉及专供婴幼儿和其他特定人群的主辅食品的要求。本案所涉产品为普通食品，因此《通则》并不适用于本案。同时被诉处罚决定书在事实认定、法律适用及处罚程序方面均违法，故请求法院撤销丰台食药局作出的被诉处罚决定书，同时对《通则》3.2项附带进行合法性审查。

裁判结果

北京市丰台区人民法院一审认为，《通则》的制定符合原《食品安全法》保障公众身体健康的立法目的，并为现行有效的食品安全国家标准的内容之一，其3.2项与相关法律法规规章并不抵触，丰台食药局作为被诉处罚决定书的依据并无不妥。丰台食药局以此作出的被诉处罚决定书认定事实清楚，证据充分，适用法律法规正确，程序合法，处罚适当。一审法院判决驳回了大昌公司的全部诉讼请求。大昌公司不服一审判决，持原诉理由上诉至二审法院，请求二审法院撤销原判，支持其原诉请求或者将案件发回重审。北京市第二中级人民法院经审理认为，《通则》3.2项的规定与立法目的并不相悖，没有违反上位法的规定，即《通则》3.2项的规定合法，且应当作为本案被诉处罚决定书的适用依据，且大昌公司的标签标注行为构成了对《通则》3.2项的违反，被诉处罚决定书并无不当，二审维持了一审判决。

典型意义

修改后的行政诉讼法第五十三条赋予了公民、法人或者其他组织对规范性文件请求附带审查的权利。第六十四条规定人民法院经审查认为规范性文件不合法的，规范性文件不作为认定行政行为合法的依据，并向制定机关提出处理建议。《最高人民法院关于适用〈中华人民共和国行政诉讼法〉的解释》第一百四十九条规定，规范性文件不合法的，人民法院不作为认定行政行为合法的依据,并在裁判理由中予以阐明。本案中,案涉《通则》3.2项规定:预包装食品营养标签应使用中文。如同时使用外文标示的,其内容应当与中文相对应,外文字号不得大于中文字号。本案的裁判理由部分从立法目的、上位法的具体法律规定等角度详细阐明了《通则》3.2项合法,应当在本案中作为法律依据予以适用的理由。二审法院更是将案件的争议焦点固定在《通则》3.2项的法律适用方面,通过对《通则》3.2项合法性的确认、《通则》3.2项应作为本案的法律适用依据、大昌公司的行为构成对《通则》3.2项的违反这三个焦点问题的深入说理,有理有据的驳回了大昌公司的主张。通过这一案件中规范性文件的附带审查,确保原《食品安全法》保障公众食品安全和身体健康立法宗旨的进一步落实。

案例 ⑤

郑晓琴诉浙江省温岭市人民政府
土地行政批准案

基本案情

郑晓琴与其父母郑福兴、张菊香同户,均系浙江省温岭市西城街道某村村民。1997年8月,郑福兴户在个人建设用地补办申请中将郑晓琴列为在册人口。2013年3月,郑福兴因拆迁复建提交个人建房用地申请时,在册人口中无郑晓琴。温岭市人民政府(以下简称温岭市政府)根据《温岭市个人建房用地管理办法》(以下简称《用地管理办法》)有关"申请个人建房用地的有效人口计算:(一)本户在册人口(不包括应迁出未迁出的人口)",以及《温岭市工业城二期用地范围房屋迁建补偿安置办法》(以下简称《安置补偿办法》)有关"有下列情形不计入安置人口:(一)……已经出嫁的妇女及其子女(含粮户应迁未迁)只能在男方计算家庭人口"之规定,认为郑晓琴虽系郑福兴之女,其户口登记在郑福兴名下,但业已出嫁,属于应迁未迁人口,遂于2014年7月确认郑福兴户有效人口为2人,并审批同意郑福兴的个人建房用地申请。郑晓琴不服诉至法院,请求判令撤销温岭市政府的审批行为,并重新作出行政行为;附带审查上述两个规范性文件并确认不合法。

裁判结果

浙江省台州市黄岩区人民法院一审认为,郑福兴申请建造住宅用地的申报材料,虽由所在村委会统一上报,并经乡(镇)人民政府审核,温岭市政府作为批准机关,对申报材料的真实性、村集体讨论通过并予以公布的程序合法性等仍负有审查职责。温岭市政府在作出被诉审批行为时,未对村委会上报的温岭市个人建房用地审批表中村委会的公布程序等相关事实进行认真审查,属认定事实不清,证据不足,程序违法,应当予以撤销。《用地管理办法》与《补偿安置办法》系温岭市政府制定的规范性文件。该文件的相关规定,不适用于郑晓琴。据此,判决撤销温岭市政府2014年7月25日作出的温政个许字(2014)585号《温岭市个人建房用地审批表》中同意郑福兴户新建房屋的审批行为,责令温岭市政府在判决生效之日起六十日内对郑福兴户的建房用地重新作出审批。郑晓琴和温岭市政府不服均提起上诉。台州市中级人民法院二审认为,《用地管理办法》与《补偿安置办法》相关规定不作为认定被诉审批行为合法的依据,一审法院认为对郑晓琴不适用的表述有所不当,予以指正。二审判决驳回上诉、维持原判。其后,人民法院向温岭市政府发送司法建议,该市政府及时启动了相关规范性文件的修订工作,并表示将加强规范性文件制定的审查工作。

典型意义

修改后的行政诉讼法赋予公民、法人和其他组织在对行政行为提起诉讼时,认为所依据的规范性文件不合法时,可附带请求法院审查该文件合法性的权利。本案中,温岭市政府制定的两个涉案规范性文件,将"应迁出未迁出的人口"及"已经出嫁的妇女及其子女"排除在申请个人建房用地和安置人口之外,显然与《中华人民共和国妇女权益保障法》等上位法规定精神不符。人民法院通过裁判,一方面维护了社会广泛关注的"外嫁女"及其子女的合法权益,也促进了行政机关及时纠正错误,对于规范性文件的一并审查,从更大范围内对"外嫁女"等群体的合法权益予以有力保护。

案例 ⑥

上海苏华物业管理有限公司诉上海市 住房和城乡建设管理委员会物业 服务资质行政许可案

基本案情

2015 年 7 月 2 日,原上海市住房保障和房屋管理局(以下简称原市房管局)受理上海苏华物业管理有限公司(以下简称苏华公司)向其提出的新设立物业服务企业资质核定申请,苏华公司提交了其聘用的王子文等人具备专业管理资质和技术资质的证书,及苏华公司为其缴纳城镇基本养老保险的证明。后原市房管局经调查发现,苏华公司聘用的专职管理和技术人员于同年 5 月起作为苏华公司员工缴纳社会保险费用,但于次月即停止缴费。故原市房管局认定苏华公司的申请不符合有关规定,继而于同年 7 月 9 日作出不予批准决定。苏华公司不服,于同年 8 月 25 日向中华人民共和国住房和城乡建设部(以下简称住建部)申请行政复议。住建部于 11 月 18 日作出行政复议决定。苏华公司不服提起行政诉讼,请求撤销原市房管局 2015 年 7 月 9 日作出的《不予批准决定书》及住建部作出的建复决字[2015]454 号《行政复议决定书》;对原上海市房屋土地资源管理局制定的沪房地资物[2007]69 号《新设立物业资质通知》(以下简称《新设立物业资质通知》)进行附带审查。

裁判结果

上海市黄浦区人民法院一审认为,《物业管理条例》和《物业服务企业资质管理办法》明确规定,国家对从事物业管理活动的企业实行资质管理制度,物业服务企业中从事物业管理的人员应当根据有关规定取得职业资格证书,且满足相应的人数标准。为了更好地提供物业管理服务,物业管理人员除具备职业资质以外,还应当具备服务的稳定性。因此《物业服务企业资质管理办法》中明确规定,物业服务企业中从事物业管理的专业人员应当是"专职"的管理和技术人员。原上海市房屋土地资源管理局作为物业服务企业资质的主管机关,根据上位法规定制定《新设立物业资质通知》,对《物业服务企业资质管理办法》中专职人员的认定标准进行了解释和细化规定,与《中华人民共和国行政许可法》(以下简称《行政许可法》)《物业管理条例》等法律、法规的规定不相冲突,制定主体、制定目的、制定过程符合规范,并无明显违法情形。结合该通知第1条的规定和相关证据,苏华公司聘用的相关专业人员社保缴纳记录仅持续一个月,显然不符合物业服务企业中专业人员的专职性要求,进而不符专职人员的人数要求。据此,法院判决驳回苏华公司的诉讼请求。苏华公司不服上诉,二审驳回上诉,维持原判。

典型意义

根据《行政许可法》的规定,法律法规已经设定行政许可的,下级行政机关可以依法通过制定规范性文件的方式明确许可所具备的条件。行政相对人对该规范性文件提起附带审查的,法院围绕该规范性文件与法律法规的规定是否存在冲突,制定主体、制定目的、制定过程是否符合规范,是否明显违法等情形进行审查。规范性文件不存在违法情形的,应当在判决理由中予以认可,并在该案中进行适用。本案中,人民法院通过判决明确了国家对从事物业管理活动的企业实行资质管理的制度,物业服务企业中从事物业管理的人员应当根据有关规定取得职业资格证书,且满足相应的人数标准。同时明确为了更好地提供物业管理服务,物业管理人员除具备职业资质以外,还应当具备服务的稳定性。原上海市房屋土地资源管理局作为物业服务企业资质的主管机关，根据上位法规定制定《新设立物业资质通知》，对《物业服务企业资质管理办法》中专职人员的认定标准进行了解释和细化规定，与《行政许可法》《物业管理条例》等法律法规的规定不相冲突。

案例 ⑦

孙桂花诉原浙江省环境保护厅
环保行政许可案

基本案情

2015 年 3 月 17 日,原浙江省环境保护厅(以下简称原浙江省环保厅)向孙桂花所有的小型越野客车核发黄色机动车环保检验合格标志,有效期至 2015 年 6 月。同年 11 月 12 日,孙桂花起诉要求撤销该标志,并对原中华人民共和国环境保护部(以下简称原环保部)制定的《机动车环保检验合格标志管理规定》(环发[2009]87 号)进行合法性审查。同年 11 月 19 日,孙桂花提交机动车排放鉴定申请,次日该车经排气污染物检测,结论为合格,原浙江省环保厅为其核发了绿色机动车环保检验合格标志。

裁判结果

浙江省杭州市西湖区人民法院一审认为,原浙江省环保厅核发环保标志的职权来自《行政许可法》和《浙江省机动车排气污染防治条例》,而非环发[2009]87 号文件。孙桂花提出原浙江省环保厅依据该规范性文件增设标志管理的主张,不能成立。环发[2009]87 号文件系由原环保部颁发,内容关于统一全国环保标志标准,其中对核发绿色或黄色环保标志明确了一些技术标准,并未违反上位法的规定,孙桂花提出其不合法的主张不能成立。案涉车辆属于在国家环保部门发布的《环保达标车型公告》目录中无记录的车型,根据

《浙江省机动车环保检验合格标志管理办法》及环发［2009］87号文件，应按机动车注册登记时间或采用技术鉴别方式核发环保标志。对行政相对人而言，核发黄色环保标志相较于绿色环保标志属于不利的行政许可，将受到相关区域通行限制。事后，案涉车辆经技术鉴别，实际符合核发绿色环保标志的条件，原浙江省环保厅核发黄色环保标志与事实不符。且原浙江省环保厅未告知孙桂花也可采用技术鉴别方式核发，有违正当程序。因案涉标志已于2015年6月到期，原浙江省环保厅也于2015年11月就案涉车辆核发了绿色环保标志，判决撤销被诉核发黄色环保标志的行为已无实际意义，遂判决确认违法。当事人均未上诉，一审判决发生法律效力。

典型意义

　　人民法院在行政诉讼中对规范性文件附带审查时应正确把握审查方式，必要时可以征求制定机关的意见。为防治大气污染，全国各地逐步对黄标车进行治理淘汰，案涉机动车环保标志的核发及对原环保部制定的《机动车环保检验合格标志管理规定》进行的附带审查，不仅关系到车主切身利益，同时也关系到大气污染防治的民生大计。原环保部制定的《机动车环保检验合格标志管理规定》专业性和政策性较强，为更好地理解该文件的制定目的、依据及出台背景等，法院向原环保部发函了解情况，原环保部复函详细作了介绍。法院在听取了诉讼双方的主张及制定机关的意见，充分掌握信息后，作出审慎的审查结论。本案对合法的规范性文件予以适用，并对违反正当程序的环保标志核发行为确认违法，在保障行政相对人合法权益的同时，推动了环保标志的规范化管理。

案例 ⑧

成都金牌天使医疗科技有限责任公司诉四川省成都市科学技术局科技项目资助行政许可案

基本案情

金牌天使医疗科技有限责任公司(以下简称金牌天使公司)就已获得专利授权的雾霾治理机向四川省成都市科学技术局(以下简称成都市科技局)申报科技项目资助。2014年6月29日,成都市科技局根据其制定的规范性文件,认为金牌天使公司的申报中缺少审计后的财务报表和专项研发费用报表,对该申报作出退回修改的决定。金牌天使公司认为,其申报项目已成功申报四川省科技厅2015年科技支撑计划重点新产品研发项目,应自然具备成都市战略新兴产品的申报和资助条件,故成都市科技局退回补充修改的理由不能成立。同时,其认为成都市科技局制定的规范性文件违法,故诉请法院对其予以审查,并确认成都市科技局于2014年6月29日作出的退回修改行为违法。

裁判结果

成都市高新技术产业开发区人民法院一审认为,金牌天使公司所诉的行政行为,是成都市科技局因金牌天使公司未完整提交申请所需材料而无法进入实质审查程序的一项告知行为,可视为一种程序性行政行为。本案行政程序尚未进入对金牌天使公司申请事项的实体认定阶段,成都市科技局作出的审核告知行为并未产生是否给予金牌天使公司项目资助的法律后果,该程序性告知行为不属于实体上的行政行为,没有直接影响金牌天使公司的实体权益。同时,依据《中华人民共和国行政诉讼法》第十三条、第五十三条相关规定可知,当事人直接就规范性文件的审查向人民法院起诉不属于行政诉讼受案范围;行政诉讼对规范性文件的审查应当依附于案涉行政行为的审理而进行。因此,如果所诉行政行为不符合行政诉讼的受案范围,同时提起规范性文件审查的请求也不属于人民法院行政诉讼的受案范围。本案中,金牌天使公司所诉审核告知退回修改的程序性行政行为不属于人民法院行政诉讼受案范围,故其请求审查并确认成都市科技局制定的相关规范性文件违法的诉请也不属于人民法院行政诉讼的受案范围,遂裁定驳回金牌天使公司的起诉。金牌天使公司不服提出上诉,四川省成都市中级人民法院二审裁定驳回上诉,维持原裁定。

📖 | 典型意义 |

规范性文件附带审查制度在促进公民权益保护、监督规范性文件的制定以及促进法治政府"科学立法"的进程具有积极的意义。在本案的审理中,人民法院明确,原告提起规范性文件的审查需符合"附带性"的原则。首先,审查对象的附带性,只有直接作为被诉行政行为依据的规范性文件才可能成为人民法院的审查对象;其次,审查模式的附带性,即对规范性文件的审查只能在针对行政行为合法性审查中附带提出;最后,审查结果的附带性,人民法院对规范性文件的审查是为了确认诉争行政行为的直接依据是否合法进而确认行政行为的合法性,经审查后确认该规范性文件不合法,处理方式为不作为认定行政行为合法的依据,并向规范性文件的制定机关提出处理建议,而不就规范性文件的合法性做单独判定。本案中,由于被诉行为不属于人民法院行政诉讼受案范围,故原告一并提起要求确认被告制定的相关规范性文件违法的诉请也不属于人民法院行政诉讼的受案范围。

案例 ⑨

毛爱梅、祝洪兴诉浙江省江山市贺村镇人民政府行政强制及行政赔偿案

基本案情

毛爱梅与其夫祝洪兴系浙江省江山市贺村镇生猪养殖户。2015 年 5 月 31 日,浙江省江山市贺村镇人民政府(以下简称贺村镇政府)与祝洪兴签订《生猪养殖场关停退养协议》,约定祝洪兴关停其生猪养殖场,不得在原址上再从事生猪养殖,彻底拆除占地 374. 3 ㎡ 的养殖设施,由镇政府给予其 10 元/平方米奖励。当日,贺村镇政府对拆除养殖设施完成验收,并于 2015 年 7 月 23 日将退养补助款 3473 元转账支付至祝洪兴个人账户。2015 年 8 月 30 日,贺村镇政府发现祝洪兴夫妇存在恢复生猪养殖的行为,向其发送《责令关停退养通知书》,责令其于当日无偿关停退养,并拆除栏舍。2015 年 9 月 1 日上午,贺村镇政府发现仍存在生猪养殖情形,遂于当日下午组织对养猪场建筑进行强制拆除。祝洪兴夫妇因对贺村镇政府实施的强制拆除行为不服,提起行政诉讼,请求法院确认贺村镇政府的强制拆除行为违法,赔偿其各项损失 408230 元,并申请对江山市人民政府《关于深入推进生猪养殖污染整治和规范管理的通知》(江政办发[2014]29 号)进行附带审查。

裁判结果

浙江省衢州市柯城区人民法院一审认为,祝洪兴与贺村镇政府签订的

《生猪养殖场关停退养协议》中仅就拆除养殖场设施约定双方义务，并未就养猪场建筑的拆除进行约定，且随后双方义务均已履行完毕，故贺村镇政府在 2015 年 9 月 1 日实施的强制拆除行为并非履行协议内容。贺村镇政府在实施强制拆除过程中，未依照行政强制法的规定履行催告、告知、作出强制执行决定书等程序，属程序违法。但祝洪兴所主张的损失或非合法财产、或与强制拆除行为之间缺乏因果关系，不符合国家赔偿法等相关法律法规规定的赔偿情形，故不予赔偿。另，祝洪兴请求一并审查的江政办发〔2014〕29 号规范性文件，经其当庭明确系认为该文件第三条第三款不合法，而该条款内容系对生猪退养相关补助的政策规定，非本案贺村镇政府实施强制拆除行为的法律依据，故决定不予审查。判决后，双方均未上诉。

📖 | 典型意义 |

本案再次明确了规范性文件附带审查制度中审查对象的附带性，即作为被诉行政行为依据的规范性文件才可能成为人民法院的审查对象。如果规范性文件不是行政机关实施行政行为的法律依据，那么人民法院将不予审查。以促进经济社会转型升级为核心目标开展的"三改一拆""五水共治"等活动，是贯彻党的十八届五中全会提出"创新、协调、绿色、开放、共享"五大发展理念的重要体现。对于严重影响生态环境的生猪养殖业开展整治提升，是生态文明建设的重要环节，环保部门和乡镇政府在其中发挥着主要作用。人民法院在审理此类行政案件中，一方面要依法审查行政主体的职权依据、法律依据和执法程序，对强制拆除等行为应严格审查其合法性；另一方面对于涉及赔偿的内容要依照国家赔偿法以及《最高人民法院关于审理行政赔偿案件若干问题的规定》等法律、司法解释中"合法权益"、直接损失、行为与损失之间因果关系等要素进行严格审查。本案中规范性文件并非行政行为作出依据，人民法院根据行政诉讼法的规定不予审查，明确了可以附带审查的规范性文件的法律界限。

人民法院国家赔偿和司法救助典型案例

案例 ①

丹东益阳投资有限公司申请丹东市中级人民法院错误执行国家赔偿案

📑 | 基本案情 |

在益阳公司诉辽宁省丹东市轮胎厂借款纠纷一案中，丹东市中级人民法院根据益阳公司的财产保全申请，裁定冻结轮胎厂银行存款1050万元或查封其相应价值的财产，后查封丹东轮胎厂的6宗土地。之后，丹东市中级人民法院判决丹东轮胎厂于判决发生法律效力后10日内偿还益阳公司欠款本金422万元及利息6,209,022.76元。案件执行过程中，丹东市国土资源局依据丹东市政府办公会议议定在《丹东日报》刊登将丹东轮胎厂总厂土地挂牌出让公告，后丹东市中级人民法院裁定解除对轮胎厂其中3宗土地的查封。随后，上述6宗土地被整体出让，出让款4680万元由轮胎厂用于偿还职工内债、职工集资、医药费、普通债务等，但没有给付益阳公司。2009年起，益阳公司多次向丹东市中级人民法院递交国家赔偿申请，请求赔偿本金及相应利息10,429,022.76元。丹东市中级人民法院于2013年8月13日立案受理，但一直未作决定，后益阳公司向辽宁省高级人民法院赔偿委员会申请作出赔偿决定，2015年10月28日辽宁省高级人民法院赔偿委员会予以立案。在审理过程中，2016年3月1日，丹东市中级人民法院针对益阳公司申请民事执行案，裁定终结本次执行程序。

| 裁判结果 |

辽宁省高级人民法院赔偿委员会认为,益阳公司认为丹东市中级人民法院错误执行给其造成损害,应当在执行程序终结后提出赔偿请求,决定驳回其赔偿申请。

最高人民法院赔偿委员会提审认为,丹东市中级人民法院的解封行为属于执行行为,其为配合政府部门出让涉案土地,可以解除对涉案土地的查封,但未有效控制土地出让款并依法予以分配,致使益阳公司的债权未受任何清偿,该行为不符合最高人民法院关于依法妥善审理金融不良资产案件的司法政策精神,侵害了益阳公司的合法权益,应认定为错误执行行为。同时,在人民法院执行行为长期无任何进展、也不可能再有进展,被执行人实际上已经彻底丧失清偿能力,申请执行人等已因错误执行行为遭受无法挽回损失的情况下,应当允许其提出国家赔偿申请。本案中,丹东市中级人民法院的执行行为已经长达十一年没有任何进展,其错误执行行为亦已被证实给益阳公司造成了无法通过其他渠道挽回的实际损失,故应依法承担国家赔偿责任。最高人民法院赔偿委员会经组织双方进行协商,当庭达成赔偿协议,丹东市中级人民法院给予丹东益阳公司国家赔偿300万元,随后丹东益阳公司向丹东市中级人民法院申请撤回民事案件的执行,由丹东市中级人民法院裁定民事案件执行终结。

| 典型意义 |

根据国家赔偿法的规定,人民法院在民事、行政诉讼过程中,对判决、裁定及其他生效法律文书执行错误,造成损害的,受害人有取得赔偿的权利。今年是基本解决执行难的攻坚之年、决胜之年,人民法院任务艰巨、责任重大。同时,要实现基本解决执行难这一阶段性目标,在抓外部执行攻坚的同时,也要坚决解决法院内部在执行中存在的问题,对自身短板绝不回避遮掩,依法当赔则赔。本案是最高人民法院赔偿委员会提审的错误执行国家赔偿案,其典型意义在于,对于人民法院在执行程序中存在的问题不推诿、不回避,敢于承担责任,同时也用案例的形式,对于如何理解"执行程序终结""终结本次执行",以及在执行程序、国家赔偿程序衔接过程中,如何有效地保护和规范赔偿请求人的求偿权利等法律适用问题,起到了示范引领作用,为处理此类纠纷树立了标杆,也为倒逼和规范法院执行行为,助推实现基本解决执行难目标,起到重要促进作用。

案例 ②

刘学娟申请北京市公安局朝阳分局
刑事违法扣押赔偿案

📨 | 基本案情 |

北京市公安局朝阳分局对刘学娟涉嫌诈骗案立案侦查,并于 2010 年 6 月 8 日对刘学娟予以刑事拘留,后经朝阳区检察院批准对刘学娟逮捕。其间,朝阳公安分局先后冻结刘学娟名下资金共计 39 万余元。刘学娟之兄代其向分局缴纳人民币 600 万元。8 月 18 日,朝阳公安分局以刘学娟涉嫌诈骗 132.6 万元向检察机关移送起诉,全部涉案款项 639 万余元一并随案移交。2010 年 12 月 21 日,朝阳区检察院以刘学娟涉嫌诈骗 132.6 万元向朝阳区法院提起公诉。2011 年 11 月 7 日,朝阳区法院经审理认定刘学娟诈骗拆迁补偿款 132.6 万元的犯罪事实成立,以诈骗罪判处刘学娟有期徒刑 11 年,罚金 1.1 万元,并将扣押冻结款项中的 132.6 万元发还某乡政府,1.1 万元用于执行罚金,余款 506 万余元(含冻结账户期间孳息 1 万余元)退回朝阳区检察院。2012 年 6 月 20 日,朝阳区检察院将 506 万余元退回朝阳公安分局。某乡政府于 2014 年向朝阳区法院提起民事诉讼,要求刘学娟返还 238 万余元补偿款。2015 年 5 月 11 日,区法院认为刘学娟补偿评估报告中地上建筑物面积 2247.01 平方米为虚增面积,判决刘学娟返还某乡政府虚增面积相应补偿款 238 万余元。

📑 **| 裁判结果 |**

朝阳公安分局决定解除扣押并发还 267 万余元剩余款项,但未提及利息。北京市公安局复议决定依法予以变更分局作为赔偿义务机关的原赔偿决定,并责令朝阳公安分局解除对 267 万余元的扣押,发还赔偿请求人,并支付相应利息。北京市第二中级人民法院赔偿委员会审理认为,从本案查明的事实看,公安机关在办理刘学娟诈骗案中,对涉案款项进行扣押并无不当。但在朝阳区检察院将判决未认定的人民币 506 万余元退回该局后,该局除协助执行法院生效民事判决,扣划 238 万余元外,应将余款 267 万余元及时解除扣押并发还,其未予发还并继续扣押该款项违反了刑事诉讼法的相关规定,北京市公安局对该款决定予以返还并承担相应利息并无不当,但在利息计算上存在一定错误,遂在维持北京市公安局返还 267 万余元及相应利息的决定项目之外,决定再向刘学娟支付未按期返还被扣押款项所应支付的银行同期存款利息 30 万余元。

📖 **| 典型意义 |**

根据国家赔偿法的规定,侦查、检察、审判机关在刑事诉讼过程中,违法对财产采取查封、扣押、冻结、追缴等措施的,受害人有取得赔偿的权利。本案即是一起典型的刑事违法扣押赔偿案件,公安机关在侦查过程中采取扣押措施并无不当,但在被告人已被人民法院定罪量刑之后,其对原采取刑事强制措施的涉案财物亦应及时处置。如对未予认定的涉案款继续扣押,则有可能发生国家赔偿。本案的典型意义在于,通过国家赔偿案件的审理,以法治思维、法治方式处理"官民关系"、调和公权力和私权利冲突,一方面救济了受损的私权利,一方面也对于国家机关及其工作人员如何依法正当行使权力,提出了反向的参照标准,同时也对于同类案件的处理具有一定的示范作用。

案例 ③

邓永华申请重庆市南川区公安局
违法使用武器致伤赔偿案

📨 | 基本案情 |

2014 年 6 月 23 日零时许,南川区公安局接到杨其忠报警,杨其忠称邓永华将其位于南坪镇农业银行附近的烧烤摊掀了,要求出警。南川区公安局民警李云和辅警张勇接警后立即赶到现场,发现邓永华在持刀追砍杨其忠,并看到邓永华持刀向逃跑中被摔倒在地的杨其忠砍去,被杨其忠躲过。李云喝令邓永华把刀放下,张勇试着夺刀未成。李云鸣枪示警后,邓永华持刀逼向李云和张勇,李云遂开枪,将邓永华击伤。2014 年 6 月 23 日,南川区公安局对邓永华所持的刀进行认定,结论为管制刀具。2014 年 6 月 25 日,南川区公安局决定对邓永华涉嫌寻衅滋事予以立案侦查。2014 年 12 月 11 日,经重庆市南川区司法鉴定所鉴定,邓永华的伤属十级伤残。

📑 | 裁判结果 |

重庆市南川区公安局对邓永华的国家赔偿申请不予赔偿,重庆市公安局复议维持该决定。重庆市高级人民法院赔偿委员会经审理认为,李云作为警察,在接到出警任务后和辅警张勇到现场,看见邓永华正持刀追砍他人,应当依法履行职责制止其不法行为。邓永华无故寻衅滋事,持刀追砍他人,其行为已严重危及他人生命安全。在警察到达现场后,邓永华不但不听从警察命令,反而在听到鸣枪警告后持刀逼向警察,导致被警察开枪打伤。从当时的情况看,邓永华的行为已危及到人民警察的生命安全,故李云对邓永华的开枪行为具有合法性。据此,重庆市高级人民法院赔偿委员会决定对邓永华提出的赔偿申请不予支持。

📖 | 典型意义 |

国家赔偿法以切实保障人权为核心宗旨,但同时,其亦具有促进和维护国家机关及其工作人员依法行使职权的功能作用。本案中,人民警察使用武器是否合法,成为认定关键。在国家赔偿案件的审理过程中,既不能对违法行使职权的不法行为听之任之,漠视赔偿请求人的合法权益,也不能因盲目追求所谓保障人权的效果,而对国家工作人员合法正当行为过于苛责,以至于挫伤国家工作人员依法正当履职的积极性。因此,本案的处理体现出了在"权力"与"权利"之间的保障平衡。对于违法侵权行为,依法当赔则赔,绝不护短,而对于依法正当履职行为也要给予充分的保护,以保证国家工作人员都能够积极依法履职尽责,从而更有效地发挥国家赔偿工作保障人权、匡扶正义,以及促进法治国家和法治政府建设的双重职能。

案例 ④

郑兰健申请广东省雷州市人民检察院
无罪逮捕赔偿案

📝 | 基本案情 |

1996 年下半年,郑兰健以经营烟叶生意为名,经妻弟陈贻军、妻子宋春燕通过假抵押向吴秀华借款 200 万元,借款逾期本息不还,后海口市新华区法院民事判决判令郑兰健向吴秀华偿还 200 万元,但郑兰健未履行判决,吴秀华遂以郑兰健涉嫌诈骗为由向公安机关报案。2011 年 7 月 26 日,雷州市公安机关以郑兰健涉嫌诈骗对其刑事拘留,后经检察院批准逮捕,并移送审查起诉。2011 年 12 月 16 日,湛江市检察院指控郑兰健犯诈骗罪,向法院提起公诉,法院以现有证据不足以证实该院对该案有管辖权为由,将该案退回检察机关。2012 年 8 月 16 日,经上级机关指定海口市检察院管辖该案。海口市检察院经审查认为,郑兰健行为性质是民事借贷纠纷还是刑事诈骗犯罪尚不能得出唯一排他的结论,经退回补充侦查,认定其行为构成诈骗罪仍然犯罪事实不清、证据不足,不符合起诉条件,决定对郑兰健不起诉。郑兰健遂被释放,其共被羁押 521 天。

🔺 | 裁判结果 |

雷州市检察院认为郑兰健被逮捕系其故意作虚伪供述所致,对其羁押属于国家免责情形,国家不承担赔偿责任,对其赔偿请求不予支持。湛江市检察院复议决定由雷州市检察院赔偿郑兰健人身自由赔偿金 114474.12 元,对其申请的精神损害抚慰金等其他事项不予支持。湛江中院赔偿委员会对该复议决定予以维持。广东省高级人民法院赔偿委员会提审认为,本案系无罪逮捕赔偿案,原决定对郑兰健被无罪羁押 521 天予以赔偿的人身自由赔偿金 11 万余元并无不当。郑兰健因无罪被羁押 521 天,其正常的家庭生活和公司经营因此受到影响,应认定精神损害后果严重,遂在维持原决定的基础上,决定再由雷州市检察院向郑兰健赔偿精神损害抚慰金 3 万元,并为其消除影响、恢复名誉、赔礼道歉。

📖 | 典型意义 |

刑事诉讼法与国家赔偿法均以尊重和保障人权为原则,最根本的是要始终做到严格公正司法,杜绝侵犯公民、法人和其他组织合法权益行为的发生。同时,根据国家赔偿法的规定,因侵犯公民人身自由权、生命健康权,并造成公民精神损害严重后果的,应予给付精神损害抚慰金。本案中,侦查机关、检察机关对于已经过法院民事判决认定的借贷纠纷案件,以刑事手段介入,"以刑代执",对当事人采取拘留、逮捕刑事强制措施,后无法认定犯罪事实予以释放,应予国家赔偿。本案典型意义在于,明确了精神损害及其严重后果的认定标准,对精神损害赔偿和消除影响、赔礼道歉等赔偿方式的适用参照将起到示范作用,以体现国家责任的公正性,维护司法的公信力。

案例 ⑤

苗景顺、陈玉萍等人申请黑龙江省牡丹江监狱怠于履行职责赔偿案

基本案情

2003 年 3 月 24 日 14 时 30 分许,牡丹江监狱二十二监区四分监区在毛纺厂修布车间出外役,该监区担任小组长的服刑人员赵玉泉因他人举报服刑人员苗秋成挑容易修的布匹,将苗叫至修布机旁边过道上,辱骂训斥后用拳击打其头部数分钟,直到将其打倒在地,其倒地后脑枕部摔在地上导致昏迷。在此期间,车间内负责监管罪犯劳动生产安全的原四分监区监区长焦立明未尽监管职责,未进行巡视和瞭望,直至苗秋成被打倒昏迷后才组织人员将苗秋成送往医院救治,苗秋成经抢救无效于 2003 年 3 月 28 日死亡。2008 年 10 月 23 日,牡丹江中院作出刑事判决,以赵玉泉犯故意伤害罪,判处死刑缓期二年执行,剥夺政治权利终身。2008 年 11 月 18 日,宁安市人民法院作出刑事判决,判处焦立明犯玩忽职守罪,免于刑事处罚。2013 年 4 月 18 日,宁安法院经再审程序,维持宁安法院焦立明案刑事判决。

裁判结果

苗秋成父亲苗景顺、妻子陈玉萍等人据此向牡丹江监狱申请国家赔偿。牡丹江监狱作出答复函,以苗秋成死亡系其他人犯殴打所致为由,对苗景顺不予赔偿。黑龙江省监狱管理局复议维持该不予赔偿决定。黑龙江省高级人民

法院赔偿委员会审理认为，受害人苗秋成已死亡，其继承人及有扶养关系的亲属有权申请国家赔偿。苗秋成在牡丹江监狱服刑期间，被其他服刑人员殴打致死，监管人员焦立明因未及时制止，存在疏于监管的行为并被判处犯玩忽职守罪免于刑事处罚，故牡丹江监狱未尽到监管职责与苗秋成的死亡之间存在一定联系，牡丹江监狱应承担相应的赔偿责任。本案应综合考虑该怠于履行职责的行为在损害发生过程和结果中所起的作用等因素，适当确定赔偿比例和数额。据此，决定黑龙江省牡丹江监狱支付苗景顺、陈玉萍等人死亡赔偿金、丧葬费 405414 元，支付精神损害抚慰金 60000 元，支付被扶养人生活费等 2 万余元，以上共计赔偿 48.5 万余元。

📖 | 典型意义 |

近年来，监狱、看守所等监管机关作为赔偿义务机关的刑事赔偿案件数量有所增加。实践中，对于监管人员自身违法侵权行为所致损害应予国家赔偿并无争议，而对于监管人员怠于履职，国家应否承担赔偿责任，则存在不同看法。本案中，监管人员焦立明在苗秋成被殴打时未尽监管职责，未进行巡视和瞭望，已经人民法院判决予以定罪，据此能够认定该监管机关未尽法定监管职责。同时，此类案件的缘起并非由于国家工作人员违法使用暴力或者唆使、放纵他人使用暴力所致，故亦应结合该具体情形，综合衡定该怠于履行职责的行为在损害发生过程和结果中所起的作用等因素，适当确定赔偿比例和数额。本案的典型意义在于，对于怠于履职行为，确定了应当由国家承担部分赔偿责任的原则，对国家赔偿责任理论与实践予以适当补充，从而更加彰显了国家赔偿法立足尊重与保障人权，促进国家机关依法行使职权的立法目的与意义。

案例 **6**

张越申请刑事被害人司法救助案

📄 | 基本案情 |

张越系在校小学生,在其父亲张振军、母亲孙桂荣、姐姐张红被害身亡后,与年迈的爷爷、奶奶共同生活。2016 年 11 月 29 日,内蒙古自治区呼伦贝尔市中级人民法院作出(2016)内 07 刑初 72 号刑事附带民事判决:一、被告人宫兴连犯故意杀人罪,判处死刑,剥夺政治权利终身;二、被告人宫玉侠犯帮助毁灭证据罪,判处有期徒刑一年六个月;三、被告人宫兴连赔偿附带民事诉讼原告人张越、陈秀英、张广文经济损失共计人民币 86814 元。宣判后,张越、陈秀英、张广文对附带民事部分不服,提出上诉;宫兴连对刑事部分不服,亦提出上诉。2017 年 9 月 29 日,内蒙古高院作出(2017)内刑终 122 号刑事附带民事裁定,撤销原判,发回重审。经内蒙古自治区高级人民法院法官依职权告知,张越向该院提出司法救助申请。

📑 | 裁判结果 |

内蒙古自治区高级人民法院经审查认为,救助申请人张越系未成年人,在父母被害后丧失生活来源,与爷爷、奶奶共同生活,但其爷爷、奶奶均已丧失劳动能力,刑事附带民事赔偿尚未执行到位,生活面临急迫困难,属于应当予以司法救助的情形。结合内蒙古自治区 2016 年职工月平均工资标准和呼伦贝尔市当地生活水平,考虑张越家庭困难程度,依照《最高人民法院关于加强和规范人民法院国家司法救助工作的意见》的相关规定，决定给予张越司法救助金 15 万元。

📖 | 典型意义 |

刑事案件被害人受到犯罪侵害而死亡，因加害人没有赔偿能力，依靠被害人收入为主要生活来源的近亲属无法通过诉讼获得赔偿，造成生活困难的，是现行国家司法救助政策明确列举的应予救助的情形之一。本案是此类情形的典型案例，同时也是人民法院主动甄别、救早救急、有效保障生存权利、真诚传递司法温暖的示范案例。本案救助工作并未等到执行不能才启动，而是刑事承办法官在发回重审过程中发现并依职权告知被害人近亲属提出救助申请。随后跟进的救助案件承办法官不仅积极引导申请人完成救助申请，而且第一时间冒着零下四十度的严寒、踏着过膝深的大雪，深入大兴安岭腹地到申请人家中调查核实情况。正是因为前期工作的高效和扎实，本案救助金才得以最快速度落实到位，使遭遇巨大不幸的小张越生活上的困难得以缓解，体现了司法救助工作扶危济困的价值所在。

案例 ⑦

刘发金、徐全容申请
刑事被害人司法救助案

基本案情

　　刘伟因被故意伤害经抢救无效死亡,死后其父母刘发金、徐全容无偿捐献了刘伟的肝脏和肾脏。2016 年 9 月 6 日,浙江省台州市中级人民法院作出(2016)浙 10 刑初 49 号刑事附带民事判决,以故意伤害罪,分别判处被告人余峰死刑,缓期二年执行,剥夺政治权利终身,判处被告人李三涛有期徒刑六年;以寻衅滋事罪,分别判处被告人王兴伟有期徒刑三年,判处被告人余复赛有期徒刑一年;同时判令四被告人赔偿附带民事诉讼原告人刘发金、徐全容经济损失 59 万元。宣判后,余峰对刑事部分不服,提出上诉。2016 年 12 月 22 日,浙江省高级人民法院作出(2016)浙刑终 480 号刑事裁定,驳回上诉,维持原判。因抢救刘伟,其父母已支付医疗费近 14 万元,但四被告人仅赔偿到位 4 万元,刘家生活因此陷入急迫困难,靠举债度日。经浙江省高级人民法院法官依职权告知,刘发金、徐全容向该院提出司法救助申请。

裁判结果

　　浙江省高级人民法院经审查认为,救助申请人刘发金、徐全容系农村低收入家庭,又因抢救被故意伤害的唯一儿子刘伟支付大额医疗费,但刘伟仍然不幸去世,致二申请人经济和精神遭受双重打击,生活陷入急迫困难,属于应予司法救助的情形。在刘伟去世后，二申请人无偿捐献其肝脏和肾脏，挽救了三位器官衰竭患者的生命，应予褒扬。依照《最高人民法院关于加强和规范人民法院国家司法救助工作的意见》的相关规定，决定给予刘发金、徐全容司法救助金9万元。

📖 | 典型意义 |

恶性人身伤害类刑事案件不仅会给被害人及其亲属造成严重的身心损害，且往往会产生高额的医疗费用，使众多家庭难以承受，故现有国家司法救助政策将其作为重点救助范围加以规范。对于这类情形，既要救早救急，也要从优用足救助金。本案中，浙江省高级人民法院不仅在审判程序中就对被告人赔偿能力进行了核实判断，据此及时依职权告知申请人提出司法救助申请，而且在一般考量因素基础上特别考虑了其捐献器官情节，据此从优用足救助金。如此，既缓解了被害人家庭的急迫困难，又褒扬了申请人所具有的善举，从而在物质、精神上给予申请人以最大限度的精神慰藉，充分体现了"国家有正义、司法有温度"的司法救助制度效益，以及传递和弘扬了社会主义核心价值观的正能量。

案例 **8**

谢兰松申请民事扶养纠纷司法救助案

基本案情

谢兰松于 1997 年与高杰登记结婚,于 2001 年开始出现精神异常。2013 年 9 月 22 日,高杰诉请离婚。2014 年春节前,高杰将谢兰松送回娘家居住。2014 年 2 月 21 日,谢兰松的父亲将其送往医疗机构诊治,被诊断为精神分裂症。2015 年 1 月 26 日,谢兰松向浦北县法院提起扶养费纠纷之诉。同年 4 月 15 日,浦北县法院作出(2015)浦民初字第 256 号民事判决,判令高杰支付谢兰松扶养费 10200 元并从 2015 年 4 月起每月支付谢兰松扶养费 600 元,直至谢兰松精神病痊愈并能独立生活为止。因高杰未按生效判决自觉履行,浦北县法院依法对其强制执行,但高杰无财产可供执行。谢兰松父母均是八十多岁的农民,家庭生活因照顾诊治谢兰松更加困难。

裁判结果

广西壮族自治区浦北县人民法院经审查认为,谢兰松是扶养费执行案的申请执行人,具备国家司法救助申请人的资格。谢兰松因被执行人高杰没有履行能力而生活困难,其申请符合国家司法救助的情形,应当给予救助。结合谢兰松实际遭受的损失、目前家庭的经济情况以及本地基本生活水平所必需的最低支出等因素,依照《最高人民法院关于加强和规范人民法院国家司法救助工作的意见》的相关规定,决定给予谢兰松司法救助金 5000 元。

📖 | 典型意义 |

父母子女之间具有抚育赡养义务,而夫妻之间具有相互扶助的义务。一方通过诉讼追索赡养费、扶养费、抚育费,本来就是充满辛酸的不得以之举,若因被执行人没有履行能力而陷入生活困难,申请执行人必将遭受感情上和经济上的双重打击。对此类情形予以适当救助,不仅能缓解涉案群众的急迫生活困难,而且能预防某些人伦悲剧的发生,从而维护社会和谐稳定。本案中,浦北县法院不仅按照现行国家司法救助政策规定在民事判决金额内给予谢兰松适当金钱救助,而且通过协调当地政法委、妇联等机关为其申请了低保和残疾人生活补助。此举既充分彰显了党和政府的民生关怀,传递了人民司法的温度,又为同类案件的办理提供了很好的示范样本。

案例 ⑨

李洪清、陆成凤申请行政诉讼司法救助案

基本案情

李洪清、陆成凤夫妻系四川省汉源县富春乡楠木村 3 组村民。2010 年 9 月 30 日,二人在承包地内采收黄豆时遭到国家二级保护动物黑熊袭击致伤。在抢救和治疗二人过程中,当地林业部门承担了大部分医疗费用。经司法鉴定,二人的伤残情况和后续医疗费用为:"李洪清的伤残等级定级为三级伤残,后期医疗费用共计 54500—77500 元,如遇并发症或感染等费用可能增加,以当时具体出具为准;陆成凤的伤残等级定级为四级伤残,后期医疗费用共计 30700—35600 元,如遇并发症或感染等费用可能增加,以当时具体出具为准。"后因剩余及后续医疗费用未获解决,李洪清、陆成凤以请求"判令四川省人民政府在有关野生保护动物人身伤害补偿办法尚未出台的情况下为二申请人尽快解决后续医疗和生活的现实困难问题"为由,以四川省人民政府为被告提起行政诉讼。四川省成都市中级人民法院经审理,以诉讼请求较为概括、抽象、不具体为由,判决驳回诉讼请求。二人上诉后,四川高院驳回上诉,维持原判。2018 年,李洪清、陆成凤向四川省高级人民法院申请国家司法救助。

裁判结果

四川省高级人民法院经审查认为,申请人李洪清、陆成凤确因案件原因陷

入生活急迫困难，属于"人民法院根据实际情况，认为需要救助的其他人员"，应予一次性司法救助。依照《最高人民法院关于加强和规范人民法院国家司法救助工作的意见》的相关规定，决定给予李洪清、陆成凤司法救助金 10 万元。

典型意义

本案系人民法院在审理行政诉讼案件过程中决定予以救助的典型案例。本案申请人因受到国家保护动物袭击而致残，虽然部分医疗费已由当地政府承担，但大量后续医疗费用无法落实，生活因此陷入急迫困难，应予救助。司法救助金基本解决了申请人取体内医用"钢板"的治疗费用，解了其燃眉之急，申请人服判息诉并向法院寄来感谢信。四川省高级人民法院在决定救助的同时，坚持能动司法，先后向四川省人民政府、四川省汉源县人民政府发出司法建议书，建议省政府尽快制定《四川省陆生野生动物危害补偿办法》，建议县政府依法及时处理案涉补偿问题。据了解，两份司法建议书得到及时反馈，汉源县政府积极落实后续补偿事宜，四川省政府起草的《四川省陆生野生动物危害补偿办法》已公开征求意见，法院办案过程中以一案推全面，推进了社会治理格局创新，实现了法律效果与社会效果的有机统一。

案例 ⑩

常章海申请执行道交侵权赔偿司法救助案

基本案情

常章海系河北省魏县东代固乡张故村的一名以种地为生的农民。2015年9月18日19时许，申某驾驶小型客车与驾驶电动三轮车的常章海相撞，致常章海重型颅脑损伤、肺挫伤等全身多处伤害。住院治疗期间，申某为常章海支付医疗费55000元。后因不能承担巨额医疗费，常章海被迫出院，出院时仍处于重度昏迷，遗留有植物状态，生活完全不能自理，经司法鉴定为一级伤残。起诉后，魏县人民法院判决：被告申某于判决发生法律效力之日起十日内赔偿原告常章海609554.22元。因申某未自觉履行，常章海申请强制执行。执行期间，肇事车辆经评估变卖仅得款23000元，申某又分三次交执行款17000元。经穷尽执行措施，剩余56万余元赔偿款仍未能执行到位。经法院法官依职权告知，常章海家属代为向法院申请司法救助。

裁判结果

邯郸市中级人民法院经审查材料和实地走访发现，常章海家处农村，没有其他工作和经济收入，生活特别困难，同时，常章海因交通事故致残，生活完全不能自理，已产生的医疗费等高达50多万元，但仍需继续治疗，整个家庭负债累累，陷入绝望之中。该院认为，常章海的申请符合国家司法救助的条件，根据其受伤程度及其家庭经济困难状况，决定给予常章海司法救助金13万元。

📖 | 典型意义 |

因道路交通事故等民事侵权行为造成人身伤害，无法经过诉讼获得赔偿，造成生活困难的，是现行国家司法救助政策明确列举的应予救助的情形之一。本案是这类情形的典型案例，同时也是人民法院认真审查、及时救助、帮助因案致贫群众重新燃起生活希望的示范案例，充分体现了国家司法救助"救急救难"的功能属性和"加强生存权保障"的价值取向。邯郸市中级人民法院在核实常家的情况后，以最快速度办结了本起救助案件，缓解了常家的燃眉之急。当法官们将救助金送到常章海的病榻前时，其妻子激动地流下了眼泪。经过治疗，常章海病情缓解。2018 年春节前夕，常章海给办案法官发来感谢短信："我们已经不再像当初那样绝望，家里的日子也慢慢好起来，我也会积极治疗，坚强活下去"。

人民法院环境资源审判保障
长江经济带高质量发展典型案例

案例 ①

被告人易文发等非法生产
制毒物品、污染环境案

| 基本案情 |

2014 年 4 月，被告人易文发等人在贵州省贵阳市租赁民房、废弃厂房等，利用非法购买的盐酸、甲苯、溴代苯丙酮等加工生产麻黄碱。2015 年 5 月至 2016 年 1 月期间，被告人易文发等人在非法生产麻黄碱过程中，为排放生产废水，在厂房外修建排污池、铺设排污管道，将生产废水通过排污管引至距厂房约 70 米外的溶洞排放。2016 年 1 月，公安机关在案涉加工点查获麻黄碱 6.188 千克、甲苯 11700 千克、盐酸 3080 千克、溴代苯丙酮 13000 千克。经鉴定，易文发等人生产麻黄碱所产生、排放的废水属危险废物。

| 裁判结果 |

贵州省清镇市人民法院一审认为，被告人易文发等人的行为均已构成非法生产制毒物品罪；将属于危险物质的生产制毒物品废水利用溶洞向外排放，严重污染环境，其行为同时构成污染环境罪，应予数罪并罚。判处易文发等人八年至十年不等有期徒刑，并处罚金 110000 元至 130000 元不等，并对查扣的制毒物品、作案工具依法没收，予以销毁。贵阳市中级人民法院二审维持原判。

|典型意义|

本案系非法生产制毒物品过程中引发的环境污染案件。被告人易文发等人在非法生产麻黄碱的过程中，违反国家规定修建排污池，铺设排污管道，将含有危险废物的生产废水通过排污管引至溶洞排放，严重污染环境。溶洞是可溶性岩石因喀斯特作用所形成的地下空间，在长江流域多有分布，蕴含着丰富的水资源。但岩溶生态系统脆弱，环境承载容量小，溶洞之间多相互连通，一旦污染难以修复治理。一审法院考虑到本案被告人犯罪行为的特殊性，根据受到侵害的法益不同，对被告人实施的不同行为单独定罪、数罪并罚，改变了过去忽视环境保护，对同类案件多采用择一重罪论处、仅以涉毒罪名予以打击的处理方式。本案以非法生产制毒物品罪和污染环境罪数罪并罚，既体现出人民法院始终坚持依法从严惩处毒品犯罪、加大对生产制毒物品犯罪的惩处力度，也体现出人民法院以零容忍态度依法维护人民群众生命健康和环境公共利益的决心。

案例 ②

被告单位重庆首旭环保科技有限公司、被告人程龙等污染环境案

基本案情

被告单位首旭环保公司系具有工业废水处理二级资质的企业。2013 年 12 月 5 日，首旭环保公司与重庆藏金阁物业公司签订协议，约定首旭环保公司自 2013 年 12 月 5 日至 2018 年 1 月 4 日运行重庆藏金阁电镀工业中心废水处理项目。首旭环保公司承诺保证中心排入污水处理站的废水得到 100% 处理，确保污水经处理后出水水质达标，杜绝废水超标排放和直排行为发生。在运营该项目过程中，项目现场管理人员发现 1 号调节池有渗漏现象，向首旭环保公司法定代表人程龙报告。程龙召集项目工作人员开会，要求利用 1 号调节池的渗漏偷排未经完全处理的电镀废水。项目现场管理人员遂将未经完全处理的电镀废水抽入 1 号调节池进行渗漏。2016 年 5 月 4 日，重庆市环境监察总队现场检查发现该偷排行为。经采样监测，1 号调节池内渗漏的废水中六价铬、总铬浓度分别超标 29.5 倍、9.9 倍。

裁判结果

重庆市渝北区人民法院一审认为，被告单位首旭环保公司违反国家规定，非法排放含有重金属的污染物超过国家污染物排放标准 3 倍以上，严重污染环境，其行为已构成污染环境罪。被告人程龙作为首旭环保公司的法定代表

人,系首旭环保公司实施污染环境行为的直接负责的主管人员;首旭环保公司项目现场管理人员是首旭环保公司实施污染环境行为的直接责任人员,均构成污染环境罪。鉴于各被告人分别具有自首、坦白等情节,以污染环境罪判处首旭环保公司罚金 80000 元;判处程龙等人有期徒刑并处罚金。

典型意义

本案系向长江干流排放污水引发的水污染刑事案件。重庆地处长江上游和三峡库区腹地,人民法院通过依法审理重点区域的环境资源案件,严惩重罚排污者,构筑长江上游生态屏障。本案中,首旭环保公司作为具有工业废水处理资质的企业,在受托处理工业废水过程中,明知调节池有渗漏现象,依然将未经完全处理的电镀废水以渗漏方式直接向长江干流排放,严重污染长江水体,应当依法承担刑事责任。在首旭环保公司承担刑事责任后,重庆市人民政府、重庆两江志愿服务发展中心以重庆藏金阁物业公司、首旭环保公司为共同被告,分别提起生态环境损害赔偿诉讼和环境民事公益诉讼,要求二被告依法承担生态环境修复等费用,并向社会公开赔礼道歉。人民法院通过审理刑事案件以及省市人民政府提起的生态环境损害赔偿诉讼、社会组织提起的环境民事公益诉讼,充分发挥环境资源审判职能作用,为服务和保障长江流域生态文明建设提供了较好范本。

案例 ③

被告人邓文平等污染环境案

📬 | 基本案情 |

2016 年 2 月起，被告人邓文平在未取得相关资质的情况下收购 HW11 精（蒸）馏残渣（俗称煤焦油），运输至其位于四川省眉山市东坡区的厂房内进行加热处理、分装和转卖。其间还雇佣被告人邓卫平、邓良如、马成才协助其运输、加热和分装。2016 年 7 月，眉山市东坡区环境保护局进行查处后，邓文平等人仍未停止煤焦油的加工。2017 年 1 月，眉山市东坡区相关行政主管部门联合执法，从加工点现场查扣处理设备、煤焦油及其提炼产品 453.08 吨。另有 200 余吨煤焦油已被邓文平加工转卖。四被告人自动投案后，均能如实供述全部或者大部分犯罪事实。

📑 | 裁判结果 |

四川省眉山市中级人民法院一审认为，被告人邓文平等违反国家规定非法处置危险废物，严重污染环境，构成污染环境罪。邓文平非法处置危险废物 100 吨以上，后果特别严重。根据各人在共同犯罪中的作用、自首等情节，以污染环境罪判处邓文平有期徒刑三年二个月，并处罚金 30000 元；判处邓卫平、邓良如、马成才八个月到二年不等有期徒刑，八个月到二年不等缓刑考验期，并处 8000 元到 20000 元不等罚金；禁止邓卫平、邓良如、马成才在缓刑考验期内从事与煤焦油加工销售相关的活动。

📖 | 典型意义 |

本案系非法处置危险废物引发大气污染刑事案件,人民法院在案件裁判方式上进行了有益探索和创新,体现了打击污染环境犯罪、助力打赢蓝天保卫战的态度和决心。近年来,长江流域的区域性雾霾、酸雨态势长期持续,人民法院需要充分发挥环境资源刑事审判的惩治和教育功能,依法审理长三角、成渝城市群等重点区域的大气污染防治案件,严惩重罚大气污染犯罪行为。本案中,邓文平等人无危险废物处置资质,加工设备和工序未得到行政监管部门的验收认可,在加工煤焦油过程中存在大量有毒有害物质未经处理直接排放入大气的情形。一审法院结合各被告人犯罪行为和自首情节在判处相应刑罚的同时,考虑到危险废物处置的专业性和处置不当可能造成的社会危害性,判决邓卫平、邓良如、马成才在缓刑考验期内禁止从事与煤焦油加工销售相关的活动,体现了环境资源审判预防为主的理念。

案例 ④

中华环保联合会诉宜春市中安实业
有限公司等水污染公益诉讼案

基本案情

中安公司经营的粗铟工厂无危险废物经营资质、未依法取得建设项目环境影响评价审批同意、未配套任何污染防治设施。中安公司与珊田公司签订协议，约定珊田公司为中安公司的粗铟生产提供资金支持，珊田公司派人参与中安公司的经营管理和业务购销，并约定了盈利分配比例。中安公司与沿江公司签订合同，沿江公司分 8 次非法向中安公司提供铅泥 291.85 吨，珊田公司支付沿江公司用于非法采购危险废物款项 65 万元。博凯公司负责人杨志坚与中安公司签订合同，由博凯公司向中安公司提供机头灰、铅泥，进行非法提炼利用。博凯公司分 12 次向中安公司提供机头灰 149.14 吨。龙天勇公司将机头灰与中安公司非法置换铅泥，分 17 次向中安公司提供机头灰 351.29 吨。沿江公司、博凯公司、龙天勇公司向中安公司提供的危险废物共计 792.28 吨。中安公司在生产过程中，将未经处理的含镉、铊、镍等重金属及砷的废液、废水，通过私设暗管的方式，直接排入袁河和仙女湖流域，造成新余市第三饮用水厂供水中断的特别重大环境突发事件。中华环保联合会起诉请求判令各被告立即停止违法转移、处置危险废物，向公众赔礼道歉；承担清除污染及环境应急处置费用 9263301 元；各被告对袁河、仙女湖流域的生态环境进行修复，并承担生态环境修复费用 21991610 元和生态环境修复期间服务功能的损失、监测费用等 9952443 元。

裁判结果

江西省新余市中级人民法院一审认为,中安公司通过私设暗管的方式向袁河偷排重金属污染物直接导致本次污染袁河、仙女湖流域生态环境事件,对环境侵权损害后果具有重大的过错;中安公司从事非法经营危险废物的资金来源于珊田公司,珊田公司对环境侵权损害后果具有一定的过错;龙天勇公司、博凯公司、沿江公司分别向中安公司非法提供危险废物,对环境侵权损害后果亦具有一定的过错。中安公司承担主要责任,珊田公司、龙天勇公司、博凯公司、沿江公司分别承担次要责任。判决各被告人立即停止违法转移、处置危险废物,向公众赔礼道歉;赔偿应急处置费用、应急监测费用及专家技术咨询费、评估费;承担生态环境修复费用及赔偿生态环境受到损害至恢复原状期间服务功能损失;承担合理的律师费。江西省高级人民法院二审维持原判。

典型意义

本案在数人环境侵权的责任认定方面进行了有益的探索。长江中下游江河湖泊众多,流域生态功能退化严重,接近 30% 的重要湖库处于富营养化状态,生态环境形势严峻。本案中,中安公司通过私设暗管的方式偷排重金属污染物直接导致袁河和仙女湖流域特别重大环境突发事件,系直接的污染者。中安公司从事非法经营危险废物的资金来源于珊田公司,龙天勇公司、博凯公司、沿江公司则分别向中安公司非法提供危险废物,均应当按照其过错承担相应的责任。人民法院根据污染环境、破坏生态的范围和程度、生态环境恢复的难易程度、侵权主体过错程度等因素,参考专家意见,将危险废物的绝对数量作为承担责任大小的依据,判决五家公司按比例承担责任,并在省级媒体向公众赔礼道歉,有效保障了重点区域的水环境保护和水生态修复。

案例 ⑤

中华环境保护基金会诉
凯发新泉水务（扬州）有限公司
水污染公益诉讼案

📖 | 基本案情 |

　　凯发新泉公司位于江苏省扬州化学工业园区内，经营范围为污水处理厂的开发、经营，主要接纳处理化工园区内各企业的工业废水及农歌安置小区、青山镇的生活污水。因 2015 年 12 月 22 日至 2016 年 4 月 14 日间多次发生排水口废水污染物超标排放事件（排放的废水中化学需氧量和氨氮含量超标），仪征市环保局数次对凯发新泉公司进行行政处罚，凯发新泉公司按时缴纳了行政罚款。为解决废水超标排放问题，凯发新泉公司实施了临时加药应急方案及长效稳定方案，催化氧化处理工程和长江排水口改造工程经过建设方和施工方的内部验收，但未经过环保部门竣工验收批复。中华环境保护基金会起诉请求判令凯发新泉公司立即停止污染水环境的排放行为并消除水环境污染危险，赔偿超标排污所产生的水环境治理费用；向社会公众公开赔礼道歉。2017 年 7 月 5 日，扬州化学工业园区管理委员会与凯发新泉公司解除扬州青山污水处理厂项目特许经营协议。

📑 | 裁判结果 |

　　经扬州市中级人民法院主持调解，双方当事人达成调解协议：因特许经营协议已解除,停止污染水环境的生产、排放行为并消除水环境污染危险客观上已无必要,中华环境保护基金会同意撤回该项诉讼请求;凯发新泉公司赔偿生态环境损害费用,用于扬州地区环境修复,确定第三方修复机构以及修复方案,修复机构及方案的确定需经扬州环境保护主管部门审核通过并报扬州中院备案后实施,修复方案应在审核确定后一年内实施完毕,中华环境保护基金会有权监督修复方案的实施过程和效果;鉴于凯发新泉公司在超标排污发生后采取了诸多措施并取得良好效果,且当庭致歉并表示将继续积极推进环境修复工作,中华环保基金会予以谅解,凯发新泉公司应递交书面致歉信;律师费等费用由凯发新泉公司负担;双方再无其他争议。扬州市中级人民法院将调解协议内容进行了公告,公告期间内未有任何个人或单位提出异议。扬州中院经审查认为,上述协议内容符合法律规定,不违反社会公共利益,予以确认。

📖 | 典型意义 |

长三角地区沿江重化工企业高密度布局、人口密度大,人民法院需要通过服务和保障沿江化工污染整治、固体废物处置、城镇污水垃圾治理等生态环境保护专项行动,依法审理城市群工业污染案件和涉城镇污水、垃圾处理案件,实现法律效果、社会效果和生态效果的有机统一。本案中,凯发新泉公司作为工业废水、生活污水处理企业,本应自觉履行生态环境保护的主体责任,将环境保护要求纳入企业经营管理机制,积极开展技术创新和改造,将污水处理达标后才能排放进入长江水体。但该企业仍然多次发生排水口废水污染物超标排放的情况并受到行政处罚。公益诉讼案件受理后,工业园区管委会及时与污染企业解除了特许经营协议,避免了环境损害后果的进一步扩大。人民法院则充分发挥调解的纠纷解决功能,着眼环境利益最大化,确保污染者及时履行生态环境修复责任。

案例 ⑥

湖南省益阳市环境与资源保护
志愿者协会诉湖南林源纸业
有限公司水污染公益诉讼案

基本案情

　　林源纸业公司位于湖南省沅江市漉湖芦苇场，其生产过程中产生的废水经环保设施处理后通过草尾河排入洞庭湖。2016年10月17日，林源纸业公司开始对污染处理设施进行升级改造。12月1日，在修建曝气系统基建工程时，由于曝气池与厌氧池液位落差偏大致使隔离钢板出现裂缝，造成部分废水通过曝气池溢入未拆除完全的原漉湖纸厂废水排放管道进入草尾河。但林源纸业公司未立即采取停机、停产、限排等应急措施。12月4日，曝气池与厌氧池之间的隔离钢板突然断裂，造成曝气池液位上涨，致使大量废水通过原漉湖纸厂废水排放管道直接进入草尾河，流入洞庭湖。同日，益阳市环境监察支队得到群众举报后进行现场勘查，在暗管进口、排污口取水样检测，报告显示排污口和暗管进口（未处理废水排放口）化学需氧量、悬浮物、总磷悬浮物均超标。林源纸业公司于当日采取了停产、停排的应急措施，并于12月5日将原漉湖纸厂废水排放管道拆除后用混凝土封堵。林源纸业公司为确保排放污染物稳定达标排放，于2017年4月启动新污水处理项目建设。益阳市环保协会提起公益诉讼，请求判令林源纸业公司对污染的水环境要素进行修复，并承担生态环境修复费用（以司法鉴定为准）；承担污染检测检验费、评估鉴定费、差旅费、专家咨询费、案件受理费。

裁判结果

湖南省岳阳市君山区人民法院一审认为,林源纸业公司利用原漉湖纸厂废水排放管道超标排放工业废水至草尾河,流入洞庭湖。经检测,被告排放的废水中悬浮物、化学需氧量、总磷等严重超标,实质上已经对草尾河及洞庭湖造成污染,损害了社会公共利益。因此,被告的行为违反了《水污染防治法》的规定,应当承担侵权民事责任,消除对草尾河及洞庭湖产生的危害,承担生态环境修复费用。关于非法超标排放的废水量的核定及生态环境修复费用的计算,考虑林源纸业公司超标排放、偷排系因污水处理设施技改时设施破损所致,且排污时间不长,加之事件发生后被告采取停产、停排的应急措施并启动新污水处理项目建设,综合考虑湖南省环境保护科学研究院的环境工程专家的意见,酌定本次事件造成的生态环境修复费用数额按偷排废水虚拟治理成本的 4.5 倍计算,判令林源纸业公司支付生态环境修复费用 230924.61 元;支付益阳市环保协会差旅费 4075 元;负担本案专家咨询费 4000 元。

典型意义

本案系人民法院跨行政区划审理的水污染公益诉讼案件。案涉污染行为发生地为益阳沅江,按照湖南高院跨行政区划集中管辖环洞庭湖环境资源案件的安排,本案由岳阳市君山区法院洞庭湖环境资源法庭审理,是环境资源案件跨行政区划集中管辖的生动实践。一审法院邀请湖南环境保护科学研究院的工程专家以专家证人的形式出庭,就生态环境损害赔偿数额等专业问题出具意见,既有效提高了案件事实认定的客观性,又有效克服了环境资源审判鉴定难的瓶颈问题,对类案的处理具有一定借鉴意义。

案例 ⑦

浙江省开化县人民检察院诉衢州瑞力杰化工有限责任公司环境民事公益诉讼案

💬 | 基本案情 |

2005年8月2日,瑞力杰公司与开化县华埠镇新安村第一承包组签订土地租赁合同,租赁约两亩土地用于工业固体废物填埋,共填埋上百吨有机硅胶裂解产生的废渣、废活性炭等工业固废。2016年7月,开化县环境保护局调查发现,表层土已被瑞力杰公司填埋的黑色固体废弃物污染,主要污染物为苯、甲苯。2016年11月,开化县环境保护局对瑞力杰公司作出责令改正违法行为决定书,责令瑞力杰公司将填埋于新安村的危险废物交由有资质的单位处理。2016年12月,瑞力杰公司委托有处置资质公司将该工业固废及感官上觉得受污染的土壤全部挖出清运处理,共计1735.8吨。经对残留土壤进行检测,确认填埋在新安村的工业固废产生的渗滤液对填埋地的土壤和附近马金溪河流水生态环境以及地下水生态环境造成了损害。经采样监测,清理后的场地现场水潭中化学需氧量、氨氮、总磷、总氮浓度超标;马金溪下游化学需氧量、总氮超标。经对污染地块调查与风险评估,受污染地块土壤中苯含量超过人体健康可接受风险水平,需要修复。开化县人民检察院向衢州市中级人民法院提起环境民事公益诉讼,请求判令瑞力杰公司赔偿生态环境服务功能损失,支付修复生态环境费用,承担鉴定评估费等费用。经浙江省高级人民法院批准,衢州市中级人民法院裁定本案由开化县人民法院审理。

📑 |裁判结果|

浙江省开化县人民法院一审认为,瑞力杰公司违规填埋工业固废,造成生态环境受到损害的事实清楚,应依法承担侵权的民事责任。综合考虑已查明的具体污染情节、被告的主观过错程度、污染环境的范围和程度、生态环境恢复的难易程度、生态环境的服务功能等因素,判决瑞力杰公司赔偿生态环境受到损害期间的服务功能损失,支付修复生态环境费用,承担鉴定评估费等费用。

📖 |典型意义|

本案系因土地利用方式不当污染土壤并引发水污染的环境民事公益诉讼案件。人民法院通过依法审理土壤污染案件,强化土壤污染管控和修复,防止有毒有害污染物、危险化学品、危险废物等通过地下水循环系统进入长江干支流,彰显了山水林田湖草是生命共同体的基本理念。本案中,马金溪作为钱江源国家森林公园的重要水域,是开化县城市集中饮用水水源地。瑞力杰公司填埋工业固体废物产生渗滤液,对填埋地土壤和马金溪河流水生态环境以及地下水生态环境造成损害,对水源地水质产生不良影响。人民法院从长江流域生态系统的整体性着眼,综合考虑多种因素,依法判决瑞力杰公司承担环境侵权责任,赔偿生态环境受到损害期间的服务功能损失和生态环境修复费用,有效保障了饮用水水源地的水质安全。

案例 ⑧

岳西县美丽水电站诉岳西县环境保护局
环境保护行政决定案

| 基本案情 |

1994 年国务院确定鹞落坪自然保护区为国家级自然保护区。2001 年原国家环保总局批准了《国家级鹞落坪自然保护区总体规划（2001—2015）》。2005 年美丽水电站在位于鹞落坪自然保护区核心区的包家乡鹞落坪村开工建设。2006 年岳西县水利局批复同意建设。2009 年岳西县环境保护局以美丽水电站位于自然保护区实验区为由，补办环评批准手续。2017 年安徽省第五环境保护督察组等先后对鹞落坪自然保护区内的违法建设进行督察，要求迅速查处。岳西县环境保护局经立案调查，认定美丽水电站是在设立国家级自然保护区后建设，机房、明渠和涵洞位于鹞落坪自然保护区的缓冲区，蓄水坝位于保护区的核心区。岳西县环境保护局作出岳环责停字［2017］15 号《责令停产整治决定书》，责令美丽水电站立即停止生产；作出岳环限拆字［2017］04 号《责令限期拆除设施设备通知书》，责令美丽水电站限期自行拆除电站上网断路器，移除主变压器。美丽水电站不服，诉至法院，请求撤销《责令停产整治决定书》，确认《责令限期拆除设施设备通知书》违法。

| 裁判结果 |

安徽省潜山县人民法院一审认为，美丽水电站在鹞落坪自然保护区的核心区和缓冲区建设水电站的行为违反《自然保护区条例》规定,依法应予关闭、拆除。水电站建成后,虽然经过岳西县水利局补办了批准手续,但并不影响岳西县环境保护局对违法建设事实的认定。岳西县环境保护局依法享有行政执法权。一审法院判决驳回美丽水电站诉讼请求。安庆市中级人民法院二审维持原判。

典型意义

本案系在自然保护区内开发利用自然资源引发的行政案件。长江流域重点生态功能区、生态环境脆弱区及自然保护区较多,人民法院在审理上述区域的环境污染、生态破坏及自然资源开发利用案件时,需要坚持保护优先的理念,正确处理好生态环境保护和经济发展的关系,将构建生态功能保障基线、环境质量安全底线、自然资源利用上线三大红线作为重要因素加以考量,保障重点区域实现扩大环境容量和生态空间的重要目标。鹞落坪自然保护区内有大别山区现存面积最大的天然次生林,植物区系复杂,生态系统完整,在保护生物多样性及涵养水源方面具有极为重要的价值。鹞落坪自然保护区设立在先,美丽水电站建立时虽然取得了相关部门的批复,但该水电站机房建设在自然保护区的缓冲区,蓄水坝建设在保护区核心区,违反了《自然保护区条例》的规定。人民法院支持行政机关依法行政,依法认定美丽水电站应予关闭和拆除,为保护长江流域自然保护区提供了坚强的司法后盾。

案例 ⑨

云南省剑川县人民检察院诉剑川县森林
公安局怠于履行法定职责行政公益诉讼案

基本案情

2013 年 1 月,剑川县居民王寿全受玉鑫公司的委托在国有林区开挖公路,被剑川县红旗林业局护林人员发现并制止。剑川县林业局接报后交剑川县森林公安局进行查处,剑川县森林公安局于 2013 年 2 月 27 日向王寿全送达剑川县林业局剑林罚书字[2013]第 288 号林业行政处罚决定书,决定对王寿全及玉鑫公司给予责令限期恢复原状和罚款的行政处罚。玉鑫公司交纳罚款后剑川县森林公安局即予结案。其后直到 2016 年 11 月 9 日,剑川县森林公安局没有督促玉鑫公司和王寿全履行"限期恢复原状"的义务,所破坏的森林植被没有得到恢复。2016 年 11 月 9 日,剑川县人民检察院发出检察建议,建议剑川县森林公安局依法履行职责,认真落实行政处罚决定,采取有效措施,恢复森林植被。剑川县森林公安局回复,民警曾到王寿全家对责令限期恢复原状进行催告,鉴于王寿全死亡,执行终止。剑川县森林公安局未向玉鑫公司发出催告书。剑川县人民检察院提起行政公益诉讼,请求确认剑川县森林公安局怠于履行法定职责的行为违法,判令剑川县森林公安局在一定期限内履行法定职责。

裁判结果

云南省剑川县人民法院一审认为,剑川县人民检察院提起行政公益诉讼,符合起诉条件。本案中,剑川县森林公安局在查明玉鑫公司及王寿全擅自改变林地用途的事实后,以剑川县林业局名义作出行政处罚决定符合法律规定。但在玉鑫公司缴纳罚款后三年多的时间里,剑川县森林公安局没有督促玉鑫公司和王寿全对受到破坏的林地恢复原状,也没有代为履行,致使玉鑫公司和王寿全擅自改变的林地至今没有恢复原状,且未提供证据证明有相关合法、合理的事由,其行为显然不当,属于怠于履行法定职责的行为。一审法院依法支持了人民检察院的诉讼请求。

📖 | 典型意义 |

本案系检察机关为依法督促行政机关履行监管职责提起的环境行政公益诉讼。长江源头林草资源对于促进长江上游水土保持和水源涵养意义重大,长江上游人民法院应充分发挥审判职能作用,服务和保障长江源头生态环境治理和林草资源保护。本案中,剑川县森林公安局在玉鑫公司缴纳罚款后即予结案,其后三年多时间里没有督促玉鑫公司和王寿全对受到破坏的林地恢复原状,也没有代为履行,致使该擅自改变用途的林地没有恢复原状。人民法院依法责令剑川县森林公安局继续履行法定职责,对于督促行政机关全面履行监管职责,积极开展生态修复、确保森林植被恢复具有典型意义。

案例 ⑩

湖北省宜昌市点军区人民检察院诉 宜昌市点军区环境保护局怠于履行 法定监管职责行政公益诉讼案

基本案情

2014 年以来，宜昌市点军区艾家镇桥河村多户村民从事生猪养殖业，存在未建设污染防治配套设施即投入生产、养殖废水未经无害化处理从沿江排污口向长江直接排放的情况，造成环境污染。2016 年 5 月，宜昌市环境保护监测站对桥河村畜禽养殖废水进行取样监测，检测报告结果表明江边排污口 pH 酸碱度、悬浮量、化学需氧量等各项指标均超过《畜禽养殖业污染物排放标准》标准值。2016 年 6 月 2 日，点军区检察院向点军区环保局发出点检行公建〔2016〕1 号检察建议书，建议依法督促桥河村生猪养殖户停止将养殖废水直排长江。2016 年 6 月 22 日，点军区环保局依据《畜禽规模养殖污染防治条例》的规定，作出宜市点环罚（2016）2、3、4 号《行政处罚决定书》，责令桥河村生猪养殖规模达 500 头（出栏）以上的三家养殖户在 2016 年 11 月 30 日前停止生产。2016 年 6 月 30 日，点军区环保局对检察建议作出书面回复。2016 年 11 月中旬，桥河村村民委员会与 45 家养殖户（生猪养殖超过 50 头）签订了《点军区禁养区畜禽养殖场（户）关停拆除补偿协议书》。2016 年 12 月 2 日，宜昌市环境保护监测站对桥河村畜禽养殖废水进行监测，结果表明仍有多项指标超过《畜禽养殖业污染物排放标准》标准值。截至 2017 年 4 月 11

日,桥河村已经拆除生猪养殖场(户)45户,关停范围内生猪存栏数约有790头。截至2017年4月13日,桥河村生猪养殖场(户)多年违法排放养殖废水形成的沟渠残留污染物仍然存在。点军区检察院遂提起行政公益诉讼,请求判令确认点军区环保局对艾家镇桥河村生猪养殖场(户)污染防治配套设施未建设、未经验收或验收不合格,将未经无害化处理的养殖废水直接向长江排放的违法行为怠于履行监管职责违法并依法履行监管职责。

📑 | 裁判结果 |

湖北省宜昌市点军区人民法院一审认为,桥河村位于长江干流宜昌城区葛洲坝至虎牙段,该段是中华鲟自然保护区、鱼虾产卵场。保护长江流域生态环境和生物资源,对整个长江流域的生态平衡乃至国家生态安全都具有十分重要的意义。根据《环境保护法》第十条和《畜禽规模养殖污染防治条例》第五条的规定,点军区环保局对其辖区内环境保护及畜禽养殖污染防治负有监管职责。桥河村生猪养殖户在污染防治配套设施未建设、未经验收或验收不合格的情况下,将养殖废水未经无害化处理直接排入长江,破坏了该地长江流段的生态环境,损害了国家利益和社会公共利益。点军区环保局作为环境监管部门,监管措施不到位,怠于履行监管职责,其行为违法。2016年6月,点军区环保局在收到点军区检察院检察建议书后,在点军区政府领导下积极开展工作,先后多次派人到桥河村生猪养殖户家中宣传法律和相关政策;对桥河村生猪养殖规模达500头(出栏)以上三家养殖户作出《行政处罚决定书》,责令其在2016年11月30日前停止生产;以点军区环境保护委员会办公室的名义向相关职能部门下发督办通知。截至2017年4月11日,桥河村已经拆除生猪养殖场(户)45户,现关停范围内生猪存栏数约有790头。桥河村生猪养殖废水未经无害化处理直接排入长江的现象得到了有效的治理。尽管目前桥河村生猪养殖场(户)大部分已停止生产,但由于生猪养殖场(户)多年违法排放养殖废水形成的沟渠残留污染物仍然存在,沿江三个排放口的水质尚未达到国家规定的排放标准,环境污染问题尚未得到彻底治理,故被告应继续履行监管职责。一审法院依法支持了人民检察院的诉讼请求。

📖 | 典型意义 |

　　本案系农村农业禽畜养殖污染物排放引发的水污染行政公益诉讼案件。近年来，长江流域生态功能退化依然严重，长江水生生物多样性指数持续下降，多种珍稀动植物物种濒临灭绝，生物多样性保护迫在眉睫。人民法院通过妥善审理工业污染、城镇和农村污染对水生和河岸生物多样性及物种栖息地破坏案件，及时加强对长江物种及其栖息繁衍场所保护。案涉污染行为发生在长江干流宜昌城区葛洲坝至虎牙段，是中华鲟自然保护区、鱼虾产卵场。作为对中华鲟自然保护区内环境保护及畜禽养殖污染防治负有监管职责的点军区环保局，更应明确保护长江流域生态环境和生物资源对长江流域生态平衡的重要意义，全面履行监管职责，确保保护区内受损生态环境及时得到修复。本案中，点军区环保局虽然采取了积极措施，但多年违法排放养殖废水形成的沟渠残留污染物仍然存在，沿江排放口水质尚未达标，环境污染问题尚未得到彻底治理。人民法院认定其怠于履行法定职责并判令其继续履职，对促进行政机关依法、及时、全面地履行行政职责，确保沿江岸线生态环境及时修复，切实保护长江流域物种资源和人民群众生态环境利益具有积极作用。

证券期货纠纷多元化解十大典型案例

案例 ①

上市公司欺诈发行引发涉众纠纷案例

参与单位:福建省高级人民法院、辽宁省高级人民法院、福州市中级人民法院、沈阳市中级人民法院、中国证券业协会、深圳证券交易所、中国证券投资者保护基金有限责任公司、中国证券登记结算有限责任公司

📖 | 案情介绍 |

2016 年 5 月,创业板上市公司 X 股份有限公司由于 IPO 申请文件中相关财务数据存在虚假记载、上市后披露的定期报告中存在虚假记载和重大遗漏,收到中国证监会《行政处罚和市场禁入事先告知书》。2017 年 8 月,X 公司正式摘牌退市。其为创业板第一家退市的公司,也是中国资本市场第一家因欺诈发行而退市的公司。众多投资者因 X 公司退市出现损失,如不能依法获得赔偿将引发涉众纠纷,出现大量索赔诉讼和投诉,影响退市工作顺利进行和资本市场稳定。

为了化解欺诈发行责任人与投资者的群体性纠纷,作为 X 公司上市保荐机构的 XY 证券股份有限公司(以下简称"XY 证券"),决定出资设立规模为 5.5 亿元人民币的"X 公司欺诈发行先行赔付专项基金",用于赔付适格投资者遭受的投资损失。中国证券业协会与中国证券投资者保护基金有限责任公司、深圳证券交易所、中国证券登记结算有限责任公司、XY 证券共同组成 X 公司投资者先行赔付工作协调小组,推进先行赔付方案的制订完善和各项工

作的实施。XY 证券先后组织多场专家论证会、投资者座谈会,广泛听取投资者、监管部门、协调小组成员单位、法律专家和金融工程专家意见,并征求了最高人民法院的指导意见,对先行赔付方案进行了全面论证。

从 2017 年 6 月开始,经过两个阶段的赔付申报过程,至 2017 年 10 月完成第二次赔付申报的资金划转,接受赔付并与 XY 证券达成有效和解的适格投资者共计 11727 人,占适格投资者总人数的 95.16%;实际赔付金额为 241981273 元,占应赔付总金额约 99.46%。本案先行赔付方案也得到了法院的认可,福建省高级人民法院、辽宁省高级人民法院、福州市中级人民法院、沈阳市中级人民法院等在审理 XY 证券因 X 公司欺诈发行涉及索赔案件时,法律适用与先行赔付方案保持一致。

典型意义

X 公司投资者先行赔付是我国资本市场因上市公司欺诈发行退市,保荐机构先行赔付投资者损失的首次尝试,对推进证券期货纠纷多元化解机制试点工作有重要意义。在法院系统和监管部门的支持下,在先行赔付工作协调小组成员单位和广大证券公司的共同努力下,此次先行赔付工作进展顺利,通过主动和解的方式化解了经营机构及发行主体与众多投资者之间的矛盾纠纷,促进了 X 公司的平稳退市,促使相关责任主体吸取教训,规范经营管理,提升合规意识和风控水平,没有因第一单上市公司欺诈发行退市引发社会矛盾,维护了资本市场和社会的和谐稳定。

案例②

上市公司控制权之争纠纷案例

参与单位：深圳证监局、深圳证券期货业纠纷调解中心、深圳国际仲裁院

案情介绍

C 公司和 W 公司分别于 2002 年、2007 年在沪深交易所上市。C 公司与 W 公司实际控制人围绕 C 公司法人治理结构、经营发展规划和重大项目投资等问题引发控制权之争，引起各方广泛关注。在深圳证监局的积极推动下，深圳证券期货业纠纷调解中心（以下简称"调解中心"）2017 年 12 月正式受理 C 公司控制权之争案。

针对该案涉及问题复杂、利益巨大、舆情关注度高，若处理不当会影响资本市场和社会稳定的特点，调解中心受案之初专门制订了《公司控制权纠纷调解程序特别指引》。经双方当事人选定和调解中心指定，由 3 名资本市场资深法律专家、行业专家组成调解工作小组。调解工作小组成员充分发挥专业敬业精神，认真核实、反复论证上市公司股权转让涉及的财务、法律等专业问题，本着当事人自愿的原则，从防范化解资本市场风险、上市公司、股东和投资者权益保护的角度，晓之以理，动之以情，导之以利，前后召开四次面对面调解会议，组织数场"背对背"会谈，推进控制权之争化解的具体方案不断细化。2018 年 1 月，经由双方董事会决议，C 公司和 W 公司在深圳证监局、调解中心等的见证下，正式签署和解协议。据上市公司公告披露，C 公司同意向 W 公

司转让其旗下某子公司 75% 的股权,W 公司同意以协议转让的方式向第三方公司溢价转让其持有的 C 公司无限售流通股 7400 万股。2018 年 3 月,深圳国际仲裁院根据双方申请,组成独任仲裁庭,依照和解协议内容快速作出仲裁裁决。

📖 | 典型意义 |

一是本案通过调解方式化解控制权之争为今后同类纠纷处理探索了一条可资借鉴的新路径。2018 年 5 月,在总结本案调解成功经验的基础上,调解中心和深圳国际仲裁院合作成立境内资本市场首家"并购争议解决中心",以加强上市公司并购纠纷等方面的研究、防范和化解。

二是深圳证监局、调解中心、深圳国际仲裁院通力协作,短时间内解决长达 4 年的上市公司控制权争夺纠纷,充分体现了"专业调解+商事仲裁+行业自律+行政监管"四位一体争议解决机制在化解资本市场复杂矛盾纠纷方面的优势和成效。

三是通过调解化解纠纷后,双方实现了共赢。C 公司优化了股权结构、负债结构和产业结构,赢得了良好的经营环境,W 公司转让相关股份、承诺放弃控制权争夺,更加专注主业发展。

案例 ③

投资者与上市公司虚假陈述
赔偿纠纷案例（一）

参与单位：上海市第一中级人民法院、上海证监局、中证中小投资者服务中心有限责任公司

📖｜案情介绍｜

C 上市公司因披露的公司年报隐瞒重大关联交易，构成虚假陈述侵权行为，受到证监会行政处罚。根据最高人民法院《关于审理证券市场因虚假陈述引发的民事赔偿案件的若干规定》，投资者在 C 公司虚假陈述行为实施日至揭露日之间购买 C 公司证券，在虚假陈述行为揭露日或更正日及以后，因卖出该证券发生亏损，或者因持续持有该证券而产生亏损的，可以向 C 公司索赔。此后 100 多名投资者以 C 公司构成证券虚假陈述侵权行为为由向上海市一中院提起诉讼，要求公司赔偿股价下跌给投资者造成的损失。法院立案后将案件委托给中证中小投资者服务中心进行调解。

在上海证监局的指导协调下，调解员对案情进行了深入研究，与双方当事人进行了细致沟通。调解员认为，本案争议点集中在虚假陈述侵权行为造成损失的计算方法和系统性风险的扣除上。现行规定没有对损失具体计算方法进行明确，实践中在计算相关股票的买入均价时，有先进先出法、加权平均法、移动加权平均法等方式，调解员通过搜集整理司法判例与实务资料，对各种计

算方法的优劣进行归纳比较,对双方当事人各自坚持采用的方法进行一一核算;同时,以"佛山照明案"、"万福生科案"等案例中系统风险比例的计算方法为参考,对本案中系统性风险因素的扣除比例进行了测算。由于投资者对虚假陈述行为法律关系较为陌生,调解员耐心解释相关法规和判例情况,使投资者充分认识到股市投资行为本身的风险和股票市场的系统风险,提醒投资者充分权衡通过诉讼方式解决纠纷的较高时间和精力成本,并综合考虑 C 公司的偿债能力和发展需要,形成对所获赔偿的合理期望值。在上述工作基础上,调解员提出了调解方案。最终,100 多名投资者和 C 公司正式签署调解协议,双方对调解结果均表示满意。

📖 典型意义

此案的成功调解,对于上市公司虚假陈述纠纷化解具有积极示范作用。一是便捷高效化解矛盾。虚假陈述纠纷涉及投资者多、地域分布广、社会影响大,若处置不当极易引起上市公司股价波动等不良效应,影响公司发展和投资者切身利益。此前该类纠纷都以诉讼方式解决,但举证较难、诉讼周期长,双方耗时耗力。通过专业调解,有助于实现投资者权益救济和维护市场稳定、公司发展之间的平衡,实现"案结事了人和"的多赢局面。二是有效节约司法资源。此案之后,陆续有多家法院和相关调解组织建立诉调对接机制,委托、委派多起纠纷案件给调解组织受理,有利于快速定纷止争,极大节约了司法资源,帮助投资者低成本维权。

案例 ④

投资者与上市公司虚假陈述
赔偿纠纷案例(二)

参与单位:南京市中级人民法院、江苏证监局、中证中小投资者服务中心有限责任公司

📖 | 案情介绍 |

2015 年 11 月,证监会对 H 上市公司(以下简称"H 公司")立案调查,并下发《行政处罚及市场禁入事先告知书》,认定该公司构成《证券法》第 193 条规定的未按照规定披露信息和误导性陈述行为,拟对其进行行政处罚。2017 年 4 月,多名投资者以 H 公司构成虚假陈述违法行为为由,向南京市中级人民法院(以下简称"南京中院")提起诉讼,要求 H 公司赔偿其投资损失。南京中院受理了该批案件,并委托中证中小投资者服务中心(以下简称"投资者服务中心")进行调解。

在江苏证监局的指导协调下,调解员细致了解了案件情况,与双方当事人积极进行了沟通。一方面告知 H 公司,由于其已收到证监会《行政处罚及市场禁入事先告知书》且已召开听证会,违法事实基本确定;同时,指出诉讼与调解是两种纠纷解决的方式,各有特点,前者具有强制性、公开性,程序严谨而复杂,后者是在中立第三方参与下的双方合意行为,更加快速及时,具有保密性和灵活性,从而提醒公司权衡不同方式的利弊,鼓励其主动赔偿,以达到更

好化解矛盾纠纷的结果。另一方面告知投资者,上市公司虚假陈述诉讼一般而言周期较长,在这种情况下,如能通过调解方式与公司达成和解,投资者可以提前拿到赔偿,节约大量时间和精力成本。在主审法官主持和调解员组织的数轮磋商和斡旋下,2017年5月,双方于法院现场达成和解协议,由上市公司支付和解赔偿金,和解后投资者撤回对上市公司的起诉。该案成为资本市场上市公司虚假陈述赔偿案件中首例行政处罚前达成民事调解协议的案例。

📖 | **典型意义** |

本案中,南京中院根据立案登记制改革要求,在证监会对H公司尚未做出行政处罚决定的情况下,受理了投资者诉H公司虚假陈述纠纷一案,保障了当事人的诉权。在监管部门指导下,投资者服务中心与南京中院紧密沟通、协调联动,积极发挥调解柔性解决纠纷的优势,督促公司主动与投资者和解,维护公司的公众形象,取得了双赢的效果。

本案的调解机制具有开创性,对于虚假陈述民事赔偿纠纷及时有效解决、降低投资者维权成本等具有示范作用,也为积极推进人民法院案件受理制度和证券民事赔偿案件行政前置程序改革提供了成功的实践探索。

案例 ⑤

投资者与期货公司及其
营业部期货交易纠纷案例

参与单位：最高人民法院、山东证监局、中国期货业协会

📖 | 案情介绍 |

最高人民法院在审理再审申请人 W 因与被申请人 H 期货有限公司及其 JN 营业部期货交易纠纷一案中，征得双方当事人同意后，根据《最高人民法院 中国证券监督管理委员会关于在全国部分地区开展证券期货纠纷多元化解 机制试点工作的通知》的有关规定，委托中国期货业协会（以下简称"期货业协会"）对该再审案件进行调解。

期货业协会按照《最高人民法院关于人民法院特邀调解的规定》和《中国期货业协会调解员守则》规定，事先要求可能存在利益冲突的人员全程回避。经双方当事人共同选定和期货业协会指定，确定 3 位行业专家、资深律师担任本案调解员。为确保调解工作顺利进行，经当事人同意，将本次调解地点设在西城区人民法院调解室，调解过程中有法警维持秩序。第一次现场调解，由于差异较大，双方未能达成一致。期货业协会本着化解矛盾和定纷止争的原则对投资者 W 进行耐心劝导和解释说明，同时也积极与最高人民法院、山东证监局、期货公司进行沟通，说服期货公司配合参与调解。经最高人民法院与期货业协会从中斡旋，组织了第二次现场调解，双方当事人最终达成一致并签署

调解协议。最高人民法院依据调解协议为当事人制作了民事调解书。H 期货公司及 JN 营业部就案涉纠纷向投资者一次性补偿调解协议约定金额,案涉纠纷全部了结。

📖 | 典型意义 |

一是此案系最高人民法院委托调解的第一起商事案件。法院、监管部门、行业协会三方合力化解纠纷事半功倍。成功化解投资者 W 与 H 期货公司及其营业部的纠纷,与法院、监管部门和协会的通力合作密不可分。最高人民法院率先垂范,积极运用诉调对接机制化解矛盾,在调解过程中提供法律适用指导和调解场地支持,依据当事人已达成的调解协议快速制作民事调解书,赋予调解协议更高层级的法律保障。辖区证监局密切关注,主动引导当事人双方采用调解的柔性方式化解纠纷,避免矛盾纠纷升级。期货业协会作为行业调解组织在调解过程中积极发挥桥梁纽带和"润滑剂"作用,及时缓和当事人双方的对立情绪,促成双方和解。

二是调解在解决证券期货纠纷中体现了独特优势。调解以协商对话和相互妥协的方式解决纠纷,程序更为灵活高效,成本更为低廉,符合当事人和社会解决纠纷的需要。对于金融领域的经济纠纷案件,尤其是在案件法律关系相对复杂、质证困难的情况下,采用调解方式解决纠纷,既有利于保护个人隐私和商业秘密、缓和对立情绪,减少对双方关系的破坏,又能合理利用司法资源、节约公共成本,还能在纠纷解决的同时,改善社会关系,促进社会和谐。

案例 **⑥**

投资者与期货公司交易系统故障纠纷案例

参与单位：厦门证监局、中证中小投资者服务中心有限责任公司

📖 ｜案情介绍 ｜

投资者 Z 于 2017 年在 D 期货公司开立期货账户。2018 年 3 月，Z 在进行期货合约交易时，因交易系统故障发现不能平仓，最终导致资金损失，遂与 D 公司发生纠纷，要求公司赔偿其损失。

在厦门证监局指导协调下，中证中小投资者服务中心调解员对该纠纷进行了调解。首先，在对双方争议焦点事实进行逐一核实后，调解员认为，在系统是否存在故障的问题上，按照谁主张谁举证的原则，投资者因未及时妥善保留相应证据，承担比较大的责任；而 D 公司客服人员在解答投资者问题时的表述同样存在瑕疵。其次，针对 D 公司提出的交易系统为期货交易所提供，客户网络对接的也是交易所的接口，客户损失责任不应由公司承担的辩解，调解员参考类似案件的法院判决，对相关责任分配问题进行了耐心细致的分析，指出交易系统是公司提供给投资者用于传达交易指令的工具，因此公司对投资者负有通知、协助、保护等合同附随义务，应当尽到善意勤勉的责任。

通过调解员系统的法律规定讲解和实践案例分析，D 公司表示意识到了自身问题所在，但对投资者主张的损失金额仍存在疑义。经调解员耐心协调，双方对损失金额基本达成共识，D 公司通过退还投资者账户部分留存手续费

的形式,对投资者进行了补偿,纠纷得到圆满解决。

典型意义

现今通过电脑、手机进行证券期货交易,已成为中小投资者的主要交易方式,交易系统故障引起的纠纷也已成为纠纷调解工作中一类重要案件类型。此类案件交易金额一般不大,但周解难度不小,主要因为系统故障发生时,投资者无法准确判断故障发生的原因,往往笼统认为是机构方的问题,情绪比较激动,且投资者证据保存意识不强,很少能提供证明故障发生的有力证据,导致调解的基础材料缺乏。

本案的成功调解,为后续类以案件处理提供了借鉴。在责任分配上,借鉴司法判例的做法,由于投资者相对处于弱势地位,在证据保存上确实存在困难,可考虑向投资者做适当倾斜。在赔偿形式上,因多数系统故障类案件涉及金额不大,考虑到机构财务制度等限制,机构在承担相应责任的基础上,可灵活运用多种方式对投资者进行补偿,更有利于调解协议的达成。同时,本案例也提示投资者,在遇到类似情况时,应当提高证据保存意识,从而更好地维护自身权益。

案例 ⑦

公证提存化解投资者与证券公司理财产品业务纠纷案例

参与单位：内蒙古证监局、中证中小投资者服务中心有限责任公司

📖 ｜案情介绍｜

2016年5月，投资者W经他人介绍认识了H证券公司营业部业务经理Z。W在Z的陪同下，前往其任职的营业部开立资金账户时，营业部负责人告知W，Z是该营业部明星投资经理，有任何投资需求，可直接找Z。随后，W分3次将大额资金打入Z个人账户，委托其帮助购买理财产品。2018年1月，投资者W发现Z并未将资金用于购买理财产品，而是购买股票，且亏损严重，W要求证券公司营业部赔偿损失。双方向中证中小投资者服务中心（以下简称"投资者服务中心"）提出调解申请。

在调解员介入本案纠纷前，W和证券公司营业部就赔偿问题多次协商未果，W对其逐渐失去信任，情绪激动，调解难度极大。为重新建立双方之间的信任基础，投资者服务中心创新性地提出采用资金提存公证方式调解纠纷。即由证券公司在公证机关专户中存入一定数额资金，一旦双方达成调解协议，并且Z履行了调解协议约定义务，公证机关可直接将提存资金交付给Z。如此调解的主动权就掌握在投资者Z的手中，有效安抚了Z的情绪，双方的调解过程更加顺利，纠纷争议得以圆满解决。

| 典型意义 |

　　本案是资本市场纠纷调解中首次使用资金提存公证手段促成调解的案例。在投资者与市场经营机构产生纠纷后，双方逐渐丧失信任基础，调解过程中投资者往往要求先拿到赔偿，才愿意履行约定的义务；而机构方则担心向投资者给付相关金额后，投资者如不履行调解协议，自身缺乏有效制约手段。在这种互不信任的情况下，调解工作很难继续开展。投资者服务中心基于个案的具体情况，针对性地提出资金提存公证方式，对于促成双方和解起到极大的推动作用。一是办理资金提存公证事先需要双方共同签订资金提存协议书。在资金提存协议签订过程中，双方协商一致、形成共识，使得正式调解前，彼此信任关系逐步建立，为后续调解营造良好氛围。二是提存方通过事先存入一定金额资金的方式向投资者表达解决问题的诚意，让投资者得到心理慰藉，一定程度缓解双方紧张对立局面。三是公证提存资金是调解协议执行的有效保障。资金提存后，在公证机关监督下，提存方无法反悔，只要完成调解协议规定义务，投资者即可安全便捷地获得提存资金，有利于保护本案中投资者合法权益。

案例 ⑧

投资者与证券营业部佣金调整纠纷案例

参与单位：福建证监局、福建省证券期货业协会、福州市仲裁委员会证券期货仲裁中心

📖 | 案情介绍 |

投资者 L 向福建省证券期货业协会（以下简称"协会"）反映称，其向某证券营业部申请调整交易佣金，客服人员口头答应但未提供相关回执单据，后 L 发现其佣金未下调，要求营业部退还多收取的佣金。营业部提出未找到 L 申请调整佣金的相关资料，强调不允许前台工作人员未经审批程序就直接答复客户可调整佣金，故无法接受 L 的诉求。

经双方当事人申请，在福建证监局的指导协调下，协会调解员对该纠纷进行了调解。一是梳理纠纷事实。请 L 回忆办理业务情境，提供更多线索；向营业部核实情况，分析其佣金调整业务流程是否合理。二是分析法规适用。就营业部"没有提供回执单"行为的法律责任与"无证据赔偿"等争论焦点，邀请双方听取专业律师意见。律师认为，佣金调整是营业部与客户约定执行更优惠收费标准的行为，现行法律法规对具体流程无相关规定，回执单提供与否可由营业部基于合规与服务的需要自行确定。双方当事人表示认可。三是引导达成共识。一方面督促经营机构履行投诉处理首要责任，另一方面积极与投资者沟通，引导双方理性化解矛盾。经多轮沟通，双方就赔偿金额计算基数

与比例等达成一致意见,由营业部给予 L 一定和解金补偿,双方签署了调解协议。四是仲裁机构确认。为增强调解协议的法律效力,协会邀请福州市仲裁委派员见证协议签署过程并当场出具仲裁文书,双方当事人对调解结果表示满意。

典型意义

佣金纠纷属于证券市场常见的服务纠纷,涉及金额小,时间长,但占用精力多。本案对于运用调解机制解决此类纠纷有借鉴意义。一是引导双方聚焦化解纠纷。本案中双方均无支持性证据,且现行法规对佣金调整事项在流程上无强制性要求,因此调解员引导当事人避免对于纠纷事实对错的争论,更加注重自身行为的不足,共同化解纠纷。二是规范调解工作流程。本案中调解开展、方案提出、协议签订、仲裁见证等过程均严格遵循调解规范流程;调解员遵循自愿、诚信、公正、保密等调解基本原则,秉持第三方独立立场,促成成功调解。三是帮助机构改进客户服务。本案中,营业部从前台受理到完成佣金调整虽经过审批、复核等五道内部流程,但在客户端既未向客户提供回执单,又未与客户主动确认调整结果,没有形成风控闭环,埋下风险隐患。经营机构只有将"以客户为中心"理念根植于心,从制度、流程设计等各环节不断完善服务,才能提升客户满意度,从根本上减少此类纠纷的发生。

案例 ⑨

首例适用小额速调机制纠纷案例

参与单位：北京证监局、中证中小投资者服务中心有限责任公司

📖 | 案情介绍 |

2014年3月，投资者W购买了F证券公司"某集合资产管理计划"产品，公司在宣传该产品时明确表示"不直接投资二级市场"。2014年5月，沪深交易所出台交易新规，管理人需增大二级市场投资。2015年8月，该产品发放投资红利后，W又追加了投资。同年11月，该基金净值亏损，W认为F公司在投资者不知情的情况下自行决定增大二级市场投资，严重违背之前承诺，要求F公司赔偿其损失。F公司认为，其投资二级市场是因交易新规所致，W后来已知晓该情况仍追加投资，因此在计算W损失时应将其获利金额合并计算；但W认为，其投资收益是合理获利，在计算自身损失数额时应予剔除。双方各执一词，纠纷久拖未决，W遂向中证中小投资者服务中心（以下简称"投资者服务中心"）申请启动调解程序。

在北京证监局指导协调下，调解员对双方争议点进行了系统的法律分析。首先，在责任判定上，根据《民事诉讼法》和《最高人民法院关于民事诉讼证据的若干规定》，F公司因监管部门出台新规而变更投资策略，属于法律规定的可变更合同理由，但并不能免除其应当履行的告知义务，而F公司没有通知W该情况，其行为存在瑕疵；同时，W事实上已知晓该产品投资于二级市场却

仍追加投资,也有一定责任。因此,参照以往司法判例并结合公平原则,认定F公司和W分别承担70%和30%的过错责任。其次,在损失数额计算上,调解员根据最高人民法院相关审判指导意见中提出的损益相抵原则,认为W的投资收益在计算其损失时应当合并计算。最终,调解员提出将W的总损失金额扣除投资收益,再乘以70%的过错责任比例,即为F公司赔偿金额的调解方案。W表示认可该方案,因北京辖区经营机构均签署了适用小额速调机制的合作备忘录,该方案自动对F公司发生效力,双方签署调解协议并现场履行。

📖 | 典型意义 |

本案是证券期货市场首例适用小额速调机制的调解案例。实践中,许多金额不大、案情简单的调解纠纷久拖未决,既占用调解资源,又耗费双方时间精力。基于此,投资者服务中心借鉴国际经验,创新实行了倾斜保护中小投资者的小额速调机制,即针对诉求金额较少(实践中主要为5000元以下,个别地方5万元以下)的证券期货纠纷,市场机构通过自律承诺、自愿加入、签署合作协议等方式,作出配合调解工作的承诺:一是只要投资者提出申请,机构积极配合调解工作;二是调解协议只需投资者同意,机构无条件接受并自觉履行;三是如投资者不同意调解结果,则调解协议对争议双方均无约束力,投资者可寻求其他救济途径。

小额速调机制为纠纷解决和投资者快速获得赔偿提供了新的路径,提高了调解效率,对行政救济、司法救济等投资者维权途径起到有益补充作用。目前,该机制已在18个省(市)成功试点推广,实践中已有多起成功案例。

案例 ⑩

基金资管产品债券交易连环违约纠纷案例

参与单位：北京市西城区人民法院、中国证券投资基金业协会

📖 | 案情介绍 |

X 私募基金公司 Q 资管计划在银行间市场开展债券交易，通过逆回购交易模式反复操作，杠杆较高。其中持有较多的是 D 公司发行的 A 债券，受 D 公司发行的另一债券违约影响，A 债券估值被调整为零，该资管计划无法继续借入资金回购 A 债券，进而也无法继续开展质押式逆回购交易维系其他到期交易继续开展，从而导致其与多个金融机构的其他正常债券相关的多笔逆回购交易遭受波及，整个资管计划下的债券交易出现连环违约，整体违约金额最高时近 10 亿元，该纠纷涉及 4 家公募基金、1 家私募基金管理人，1 家委托人，1 家托管券商，法律关系复杂。

监管部门对资管计划管理人 X 基金依法采取了监管措施，及时采取账户监管、指导交易等措施，降低了该基金的整体杠杆率，但众多机构间纠纷并未彻底解决，纠纷涉及金额仍高达数亿元，各方僵持不下，缺乏信任，部分机构采取申请仲裁、司法冻结等措施，矛盾有激化可能，风险巨大。

为维护基金行业形象和声誉，避免局面失控，促进相关争议公平高效的解决，在相关当事人的要求下，中国证券投资基金业协会（以下简称"基金业协会"）于纠纷发生半年后介入，首先缓解各方紧张对立局面，协调当事人申请

中止仲裁。随后派出精干专业的调解团队开展调解工作,聘请资深律师担任法律顾问,协调各方在协会统一主持下,确立了此次债券投资违约事件处置的原则。此后,调解人员加班加点,夜以继日与当事人沟通协调,主持开展了数十场一对一、一对多、多对多的调解会议,在关键时期,调解人员一天要跟七方通数十次电话,甚至周末、深夜时还要对各方提出的诉求进行沟通协调。基金业协会与北京市西城区人民法院建立了诉调对接机制,各当事方在基金业协会调解人员和西城区人民法院法官见证下,共同签署了调解协议,并进行了调解协议司法确认。该纠纷按调解协议得到有效解决。

📖 | 典型意义 |

对会员之间、会员与客户之间发生的基金业务纠纷进行调解,是法律赋予基金业协会的重要职责之一。该案是基金业协会会员间债券交易纠纷第一案,具有重要的行业示范意义。基金业协会作为自律组织主动发挥引导作用,积极与司法审判机关探索调解合作新模式,采取多元手段化解行业纠纷矛盾,一方面通过行业调解加司法确认的模式,节约了司法资源,提高了调解权威性,快速有效地降低了会员间的矛盾冲突;另一方面通过行业内部封闭化处置,以基金业协会的行业公信力,协调各方按照公平原则有序分配基金财产,化解复杂的债务纠纷并有效抑制基金领域风险外溢,防范个例风险演变成局部风险甚至行业性风险。

人民法院充分发挥审判职能作用
保护产权和企业家合法权益
典型案例（第二批）

案例 ①

张某强虚开增值税专用发票案

📖｜典型意义｜

我国改革开放后的一段时期,社会主义市场经济制度不够完善,一些企业特别是民营企业发展有一些不规范行为。习近平总书记在 11 月 1 日民营企业座谈会上强调,对一些民营企业历史上曾经有过的一些不规范行为,要以发展的眼光看问题,按照罪刑法定、疑罪从无的原则处理,让企业家卸下思想包袱,轻装前进。中共中央国务院《关于完善产权保护制度依法保护产权的意见》(以下简称《产权意见》)亦明确要求"严格遵循法不溯及既往、罪刑法定、在新旧法之间从旧兼从轻等原则,以发展眼光客观看待和依法妥善处理改革开放以来各类企业特别是民营企业经营过程中存在的不规范问题。"本案张某强借用其他企业名义为其自己企业开具增值税专用发票,虽不符合当时的税收法律规定,但张某强并不具有偷逃税收的目的,其行为未对国家造成税收损失,不具有社会危害性。一审法院在法定刑之下判决其承担刑事责任,并报最高人民法院核准。虽然对于本案判决结果,被告人并未上诉,但是最高人民法院基于刑法的谦抑性要求认为,本案不应定罪处罚,故未核准一审判决,并撤销一审判决,将本案发回重审。最终,本案一审法院宣告张某强无罪,切实保护了民营企业家的合法权益,将习近平总书记的指示和《产权意见》关于"以发展眼光客观看待和依法妥善处理改革开放以来各类企业特别是民营企业经营过程中存在的不规范问题"的要求落到实处。本典型案例对于指导全国法院在司法审判中按照罪刑法定、疑罪从无原则以发展的眼光看待民营企业发展中的不规范问题,具有重要的指导意义。

📋 | 基本案情 |

2004年,被告人张某强与他人合伙成立个体企业某龙骨厂,张某强负责生产经营活动。因某龙骨厂系小规模纳税人,无法为购货单位开具增值税专用发票,张某强遂以他人开办的鑫源公司名义对外签订销售合同。2006年至2007年间,张某强先后与六家公司签订轻钢龙骨销售合同,购货单位均将货款汇入鑫源公司账户,鑫源公司并为上述六家公司开具增值税专用发票共计53张,价税合计4457701.36元,税额647700.18元。基于以上事实,某州市人民检察院指控被告人张某强犯虚开增值税专用发票罪。

📤 | 裁判结果 |

某州市人民法院一审认定被告人张某强构成虚开增值税专用发票罪,在法定刑以下判处张某强有期徒刑三年,缓刑五年,并处罚金人民币五万元。张某强在法定期限内没有上诉,检察院未抗诉。某州市人民法院依法逐级报请最高人民法院核准。

最高人民法院经复核认为,被告人张某强以其他单位名义对外签订销售合同,由该单位收取货款、开具增值税专用发票,不具有骗取国家税款的目的,未造成国家税款损失,其行为不构成虚开增值税专用发票罪,某州市人民法院认定张某强构成虚开增值税专用发票罪属适用法律错误。据此,最高人民法院裁定:不核准并撤销某州市人民法院一审刑事判决,将本案发回重审。该案经某州市人民法院重审后,依法宣告张某强无罪。

案例索引:中华人民共和国最高人民法院(2016)最高法刑核51732773号刑事裁定书。

案例 ②

中科公司与某某县国土局
土地使用权出让合同纠纷案

📖 | 典型意义 |

当前,地方政府在发展地方经济过程中以"新官不理旧账"、政策变化、规划调整等理由违约、毁约,侵犯了民营企业家合法权益的行为不同程度存在。对此,《产权意见》明确要求:"大力推进法治政府和政务诚信建设,地方各级政府及有关部门要严格兑现向社会及行政相对人依法作出的政策承诺,认真履行在招商引资、政府与社会资本合作等活动中与投资主体依法签订的各类合同"。《中共中央国务院关于营造企业家健康成长环境弘扬优秀企业家精神更好发挥企业家作用的意见》也明确要求:"研究建立因政府规划调整、政策变化造成企业合法权益受损的依法依规补偿救济机制。"最高人民法院《关于充分发挥审判职能作用为企业家创新创业营造良好法治环境的通知》(法〔2018〕1号)则更具体要求:"对于确因政府规划调整、政策变化导致当事人签订的民商事合同不能履行的,依法支持当事人解除合同的请求。对于当事人请求返还已经支付的国有土地使用权出让金、投资款、租金或者承担损害赔偿责任的,依法予以支持。"本案为最高人民法院二审改判案件,针对地方政府的违约毁约行为,依法判决政府有关部门承担违约责任,有利于规范地方政府在招商引资中的不规范行为,严格兑现其依法作出的承诺,对于推动地方政府守信践诺和依法行政,保护企业家合法生产经营权益,促进经济持续平稳健康发展具有积极意义,对于处理同类案件具有典型指引价值。

基本案情

2009 年,某某地方政府招商引资高科技项目,中科公司与某某县国土局签订土地使用权出让合同并已实际占有、开发建设案涉工业用地。在中科公司积极投资建设过程中,当地政府调整了包括中科公司案涉土地在内的 200余亩用地规划。案涉土地被政府单方收回并由某某县国土局另行高价出让,由其他公司拍得并开发房地产。中科公司的投资建设被拆除,其损失未获赔偿。中科公司于 2013 年 1 月以某某管委会和某某县国土局为被告提起民事诉讼,请求赔偿损失。

裁判结果

一审法院以本案为国有土地使用权出让合同纠纷并非民事案件受理范围为由裁定驳回起诉。中科公司不服上诉,最高人民法院裁定本案由一审法院审理。一审法院审理后,仅判决支持了中科公司地上物的基建损失,未考虑到民营企业的履行利益损失。中科公司不服,向最高人民法院提起上诉。

最高人民法院二审认为,地方政府招商引资出让土地使用权给中科公司,后又单方收回另行出让给案外人,导致案涉出让合同不能继续履行,客观上终结了招商引资进程,违背了中科公司落地投产的意愿,构成根本违约,应承担相应责任。中科公司请求解除合同并返还已经支付的国有土地使用权出让金、投资款、租金及承担损害赔偿责任的诉讼请求,依法应予支持。最高人民法院综合考虑某某县国土局因违约行为的获利、案涉工业用地的土地使用权利益、中科公司实际投入的资金数额、资金使用利益的损失及未来经营收益、市场风险等因素,判决某某县国土局赔偿中科公司直接损失及相关合同利益总计一千万余元。

案例索引:中华人民共和国最高人民法院(2017)最高法民终 340 号民事判决书。

案例 ③

王某平等人与某某港公司合同纠纷案

📖 | 典型意义 |

《产权意见》明确要求："完善土地、房屋等财产征收征用法律制度，合理界定征收征用适用的公共利益范围，不将公共利益扩大化。"实践中，一些法院存在将同公共利益仅具有牵连关系的争议排除在民事争议范围之外的片面做法，这一定程度上加大了产权人和企业家的维权成本，使得产权人和企业家的合法权益不能得到及时保护，甚至使其合法权益无法得到保障。本案中，王某平等人积极配合相关铁路线路的施工，并得到了有关政府文件的认可，但之后的相关经营损失及员工误工和遣散费等却迟迟得不到补偿。最高人民法院审理认为，政府并未对案涉矿场进行行政征收，王某平等人和施工企业就其案涉矿场的补偿问题的诉讼，属于平等主体之间的民事纠纷，不属于行政纠纷。据此，最高人民法院依法纠正了二审判决，维持了一审判决，支持了王某平等人赔偿损失的请求，这有利于切实强化各类市场主体的契约意识、规则意识和责任意识。本案对于进一步合理界定征收征用的公共利益范围，不将公共利益扩大化具有典型的指引价值。

💬 | 基本案情 |

某铁路客运专线规划线路需穿越王某平等人投资经营的水田石矿场，因采石爆破会给穿越该矿场的隧道造成安全危险，某某港铁路客运专线设计单位于 2005 年 12 月 6 日致函某某市政府,请求该政府协调关闭该水田石矿场。经某某市政府协调,水田石矿场停产,就有关关闭补偿事宜由王某平等人与某某港铁路客运专线建设单位通过协商解决。某某港公司成立后,亦同意协商解决水田石矿场停产补偿事宜,并于 2007 年 6 月中旬致函某某市政府,委托某某市政府协调办理水田石矿场的补偿事宜。经某某市人民政府有关部门多次协调某某港公司与王某平等人,某某港铁路客运专线如期开工。水田石矿场于 2008 年 2 月收到预付补偿款 5000 万元,而对于双方此前协商的生产线机器设备残值、填土费、青苗费等补偿款和经营损失、员工误工及遣散费,则未得到补偿。王某平等人于 2014 年提起诉讼,请求某某港公司支付拖欠的生产线补偿费 954.68 万元及利息损失约 229.12 万元,赔偿经营损失 14378 万元及利息 3450.72 万元,赔偿员工误工及遣散费 648 万元及利息损失约 155.52 万元。

裁判结果

一审法院判决支持了王某平等人关于某某港公司支付尚欠补偿款、经营损失、员工误工及遣散费 54410758 元的诉讼请求。二审法院认为,由政府部门主导关闭王某平等人经营的水田石矿场后,双方因补偿问题引发的纠纷,应当参照适用《城市房屋拆迁管理条例》规定向行政管理部门申请裁决,不应作为民事案件受理。据此,二审法院裁定撤销一审法院判决,驳回王某平等人的起诉。王某平等人不服二审判决,向最高人民法院申请再审。最高人民法院再审认为,政府并未对案涉矿场进行行政征收,王某平等人和施工企业就其案涉矿场的补偿问题的诉讼,属于平等主体之间的民事纠纷,不属于行政纠纷。二审法院将本案案由确定为房屋拆迁安置补偿合同纠纷,并驳回王某平等人的起诉,适用法律错误,应予纠正。据此,最高人民法院再审判决,撤销二审判决,维持一审判决。

案例索引:最高人民法院(2016)最高法民再 428 号民事判决书。

案例 ④

北京某源公司与某某汇源公司
侵害商标权及不正当竞争纠纷案

📖 | 典型意义 |

"维权成本高，侵权代价低"系当前我国知识产权保护中的突出问题。为加强知识产权保护，《产权意见》明确要求："加大知识产权侵权行为惩治力度，提高知识产权侵权法定赔偿上限，探索建立对专利权、著作权等知识产权侵权惩罚性赔偿制度，对情节严重的恶意侵权行为实施惩罚性赔偿，并由侵权人承担权利人为制止侵权行为所支付的合理开支，提高知识产权侵权成本。"近年来，最高人民法院也通过制定司法解释、规范性文件、发布指导性案例、典型案例等形式，不断倡导采用裁量性赔偿、合理开支单独计算等方式提高商标侵权等知识产权案件赔偿数额。本案最高人民法院在认定侵权事实基础上，综合考虑权利人的注册商标知名度，侵权人的主观恶意、生产销售范围以及对相关公众造成实际混淆的后果等因素，依据侵权人的获利情况判决侵权人承担了较高的赔偿额，不仅使权利人受损利益得到有效救济，也让侵权人不因侵权行为而获利，彰显了人民法院着力解决实践中存在的侵权成本低、企业家维权成本高等问题。本案人民法院在现行法律中并未规定惩罚性赔偿制度的情况下，采用裁量性赔偿方法，加大对知识产权侵权的惩罚力度，对于处理同类案件具有典型指引价值。

基本案情

北京某源公司系商标和商标权利人,核定使用商品为第 32 类,主要是果汁和果汁饮料等。该两注册商标经过大量使用和宣传,具有较高的市场声誉,并经国家工商管理总局商标局认定为驰名商标。某某汇源公司在其生产销售的三种水果罐头商品上使用了带有"汇源"字样的图文组合等标识,在网站宣传中也使用了带"汇源"字样的图文组合标识及"汇源"文字标识。北京某源公司为证明某某汇源公司应当赔偿的损失数额,提供了来源于某某汇源公司工商档案中的《专项审计报告》,证明某某汇源公司侵权期间获得的销售利润为 1.03 亿元,营业利润为 9077 万元,同时某某汇源公司在其宣传网站记载"预计年销售额 2 亿元"内容。北京某源公司请求之一为赔偿经济损失及合理费用 1 亿元。

裁判结果

针对北京某源公司赔偿经济损失的请求,一审法院判决某某汇源公司赔偿北京汇源食品饮料有限公司经济损失 300 万元。北京某源公司认为赔偿数额过低,上诉至最高人民法院。

最高人民法院审理认为,在确定商标侵权损害赔偿责任时,应综合考虑案涉商标的知名度、侵权产品的类型与产量、侵权人的主观恶意、侵权产品的生产销售范围以及相关公众造成实际混淆的后果等因素。一审法院酌定赔偿额仅考虑了水果罐头的生产和销售量,而没有考虑某某汇源公司还侵权生产冰糖山药罐头和八宝粥等两种侵权产品,且鉴于某某汇源公司主观恶意明显,为使北京某源公司受损利益得到补偿,让侵权人某某汇源公司的侵权行为无利可图,根据北京某源公司所提交的某某汇源公司销售额以及获利情况的证据,最高人民法院判决,某某汇源公司赔偿北京某源公司经济损失 1000 万元。

案例索引:最高人民法院(2015)民三终字第 7 号民事判决书。

案例 ⑤

天新公司、魏某国申请某某省某某市 人民检察院国家赔偿案

📖 | 典型意义 |

在刑事办案实践中，在处理企业家犯罪时混淆企业家个人财产和企业法人财产、企业家家庭成员合法财产的情况时有发生。《产权意见》对此明确要求："进一步细化涉嫌违法的企业和人员财产处置规则，采取查封、扣押、冻结措施和处置案涉财物时，要依法严格区分个人财产和企业法人财产。对股东、企业经营管理者等自然人违法，在处置其个人财产时不任意牵连企业法人财产。"《最高人民法院关于充分发挥审判职能作用为企业家创新创业营造良好法治环境的通知》亦明确要求各级人民法院："严格区分企业家违法所得和合法财产，没有充分证据证明为违法所得的，不得判决追缴或者责令退赔。"本案中，人民法院严格区分了企业家犯罪所得和企业经营管理的合法财产，依法纠正了检察机关在办案过程中对企业经营管理的合法财产的不当处理行为，充分将《产权意见》和最高人民法院上述司法政策落到实处，具有典型指引价值。

💬 | 基本案情 |

魏某国原系某无线电服务部经理，该服务部于 2002 年 8 月 22 日改制为股份合作制的天新公司，魏某国任天新公司董事长兼总经理。无线电服务部

自 1993 年起建立账外账资金。1998 年起该账外账资金由魏某国掌管使用。某某市江阳区人民法院(2006)江阳刑初字第 183 号刑事判决认定被告人魏某国犯挪用资金罪,并判处有期徒刑三年,缓刑四年。经某某省某某市中级人民法院审理,裁定:驳回上诉、维持原判。

某某省某某市人民检察院于 2006 年 7 月 14 日收取了魏某国退交的 20 万元赃款,另于 2006 年 4 月 29 日、6 月 21 日、7 月 3 日分别扣押天新公司资金 121.20 万元、15 万元、25 万元,并将上述扣押款项分 161.20 万元、20 万元两笔交至某某省某某市财政局,该局《四川省行政罚没收据》处罚摘要注明为"罚没款"。

天新公司、魏某国向四川省高级人民法院赔偿委员会请求:解除扣押或返还天新公司、魏某国被某某省某某市人民检察院扣押的企业及个人银行存款及现金 181.20 万元,并支付天新公司银行存款 106.90 万元、魏某国个人银行存款 4 万元的同期银行存款利息。

📑 | 裁判结果 |

四川省高级人民法院赔偿委员会经审理认为,某某省某某市人民检察院扣押天新公司的资金 161.20 万元,虽然包含魏某国个人保管的账外账资金,可能带来违规违法管理资金的相应法律责任,但所保管资金所有权并未转移,仍然属于天新公司所有,故某某省某某市人民检察院扣押该 161.20 万元资金系错误扣押案外人财产,应当在三日以内解除扣押、冻结,退还原主。某某省某某市人民检察院没有依照上述法律规定及时将扣押的上述资金退还天新公司,而是将 181.20 万元扣押资金按罚没款处理,全部缴纳至财政部门,处理不当。某某省某某市人民检察院应将扣押、处分的 181.20 万元返还给天新公司,并支付相应的利息。据此,四川省高级人民法院赔偿委员会决定,某某省某某市人民检察院返还天新公司扣押资金 181.2 万元,并支付扣押资金的利息 180250.48 元。

案例索引:四川省高级人民法院赔偿委员会(2016)川委赔 32 号国家赔偿决定书。

案例 ⑥

李某飞、腾飞龙公司执行申诉案

📖 | 典型意义 |

在人民法院审判执行过程中，对建筑物等财产超标的查封，不允许民营企业处分该超标的部分财产的行为，既不利于产权人充分发挥其财产价值，也侵害民营企业的合法权益。《产权意见》要求："完善案涉财物保管、鉴定、估价、拍卖、变卖制度，做到公开公正和规范高效。"本案中案涉 328 套房屋被查封、评估后，案涉民营企业进行了复工，使查封的房屋实现了升值。申诉人据此事由向执行法院提起异议，请求中止拍卖，重新评估并解除超标的部分的查封，理据充分。最高人民法院裁定，本案由执行法院重新对申诉人提起的事由进行审查，并根据查封标的物市场价值重新评估，解除超标的查封部分。本案处理有利于推动和规范案涉财物鉴定、估价、拍卖等制度的完善，确保被执行人的合法权益不受侵害。本案的处理，对于在执行中针对确定被查封标的物价值的同类案件具有典型指引价值。

💬 | 基本案情 |

某某港市中级人民法院在执行许某某申请执行李某飞、腾飞龙公司民间借贷执行案中，查封了腾飞龙公司开发的案涉楼盘的 328 套在建房屋，并在评估后对案涉房屋启动拍卖程序。李某飞、腾飞龙公司认为，案涉房屋被评估时正处于停工状态；评估后，案涉房屋又进行了复工并已基本完工，共投入资金逾 1 亿元,房屋价值已发生重大变化,但执行法院在拟处置程序中,并没有对案涉房屋重新评估,仍以复工前的评估价值对房屋进行整体拍卖,属于超标的查封和拍卖房产。李某飞、腾飞龙公司先后向某某港市中级人民法院、某某自治区高级人民法院提起异议和复议,请求中止拍卖,对案涉房产价值重新评估,并根据新的评估价格解除对超标的房屋的查封。李某飞、腾飞龙公司的申请相继被驳回后,向最高人民法院申诉。

裁判结果

最高人民法院审查认为,案涉房屋在评估后又进行复工,执行房产的现状及价值前后发生巨大变化,申诉人据此向执行法院提起异议,请求中止拍卖,重新评估并解除超标的部分的查封,执行法院驳回了申诉人的执行异议,有损害申诉人企业产权和其他合法权益之虞。某某港市中级人民法院、某某自治区高级人民法院对申诉人提出的相关证据材料未予审查,遗漏当事人请求。据此,最高人民法院作出(2017)最高法执监 401 号执行裁定,依法撤销了某某港市中级人民法院、某某自治区高级人民法院的执行异议裁定和执行复议裁定,将该案交由某某港市中级人民法院重新审查。

该案发回某某港市中级人民法院重新审查期间,某某港市中级人民法院已基于其他事由,裁定中止本案的执行,支持了申诉人的主张。

案例索引:中华人民共和国最高人民法院(2017)最高法执监 401 号执行裁定书。

知识产权纠纷行为保全典型案例

案例 ①

禁止向公众提供中超联赛摄影作品案

北京市海淀区人民法院认为,本案中,结合上海映脉文化传播有限公司（简称映脉公司）提交的其与中超公司签订的《2017—2019 中国足球协会超级联赛官方图片合作协议》相关条款、中超公司出具的《确认书》以及《通知》第十一条内容,映脉公司系唯一有权在 2018 年中超赛场位置拍摄摄影作品的商业图片机构。在体娱（北京）文化传媒股份有限公司（简称体娱公司）认可其在全体育网上展示、提供下载和对外销售 2018 年中超联赛前十一轮赛事摄影作品的情形下,结合（2017）京 0108 民初第 14964 号判决认定的体娱公司在全体育网上展示、提供下载和对外销售 2017 年中超联赛赛事摄影作品系违反《反不正当竞争法》第二条之行为等事实,尽管该判决尚未生效,但体娱公司在本案中将被判决认定构成不正当竞争的可能性仍较大。同时,体育赛事摄影作品具有时效强的特点,加之中超联赛系中国大陆地区受关注较高的足球赛事,2018 年赛季仍有多轮比赛尚未进行,之后的赛事摄影作品也会得到体育赛事图片市场的较高关注,为防止损害的进一步扩大,责令体娱公司立即停止在全体育网中继续向相关公众提供 2018 年中超联赛赛事摄影作品,具有紧迫性和必要性。据此,法院对映脉公司提出的要求体娱公司立即停止在全体育网上展示、提供下载和对外销售 2018 年中超联赛赛事摄影作品的申请,依法予以支持。

案例 ②

杨季康申请责令停止拍卖
钱钟书书信手稿案

北京市第二中级人民法院认为：中贸圣佳公司在涉案钱钟书书信手稿的权利人杨季康明确表示不同意公开书信手稿的情况下，即将实施公开预展、公开拍卖的行为构成对著作权人发表权的侵犯。如不及时制止，将给权利人造成难以弥补的损害。此外，发表权是著作权人行使和保护其他权利的基础，一旦作品被非法发表，极易导致权利人对其他复制、发行等行为难以控制。

案例 3

美国礼来公司等与黄某某
侵害商业秘密纠纷诉中行为保全案

美国礼来公司、礼来（中国）研发公司申请称：2013 年 1 月，被申请人黄某某从礼来（中国）研发公司的服务器上下载了 48 个申请人所拥有的文件（其中 21 个为核心机密商业文件）并私自存储。2013 年 2 月，被申请人签署同意函，承认下载了公司保密文件，并承诺删除，但后来拒绝履行，致使申请人的商业秘密处于随时可能因被申请人披露、使用或者许可他人使用而处于被外泄的危险境地，对申请人造成无法弥补的损害。上海市第一中级人民法院经审查认为，申请人的申请符合法律规定，故裁定禁止被申请人黄某某披露、使用或允许他人使用申请人美国礼来公司、礼来（中国）研发有限公司主张作为商业秘密保护的 21 个文件。

案例④

"网易云音乐"侵害信息网络传播权
诉前行为保全案

　　武汉市中级人民法院认为，申请人深圳市腾讯计算机系统有限公司对涉案 623 首音乐作品依法享有信息网络传播权，广州网易计算机系统有限公司等五被申请人以互联网络、移动手机"网易云音乐"畅听流量包、内置"网易云音乐"移动手机客户端等方式，句公众大量提供涉案音乐作品，该行为涉嫌侵犯腾讯公司对涉案音乐作品依法享有的信息网络传播权，且被申请人向公众提供的音乐作品数量较大。在网络环境下，该行为如不及时禁止，将会使广州网易不当利用他人权利获得的市场份额进一步快速增长，损害了腾讯公司的利益，且这种损害将难以弥补，理应禁止各被申请人通过网络传播 623 首音乐作品涉嫌侵权部分的行为。

案例 ⑤

许赞有因申请停止侵害
专利权损害责任纠纷案

　　江苏省高级人民法院认为:根据我国民事诉讼法的立法精神,申请人最终败诉应当是申请错误的认定标准之一。专利的稳定性具有一定的相对性,一项有效的专利权随时都存在被宣告无效的可能,许赞有关于其不可能预见到会败诉的主张不予以支持。此外,先行责令被告立即停止侵犯专利权是在认定侵权成立的判决作出之前对被申请人的权利采取的限制措施,必然会给被申请人造成一定的损失。鉴于此,法律并未将申请先行责令被告立即停止侵犯专利权规定为申请人维权必须要采取的措施,是否提出申请由申请人自行决定。同时,为了有效弥补错误申请给被申请人造成的损失,法律规定申请人在申请先行责令被告立即停止侵犯专利权的同时应当提供相应的担保。据此,对其申请先行责令被告立即停止侵犯专利权的风险,申请人也应当是明知的。因此,许赞有在其申请先行责令江苏拜特进出口贸易有限公司、江苏省淮安市康拜特地毯有限公司立即停止侵犯专利权时,应充分意识到其提出该申请的风险。许赞有关于其申请没有过错因而不应承担相应赔偿责任的主张没有法律依据,不予支持。

图书在版编目（CIP）数据

最高人民法院典型案例汇编.2018. —北京：人民出版社，2019.9
ISBN 978－7－01－020352－2

Ⅰ.①最… Ⅱ.Ⅲ.①案例-汇编-中国 Ⅳ.①D920.5

中国版本图书馆 CIP 数据核字（2019）第 023442 号

最高人民法院典型案例汇编（2018）

ZUIGAO RENMIN FAYUAN DIANXING ANLI HUIBIAN（2018）

人民出版社 出版发行

（100706 北京市东城区隆福寺街 99 号）

北京中科印刷有限公司印刷 新华书店经销

2019 年 9 月第 1 版 2019 年 9 月北京第 1 次印刷
开本：710 毫米×1000 毫米 1/16 印张：27.75
字数：415 千字

ISBN 978－7－01－020352－2 定价：99.00 元

邮购地址 100705 北京市东城区隆福寺街 99 号
人民东方图书销售中心 电话 （010）65250042 65289539